KB012351

이스포츠 인사이트

이스포츠 인사이트
ESPORTS INSIGHT

김기한·이승애·이민호 지음

한울
아카데미

E S P O R T S

INSIGHT

프롤로그
이스포츠, 숨겨진 세계의 재발견

불과 몇 년 전까지만 해도 이스포츠를 주제로 책을 쓰게 될 줄 몰랐다. 어려서 아케이드 게임장을 다니고 닌텐도와 PC게임을 즐기며 성장했지만 체육을 전공하는 교수로 이스포츠를 진지하게 생각해 볼 기회는 없었다.

2020년 가을 LCK 프랜차이즈 도입을 위한 심사에 참여했다. 각종 제안서와 발표를 평가하며 어느새 이스포츠 업계의 인사이더가 된 느낌이었고 미처 그 진가를 알아채지 못한 새로운 공간으로 문을 열고 들어간 듯했다. 기존의 스포츠와 이스포츠가 별개가 아님을 그리고 이스포츠가 단순히 게임을 매개로 한 스포츠가 아닌 디지털과 결합한 스포츠의 미래와 연결되어 있음을 직감했다.

이스포츠를 좀 더 알아봐야겠다는 생각에 우선 내가 속한 서울대학교에 이스포츠 수업을 개설하고 책을 쓰기로 마음먹었다. 예상대로 보수적인 일부 교수진의 반대가 있었지만 곡절 끝에 2022년 1학기 감격의 첫 강의를 했다. 학생들의 반응은 기대 이상이었다.

이스포츠와 관련된 기존 출판물들은 대체로 이스포츠 실무자 또는 스타 선수가 자신의 경험담과 노하우를 전수하는 책이거나 이스포츠를 학문으로 다소 무겁게 다룬 경우가 대부분이었다.

이보다는 전문 서적이면서도 대중이 읽을 수 있고, 또 단순히 개인의 경험과 노하우를 공유하는 수준을 넘어 이스포츠 생태계 전반에 대한 체계적인 해석과 사회현상으로 자리 잡은, 이른바 '이스포츠 현상'을 객관적으로 조망하고 분석할 책이 필요했다.

다행히 뜻을 같이하는 두 분의 실력자와 공저자로 함께할 수 있었다. 한양대학교 이승애 교수는 스포츠산업학부 교수로 상당한 게임 실력은 물론 학술적 전문성과 이스포츠에 진심인 몇 안 되는 교수다. 이민호 크래프톤 이스포츠 총괄은 MBC 스포츠 PD로 경력을 시작해 라이엇 게임즈 코리아 방송 총괄로 롤파크 건설과 방송 시스템을 구축한 경험이 있고 현재는 크래프톤 글로벌 이스포츠 총괄을 맡고 있는 현장 베테랑이다. 학계와 현장의 시너지를 기대하며 시작한 집필이 이제 마무리 단계다.

융합이라는 단어를 이스포츠만큼 잘 대변하는 분야가 있을까? 게임, IT, 컴퓨터 공학, 대중문화, 콘텐츠, 커뮤니케이션, 미디어 그리고 무엇보다 '스포츠'가 융합된 분야다. 다양한 관점이 가능하겠지만 이 책에서는 이스포츠를 스포츠의 관점에서 해석했다. 누군가 '이스포츠가 스포츠인가'라고 묻는다면 이미 아시안게임에서 정식종목이라 답한다. 학술적 논쟁, 개인의 선호와 관계없이 세상은 이미 이스포츠를 스포츠로 포용한다. 스포츠 관점에서 이스포츠에 대한 인사이트를 제공하는 것이 의미 있는 이유다.

스포츠의 미래는 무엇일까에 대한 궁금증을 가슴에 품고 지내 온 나에게 이스포츠는 몸으로 하는 스포츠가 가상 세계와 만나 새로운 부가가치를 창출할 수 있는 연결 고리다. 1장에서 이스포츠의 개념을 설명하고 마지막 14장에서 디지털 스포츠 확장의 개념으로 스포츠와 이스포츠의 연계를 제시한 배경이다.

이 책이 이스포츠에 대한 이해와 미래 스포츠를 가늠하는 데 도움이 되길 바란다.

2022년 7월
저자들을 대표하여 김기한

1부

이스포츠
생태계

◆

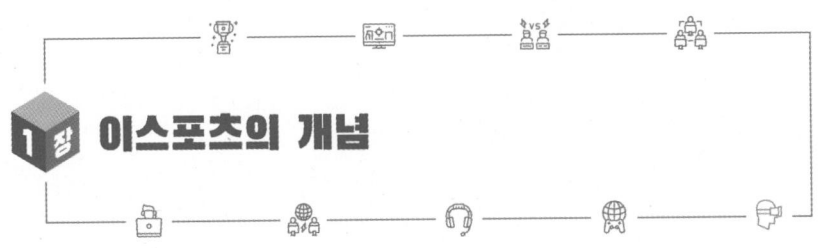

1장 이스포츠의 개념

이스포츠가 산업적으로 빠르게 성장하고 있지만 이스포츠가 정확히 무엇인지에 대한 이해는 여전히 제각각이다. 모든 전자게임electronic game을 이스포츠로 보아도 되는 것인지 아니면 특정 게임만 이스포츠로 볼 수 있는 것인지, 또는 게임을 하는 행위 자체가 이스포츠인지 아니면 이스포츠 리그와 토너먼트에 참가하고 관람하는 것이 이스포츠인지 여러 가지 관점으로 접근이 가능하다. 이 장에서는 이스포츠의 등장 배경과 다양한 정의를 제시하고 전통 스포츠와 이스포츠를 비교함으로써 이스포츠의 개념과 속성을 설명하고자 한다.

1. 밀레니얼 세대와 이스포츠의 등장

이스포츠는 젊은 세대인 청년층을 중심으로 성장해 온 전 세계적 문화 현상이다. 이스포츠는 학술적으로 정리된 용어라기보다는 이전부터 새로운 여가문화 현상을 설명하는 현장 실무자들에 의해 사용되기 시작한 용어이다.

또한 이스포츠 산업의 중심에는 '게임 퍼블리셔'라는 막강한 힘을 가진 새로운 형태의 이해 당사자가 존재하며, 그 성장 배경과 특성이 동양과 서양에서 각기 다르게 발전되어 서로 다른 생태계와 문화를 배경으로 성장해 왔다.

이스포츠는 전자 스포츠electronic sports의 줄임말로 1990년대 초반까지만 해도 사이버 애슬릿cyber athlete, 사이버 스포츠cyber sport, 디지털 애슬릿digital athlete 등의 다양한 용어와 혼용되어 오다가(한국콘텐츠진흥원, 2010) 1990년대 후반에 들어서야 보편적으로 통용되기 시작했다. 알려진 공식 자료 중 하나에 따르면 이스포츠라는 용어는 영국 런던에 '온라인게이머협회Online Gamers Association: OGA'가 설립될 당시 협회 설립자인 맷 베티슨Mat Bettison에 의해 처음 등장했다. 베티슨은 1999년 12월, 영국의 비디오 게임 웹사이트인 유로게이머EuroGamer와의 OGA 창립 소감 인터뷰에서 "전통 스포츠와 같은 방식으로 이스포츠가 TV로 중계될 날이 머지않았다"(Gestalt, 1999)라고 언급했고, 이 기사가 이스포츠라는 용어를 공식적으로 사용한 첫 번째 기록으로 전해지고 있다(Jenny et al., 2017).

국내에서도 비슷한 시기에 이스포츠라는 용어가 등장했다. 1990년대 초중반 국내에서는 이스포츠 대신에 '프로게임,' '프로게이머'라는 용어가 주로 사용되었지만 1999년 전자신문이 '이스포츠'라는 별도의 섹션을 만들면서 이스포츠라는 용어가 언론에 등장했다. 이듬해인 2000년에는 한국이스포츠협회 Korea e-Sports Association: KeSPA의 전신인 '21세기프로게임협회'가 창립되었는데 공식 창립 행사에서 당시 문화관광부 장관이 축사 중에 이스포츠라는 용어를 사용하며 보다 보편화되기 시작했다.

이스포츠 산업은 동서양에서 서로 다른 성장 배경을 가지고 있다. 영국을 포함한 유럽과 북미, 서양에서의 이스포츠는 이드 소프트웨어id software가 1993년 발매한 둠Doom, 1996년 발매한 퀘이크Quake와 같은 1인칭 슈팅게임 First-Person Shooting: FPS을 중심으로 발전해 왔다. 이러한 FPS 플레이어들은 전통 스포츠의 '팀'에 해당하는 '클랜clan'을 만들었고, 각 클랜 간 경기를 온라인 토너먼트 형식으로 진행하며 발전해 왔다. 이처럼 서양의 이스포츠는 처음부터 전통 스포츠와 유사하게 팀 토너먼트 형식의 경쟁 양식을 클랜 간 온라인 토너먼트 형식으로 적용시켜 발전해 왔다.

북미의 경우, 1997년 6월 27일 미국 메이저 프로 스포츠 리그를 모델로 한 첫 번째 온라인 게임 프로리그인 'CPLCyberathlete Professional League'이 텍사스 댈러스에서 개최되었다(Wagner, 2006). CPL은 최초의 비디오 게임 토너먼트 중 하나로 알려져 있으며, 처음에는 FPS인 퀘이크 단일 종목으로 시작했으나 나중에는 카운터 스트라이크Counter-Strike, 스타크래프트2Starcraft 2, 리그오브레전드League of Legends: LoL 등 다양한 종목으로 확대되며 2013년까지 진행되었다. CPL은 10년 동안 60회 이상의 국제대회를 주관했으며, 300만 달러(약 38억 원) 이상의 상금을 수여해 왔다. 이처럼 유럽과 북미 지역에서는 1990년대 FPS를 시작으로 이스포츠가 발전해 온 것을 알 수 있다.

반면 동양의 경우는 유럽, 미국과는 달리 FPS가 아닌 스타크래프트와 같은 실시간 전략 게임Real Time Strategy: RTS을 중심으로 발전해 왔다. 동양의 이스포츠는 특히 한국과 중국을 중심으로 발전해 왔는데, 한국의 경우 1990년대 후반부터 '프로게임'이라는 용어를 중심으로 이스포츠가 등장했다. 한국은 1997년 외환위기를 맞는데 이때 경제위기를 극복하기 위해 국가적으로 정보기술 산업 및 인터넷 네트워크 분야에 투자가 증대되었다. 초고속 인터넷망의 발달은 청소년층을 중심으로 1천 원이면 1시간 동안 자유롭게 게임을 할 수 있었던 전 세계적으로 유례가 없는 PC방 문화를 창출해 내기도 했다. 이스포츠에 대한 폭발적 관심과 참여 증가를 이끌었던 '스타크래프트: 브루드 워'[1998년 액티비전 블리자드(Activision Blizzard) 출시]는 폭발적인 인기를 누리며 이스포츠가 청소년 문화의 주축으로 자리 잡는 데 중추적인 역할을 했다. 1990년대 후반 스타크래프트의 인기에 힘입어 케이블방송국 투니버스에서는 1999년 '프로게이머코리아오픈Pro-gamer Korea Open: PKO'이라는 타이틀로 국내 최초이자 세계 최초로 PC게임 기반의 이스포츠 리그를 TV로 생중계하며 이스포츠를 대중에게 소개했다. 이스포츠가 TV를 통해 중계되었다는 것은 이스포츠가 관람 스포츠의 영역으로 진입했음을 의미하며, 본격적으로 산업적 잠재력을 보여 준 시점으로 평가할 수 있다. 이스포츠 중계방송은 이스포츠 선수들의 인지도를 높이는 데 크게 기여하여 스타크래프트의 임요환 선수 등 일부 스타급 선수들은 전통 스포츠의 스타 선수들이 누리는 인기와 영예를 누렸다.

한국은 이스포츠의 잠재력을 일찍이 감지하고 정부 차원의 지원이 비교적 빨리 시작되었다. 2005년 문화체육관광부에서는 '이스포츠 발전 중장기 비전'을 발표하며 정부 차원의 이스포츠 산업 육성에 대한 로드맵을 제시했으며, 2012년에는 '이스포츠(전자 스포츠) 진흥에 관한 법률'을 제정하여 이스포츠 산업의 진흥을 위한 법적 근거를 만들었다. 2020년에는 관계부처 합동으로 '게임산업 진흥 종합 계획'을 수립하며 이스포츠 산업 육성을 중요 과제로 제시한 바 있다. 2020년 종합계획에 의하면 정부는 이스포츠 육성과 생태계 조성을 위해 지역별로 상설 경기장을 개설·운영하고 사설 PC방을 이스포츠 시설로 지정하는 등 전국 단위로 이스포츠 시설을 체계화하는 계획을 수립했다. 그뿐만 아니라 이스포츠 대회 활성화를 위해 동호회 중심의 아마추어 대회, 대학 리그, 군인 리그와 더불어 한중일 이스포츠 대회 개최 등 다양한 국내외 리그 지원을 계획했다. 또한 이스포츠 선수보호를 체계화하기 위한 표준계약서를 도입하고 선수등록제를 확대하는 정책적 지원 내용을 담았다.

동서양에서 비슷한 시기에 이스포츠라는 신조어를 만들며 새로운 문화를 만들어 낸 세력은 이전 세대와 차별화된 밀레니얼 세대이다. 이른바 'MZ세대'의 M은 밀레니얼 세대를 의미하며 이들 세대는 1980년대 초반에서 1990년대 중반까지 출생한 세대이다(Z세대는 1990년대 중반부터 2000년대 말까지 출생한 세대임). MZ세대 중 특히 밀레니얼 세대는 이스포츠라는 용어가 처음 등장한 1990년대 말에서 2000년대 초반 10대 청소년기를 보낸 세대로 전 세계적으로 이스포츠를 보편화한 주축 세력이라 할 수 있다.

밀레니얼 세대는 청소년 때부터 인터넷을 사용해 비교적 어린 나이에 모바일, SNS(소셜네트워크서비스) 등 ICT 기술에 능통했던 세대이다. 바로 이전 세대인 X세대(1960년대 중반에서 1970년대 말까지 출생한 세대)가 청소년 후반기나 성인이 되고서야 비로소 윈도우 체계의 개인용 컴퓨터를 사용하여 인터넷을 배워서 사용했던 반면 밀레니얼 세대는 어려서부터 컴퓨터와 인터넷을 자연스럽게 접하며 성장했다.

컴퓨터를 편하게 사용하고 인터넷을 통한 네트워킹에 익숙한 밀레니얼 세대는 1990년대 후반부터 등장한 컴퓨터와 인터넷을 통해 네트워크로 동료와 함께 즐기는 '스타크래프트'와 같은 새로운 형태의 컴퓨터 게임을 쉽게 익히고 즐길 능력이 있었다. 이전 세대에게 있어 게임이 혼자서 게임기(기계)와 대결하는 것이었다면, 밀레니얼 세대에게 게임은 컴퓨터와 인터넷을 통해 동료와 함께 게임 서버에 접속해 사람과 사람이 대결하는 것과 보다 가까웠다. 사람과 사람이 대결하는 컴퓨터 게임은 당시 등장한 PC방 시장의 성장에 힘입어 당대 청소년들의 대세 문화로 확산되었다. 게임이 오락실에서 게임기 앞에 홀로 앉아 플레이하는 수준을 넘어선 것이다. 사람과 사람의 대결은 자연스럽게 컴퓨터 게임을 매개로 하는 대회 개최로 이어졌고, 이는 전통 스포츠에서 오랜 세월 발전해 온 리그와 토너먼트 시스템을 차용해 발전할 수 있는 기회가 생긴 것을 의미했다. 자연스럽게 컴퓨터 게임 기반의 대회도 스포츠로 인식되기 시작했고 사람들은 이스포츠라는 용어를 사용하기 시작했다.

밀레니얼 세대가 이스포츠 문화를 만들어 확산시킬 수 있었던 또 다른 특성은 자기 표현이 자유롭다는 점 그리고 부당하다고 생각하는 사안에 적극적으로 의사 표현을 한다는 점이었다. 밀레니얼 세대에게 컴퓨터 게임은 여타 취미와 별반 다를 바 없는 일상적이며 지극히 정상적인 여가로 여겨졌기 때문에 '게임은 나쁘다'라는 기성세대의 명제를 거부했다. 사회적으로 당당하게 컴퓨터 게임을 즐기고 PC방에서 친구를 만나는 새로운 문화를 창조해 나간 것이다. 한국에서 밀레니얼 세대는 2022년 1천만 명을 넘어 전체 인구의

21%에 달한다. 밀레니얼 세대는 그들이 성인이 된 현시점에도 지속적으로 이스포츠를 즐기고 이스포츠에 열린 태도를 가지고 있어 이스포츠가 청소년의 전유물이 아닌 모두의 여가문화로 발전해 나가는 데 큰 역할을 하고 있다.

2. 이스포츠의 개념과 특징

1) 다양한 이스포츠의 정의

앞서 기술했듯이 이스포츠는 동서양에 따라 서로 다르게 발전해 왔으며 시대와 지역에 따라 그 개념이 조금씩 다르게 발전해 왔다. 어떤 학자들은 스포츠 자체가 전자화될 수 없음을 지적하며 이스포츠라는 용어가 자기모순적이라고 주장하기도 하고(Witkowski, 2012), 다른 학자들은 이스포츠가 스포츠 영역과 마찬가지로 운동선수들이 전자화를 통해 게임을 구현하는 스포츠의 연장선이라고 주장한다(Hemphill, 2005). 현재까지 이스포츠는 게임, 문화, 스포츠, 심리학, 철학, 컴퓨터 과학 등 다양한 학술적 관점을 통해 이해되고 있다. 이스포츠를 어떻게 정의하냐는 이스포츠가 포괄하는 범위와 대상을 결정하기 때문에 다양한 이스포츠의 정의를 이해하는 것은 이스포츠 산업과 문화에 대한 정확한 이해를 위한 필수적인 단계라고 할 수 있다.

Wagner(2006)는 학계에서 처음으로 이스포츠의 정의를 제시했다. 그는 이스포츠를 정보통신기술을 사용하여 정신적 또는 신체 능력mental or physical abilities을 발전시키고 트레이닝하는 스포츠 활동의 한 영역an area of sport activities으로 정의했다(2006: 182). 그러나 이 정의는 이스포츠의 개념이 지나치게 광범위하고 모호하다는 비판을 받기도 한다. Jenny et al.(2017)은 Wagner(2006)가 제시한 이스포츠의 정의에 대해 이스포츠를 스포츠의 일부로 정의하면서도 구체적으로 어떤 스포츠 활동이 이스포츠가 되는지에 대한 명확한

〈표 1-1〉 이스포츠의 정의

저자	정의	분야
Wagner(2006)	정신과 신체 능력을 정보통신기술을 사용해 발전시키고 트레이닝하는 스포츠 활동의 한 영역 (An area of sport activities in which people develop and train mental or physical abilities in the use of information and communication technologies)	게임·문화산업
Weiss(2008)	일반적으로 통용되는 룰에 따르는 인터넷상의 리그나 토너먼트에서 치러지는 경쟁적 게임 (Playing competitive games according to generally accepted rules of leagues and tournaments on the Internet)	사회문화
Jonasson and Thiborg (2010)	전통 스포츠를 기반으로 한 경쟁형 게임플레이 (Competitive gameplay which borrows forms from traditional sports)	게임·문화산업
Witkowski(2012)	조직화된 경쟁형 컴퓨터 게임 (Organized and competitive approach to playing computer games)	게임·문화산업
Seo(2013)	경쟁적 컴퓨터 게이밍 (Competitive computer gaming)	마케팅
Hamari and Sjöblom (2017)	인터넷으로 방송되는 경쟁적 비디오 게임 (Competitive video gaming broadcasted on the internet)	컴퓨터 과학
Jenny et al.(2017)	조직된 비디오 게임 대회·경쟁 (Organised video game competitions)	스포츠경영학
Karhulaht(2017)	플레이어가 주도하는 제도화된 활동 (Institutionalized player-driven activity)	
Funk et al.(2018)	승패를 나누기 위해 신체 활동을 필요로 하는 고도로 구조화된 현대사회의 활동 (A modern and highly structured activity that requires physical actions of the human body to decide a competitive outcome)	스포츠경영학
Parshakov and Zavertiaeva(2018)	경쟁적 컴퓨터 게이밍 (Competitive computer gaming)	스포츠 파이낸스
Bányai et al.(2019)	비디오 게임을 이용해 플레이하는 특별한 방식의 대체 스포츠 (Alternate sports, and a special way of using video games and engaging in gameplay)	심리학

Gawrysiak et al.(2020)	상업화된 산업으로, 기존의 전통 스포츠 모델과 다른 형식의, 조직화된 비디오 게임 대회 (Organized video game competitions that serve as a nontraditional model of sport that has established itself as a commercialized entertainment enterprise)	마케팅
Cranmer et al.(2021)	다양한 수준의 물리적·가상성·기술적 몰입도를 포함하는 경쟁적·조직적 또는 기술적으로 활성화된 활동 [(esports involves) competitive, organized or technologically enabled activities encompassing varying degrees of physicality, virtuality and technological immersion]	휴먼-컴퓨터 인터랙션
게임산업 진흥에 관한 법률 제2조 제1호	게임물을 매개(媒介)로 사람과 사람 간에 기록 또는 승부를 겨루는 경기 및 부대활동	국내 법률
한국이스포츠협회 (KeSPA)*	이스포츠는 실제 세계와 비슷하게 가상적으로 구축한 전자적인 환경에서 경쟁과 유희성 등의 요소를 포함하며 정신적·신체적 능력을 활용하여 승부를 겨루는 여가활동을 통틀어 이르는 말	국내 이스포츠 협회
대한체육회*	컴퓨터 및 네트워크, 기타 영상장비 등을 이용해 승부를 겨루는 스포츠로 지적 및 신체 능력이 필요한 경기	국내 체육 단체
국제이스포츠연맹 (IeSF)*	게이머들이 가상 전자환경에서 다양한 게임으로 경쟁하기 위해 신체적·정신적 능력을 사용하는 경쟁 스포츠 (A competitive sport where gamers use their physical and mental abilities to compete in various games in a virtual, electronic environment)	국제 이스포츠 조직
아시아이스포츠연맹 (AESF)*	전자 기기를 플랫폼으로 이용한 경쟁적 활동으로 전자시스템에 의해 구현되며 인간 또는 인간과 컴퓨터 인터페이스를 통해 정보의 투입과 산출이 매개됨 (Using electronic devices as a platform for competitive activities… facilitated by electronic systems… in which input and output shall be mediated by human or human-computer interfaces)	국제 이스포츠 조직
뉴주(Newzoo)	프로와 리그와 토너먼트 형태로 조직화되었으며 상금 또는 우승 타이틀을 목표로 명확히 구분되는 선수 또는 팀들 간 경쟁적 게이밍 [Competitive gaming at a professional level and in an organized format (a tournament or league) with a specific goal (i.e., winning a champion title or pize modny) and a clear distinction between players and teams that are competing against each other]	전문 이스포츠 분석 기관

* 해당 기관 웹사이트 참고.

설명이 없으며 이스포츠의 중요한 요소인 경쟁competition요소를 명시하지 않은 점, 그리고 이스포츠 활동이 이루어지는 온라인 플랫폼 또는 전자시스템electronic system에 대한 구체적인 언급이 없었다는 점을 지적했다. 한편 정신적 또는 신체적 활동mental or physical abilities 중 하나만 충족해도 이스포츠가 될 수 있다는 논리를 비판하며 온전히 정신적 활동에만 기반한 활동을 이스포츠의 범주 안에 넣을 수 있는지에 대한 의문을 제기하는 학자도 있었다. 대표적으로 Jenny et al.(2017: 4)에게 이스포츠는 반드시 '신체성'을 수반하는 활동으로 인식되었다consider the definition of esports to be physical.

〈표 1-1〉은 Wagner(2006) 이후 각계 다수의 학자와 유관 기관에서 제시하는 이스포츠의 정의이다.

2) 다양한 이스포츠 정의에 반영된 이스포츠의 특징

〈표 1-1〉에 제시된 다양한 이스포츠의 정의를 통해 이스포츠와 관련된 몇 가지 중요한 관점을 이해할 수 있다.

첫째, Wagner(2006)가 제시한 가장 오래된 정의를 제외하고 다양한 학술 분야를 관통하는 이스포츠의 개념은 이스포츠가 '조직화된 경쟁적 비디오 또는 컴퓨터 게임organized competitive video or computer game'이라는 것이다. 〈표 1-1〉에 제시된 바와 같이 Weiss(2008), Jonasson and Thiborg(2010), Witkowski(2012), Seo(2013), Jenny et al.(2017), Hamari and Sjöblom(2017), Parshakov and Zavertiaeva(2018)는 모두 표현에 다소간 차이가 있으나 이스포츠를 조직화된 경쟁적 비디오 또는 컴퓨터 게임으로 정의하고 있다.

이스포츠를 단순히 비디오 게임 또는 컴퓨터 게임 플레이로 보지 않고 '조직화되고 경쟁적인organized competitive'이라는 수식어를 붙였다는 것은 이스포츠를 개인이 즐기는 게임플레이와 구분하고 있음을 의미한다. 개인이 편의에 따라 아무 때나 참여하는 단순 게임플레이는 표준화된 규칙에 따라 조직화된 토너먼트와 리그로 구현되는 대회에 참여하는 형태가 아니므로 조직화된 게임 참여로 볼 수 없다. 또한 다른 인간 플레이어와 승부를 겨루는 형태가 아닌 경우는 경쟁적 요소도 상당 부분 희석되므로 이스포츠의 범주에 포함되지 않는다는 논리로 이어진다. Funk et al.(2018)과 같은 스포츠경영학자도 피파 온라인FIFA Online과 NBA 2K 등의 스포츠 시뮬레이션 게임Sport Simulation Game을 단순히 혼자 플레이하는 경우는 조직화·구조화된 형태의 게임플레이가 아니므로 이스포츠로 볼 수 없다는 논리를 제시했다. 같은 피파 온라인과 NBA 2K라도 이들 게임이 표준화된 룰 적용을 받는 조직화된 토너먼트를 통해 경기가 치러질 때 비로소 이스포츠 영역에 들어오는 것이다. Warr(2014)는 모든 이스포츠는 비디오 게임이지만 모든 비디오 게임이 이스포츠가 되는 것은 아니라 했다. 이 같은 관점 역시 '조직화된 비디오 게임'만이 이스포츠의 범주에 포함된다는 의미로 해석된다.

KeSPA는 이스포츠를 '전자적인 환경에서 경쟁과 유희성 등의 요소를 포함하며 정신적·신체적인 능력을 활용하여 승부를 겨루는 여가활동'이라고 정의했다. 또한 이스포츠의 4가지 조건으로 경쟁성, 공정성, 관전성, 선수 기량 및 피지컬을 제시하여 일반 게임과 이스포츠를 구분했다. 법률적 개념으로도 게임산업 진흥에 관한 법률 제2조 1호는 이스포츠(전자 스포츠)를 '게임물을 매개로 하여 사람과 사람 간에 기록 또는 승부를 겨루는 경기 및 부대활동'으로 정의하면서 사람과 사람의 경쟁을 이스포츠의 필요조건으로 명시했다. 즉, 학계와 산업계, 그리고 법률적 개념으로 이스포츠는 단순한 게임플레잉과는 구분되는 개념이다.

이는 미국의 영문학자이자 스포츠 역사학자인 앨런 거트만Allen Guttmann이 제시한 근대 스포츠의 정의와 유사한 관점이다(Guttmann, 1978). 거트만은 조직화되고 경쟁적 신체 대결organized, competitive, physical contests을 스포츠로 정의했다. 거트만이 제시하고 다수의 스포츠 전공 교과서에서 소개하는 '조직화된 경쟁적 신체 대결'로서의 스포츠는 단순 레저활동으로 경쟁하지 않는 하이킹, 조깅, 자전거 타기와 같은 신체 활동을 포함하지 않는다. 그래서 거트만이 제시하는 스포츠의 정의는 '협의의 스포츠'라 한다. 협의의 스포츠는 이른바 미디어 또는 경기장을 직접 찾아 구경하는 관람 스포츠로서의 스포츠와 일반인이 참여하는 스포츠라 할지라도 조직화된 '대회'와 '토너먼트'에 출전하여 승부를 내는 형태의 스포츠에 초점을 맞추고 있는 것이다. 유럽의 지역사회 스포츠 클럽도 클럽 간 대항전을 기본으로 하는, 리그와 토너먼트를 중심으로 진행되는, 조직화된 스포츠가 기본이다. 따라서 〈표 1-1〉에 제시된 조직화된 경쟁적 비디오·컴퓨터 게임으로서 이스포츠는 전통 스포츠에서 거트만이 제시하는 협의의 스포츠 개념과 결이 같다.

전통 스포츠에는 협의의 스포츠 개념뿐 아니라 광의의 스포츠 개념도 있다. 광의의 스포츠는 유엔UN 또는 유럽평의회European Council의 스포츠 헌장Sport Charter이 제시하는 '모든 형태의 신체 활동all forms of physical activities'으로서의 스포츠이며 여기에는 조직화되지 않고 비경쟁적인 일상으로서 즐기는 신체 활동이 모두 포함된다. 스포츠에 협의의 개념과 광의의 개념이 있다는 것은 스포츠가 하나의 절대적인 개념이기보다는 시대와 맥락에 따라 변하는 개념임을 의미한다. 실제로 시대에 따라 스포츠의 개념은 지속적으로 변화해 왔는데, 옥스퍼드 영어사전에 의하면 스포츠라는 용어가 중세에는 시간 보냄과 오락pastime and entertainment을 의미하는 'disport'에서 기원한 것으로 설명한다. 또한 학계에서는 일반적으로 스포츠가 18~19세기 무렵 사냥, 사격, 낚시와 같은 수렵활동을 일컫는 용어로 사용되다가 19세기 후반에 이르러서야 우리가 현재 알고 있는 형태의 근대 스포츠가 태동했고 비로소 신체적 경쟁으로서의 스포츠 개념이 확립되었다고 보고 있다.

이처럼 모든 형태의 신체 활동을 광의의 스포츠로 인정할 수 있다면, 일반인이 일상으로 즐기는 모든 형태의 비디오·컴퓨터 게임플레이 역시 광의의 이스포츠라 부를 수 있을까? 언뜻 생각하기에 전통 스포츠의 개념을 기계적으로 이스포츠에 적용한다면 가능한 논리일 수 있겠지만 조직화되지 않은 일상적 게이밍을 이스포츠로 볼 수 있는 논리적 기반은 빈약하다. 그 이유는 이스포츠의 개념이 현장에서 어떻게 태동했는지를 되짚어 보면 이해할 수 있다. 한국과 해외 게이머들 모두 게임의 승패로 수익 창출이 가능해지면서 '프로게이머', '사이버 애슬릿'이라는 용어를 사용하게 되었고, 이것이 이스포츠의 전신이다. 게임 결과에 따라 수익이 발생한다는 것은 상금이 걸린 대회에 출전한다는 것을 전제로 하는 것이고, 대회의 본질은 조직화된 경쟁이다. 따라서 일상의 비디오 게이밍이 거트만이 이야기하는 협의의 스포츠와 같은 형태로 운영되기 시작하면서 이스포츠로 이해되기 시작한 것이다. 〈표 1-1〉에 제시된 다양한 이스포츠의 정의 역시 2000년대 이후 관람 수요를 유발하는 공식적인 대회로서의 조직화된 경쟁적 비디오 및 컴퓨터 게이밍을 이스포츠로 인식하며 내린 정의로 볼 수 있다.

따라서 〈그림 1-1〉과 같이 여러 전자 게이밍(비디오·컴퓨터 게임) 중 조직화된 경쟁적 게이밍을 이스포츠로 보고 있는 것이고 이 부분이 스포츠와 교집

〈그림 1-1〉 게임과 스포츠

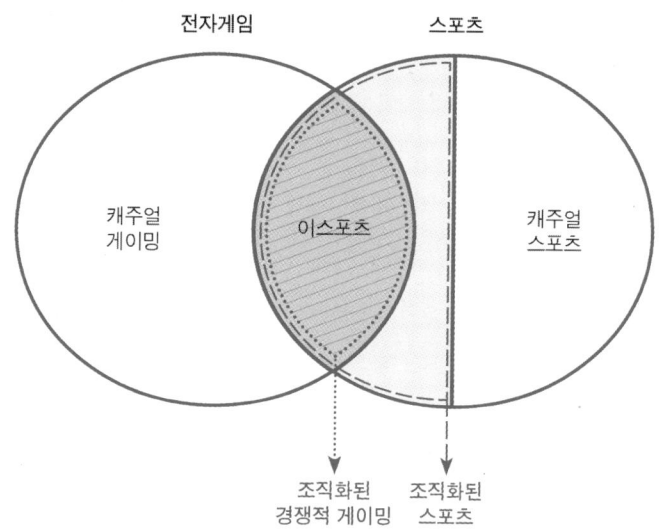

합을 이루고 있다. 스포츠의 개념 안에는 캐주얼하게 즐기는 (조직화되지 않은) 비경쟁적 스포츠와 리그와 토너먼트 형태로 조직화된 경쟁적 스포츠가 모두 포함된다. 이에 반해 게이밍 안에는 일반인이 일상으로 즐기는 캐주얼casual 게이밍과 이스포츠로 불리는 조직화된 비디오·컴퓨터 게이밍이 구분되어 있다고 볼 수 있다. 따라서 유명 선수가 유튜브Youtube를 통해 연습경기 장면을 스트리밍한다면 이는 경쟁적 게임플레이임에는 틀림없으나 조직화된 대회에 참여하는 것은 아니므로 이스포츠로 보지 않는다.

둘째, 〈표 1-1〉에 제시된 이스포츠의 정의를 통해 도출할 수 있는 두 번째 인사이트는 이스포츠가 전자시스템 또는 컴퓨터를 통해 매개된다는 점이다. Warr(2014)는 이스포츠를 '전자시스템'에 의해서 실행되는 스포츠의 한 유형으로 정의하며 이스포츠가 전통 스포츠와 차별화되는 '전자시스템'의 역할을 강조했다. Hamari and Sjöblom(2017)은 이스포츠가 전자시스템에 의해 게임이 실행되며 선수와 선수 사이의 경쟁이 사람과 컴퓨터의 접속human-computer interface을 통해 이루어지는 스포츠라고 정의했다. 이스포츠 관련 국제기구인 국제이스포츠연맹International eSports Federation: IeSF과 아시아이스포츠연맹Asian Electronic Sports Federation: AESF 모두 이스포츠를 디지털 및 전자 환경에서 이루어지는 경쟁적 스포츠 활동으로 보고 있다.

이처럼 이스포츠의 정의에 전자시스템의 매개를 명시하는 것은 이스포츠의 'e'가 'electronic'(전자)을 의미한다는 점을 생각하면 쉽게 이해할 수 있다. 즉, 이스포츠가 'e'와 '스포츠'의 합성어이므로 스포츠에 전자적 요소가 결합되는 것은 당연한 이치이다. 중요한 것은 스포츠의 어떠한 부분이 전자적으로 매개되는 것인지에 대한 정확한 이해가 필요하다.

Hamari and Sjöblom(2017)은 이스포츠에서 'e'가 차지하는 역할을 〈표 1-2〉와 같이 스포츠 활동이 이루어지는 공간인 '선수활동 투입 공간field of input behaviors'과 스포츠 활동 결과로 상대 선수와의 대결이 이루어지는 '선수활동 표출 공간field of outcome-defining events'을 통해 설명했다. 전통 스포츠에서는

〈표 1-2〉 스포츠와 이스포츠의 구분

구분	스포츠	이스포츠
선수활동 투입 공간	현실 세계	현실 세계
선수활동 표출 공간	현실 세계	디지털 세계
주요 장비 유형	물리적 운동장비	인간-컴퓨터 인터페이스

자료: Hamari and Sjöblom(2017).

스포츠에 참여하는 선수들의 스포츠 동작과 그 동작이 경기 결과로 표출되는 공간 모두가 물리적 현실 세계이다. 반면 이스포츠의 경우 선수들의 스포츠 활동(게임 활동)은 현실 세계에서 이루어지지만 경기 결과를 결정하는 이벤트는 양 팀 선수들이 아바타 형태로 컴퓨터 스크린과 같은 디지털 공간에서 표출된다. 또한 전통 스포츠와 달리 이스포츠에서는 스포츠 동작의 입력input과 결과물output 모두 전자·디지털·컴퓨터 기술을 매개로 일어난다. 컴퓨터 또는 전자시스템의 매개 없이는 이스포츠가 가능하지 않은 것이다.

셋째, 〈표 1-1〉에 제시된 이스포츠의 정의에서 눈여겨보아야 할 또 다른 부분은 이스포츠에 있어서 선수들의 정신적 역량뿐 아니라 신체적 능력의 역할을 명시한 점이다. Wagner(2006)는 이스포츠가 정신 및 육체적 역량을 활용한다고 했으며, Funk et al.(2018)은 이스포츠 경기 결과를 결정하는 데는 인간의 신체 활동이 필수요소임을 명확히 했다. 국내에서 KeSPA는 이스포츠를 신체적 능력을 활용해 승부를 겨루는 경기로 이해했으며, 대한체육회는 이스포츠를 컴퓨터 및 네트워크, 기타 영상장비 등을 이용해 승부를 겨루는 스포츠로 지적·신체적 능력이 모두 필요한 경기로 정의하며 신체적 능력을 명시했다.

실질적으로 신체 움직임을 전혀 사용하지 않고서는 이스포츠 참여가 불가능하다. 아무리 작고 미세한 움직임일지라도 인간-컴퓨터 인터페이스 또는 게임 컨트롤러를 조작하는 신체적 움직임이 없으면 게임이 작동하지 않기 때문이다. 이스포츠의 정의에 신체적 능력을 명시한 경우는 게임 조작을 수반하는 움직임을 신체적 움직임으로 '인정'하고 있는 것으로 볼 수 있다.

하지만 〈표 1-1〉에 제시된 이스포츠 정의 중 절반 이상은 신체적 역량에 대한 언급을 전혀 하고 있지 않다는 점도 눈여겨보아야 한다. 이는 한편으로 이스포츠를 '어떻게'하는 것인가에 대한 설명이 이스포츠의 정의에 반영되지 않았기 때문으로 볼 수 있겠으나, 다른 한편으로는 이스포츠에 있어서 '신체적 능력'을 얼마나 중요한 요소로 인정해야 하는지에 대한 전문가들의 일치된 관점이 없다는 점을 반영한다. 이스포츠에 주로 사용되는 게임 컨트롤러 조작 능력은 분명 신체적 움직임을 수반하지만 전통적 스포츠의 관점에서 일반적으로 생각하는 뛰고 달리는 형태의 신체적 능력과는 차원이 다른 움직임이기 때문에 전통적 의미의 신체적 능력으로 선뜻 인정하지 못하는 학자가 많은 것이다.

아직까지 이스포츠에 있어서 신체적 능력의 비중에 대한 일치된 관점은 없다. 그래서 이스포츠를 스포츠로 인정할 수 있는지 여부에 대한 논의는 주로 이스포츠에서 사용하는 신체적 능력이 스포츠의 필요조건으로서 신체성으로 인정할 수 있는지에 대한 논쟁을 중심으로 이루어졌다. 최근에 Cranmer et al.(2021)은 이스포츠가 '다양한 강도의 신체 활동varying degrees of physicality'을 포괄한다고 했다. 이는 이스포츠가 게임 컨트롤러 또는 컴퓨터 마우스를 조작하는, 작은 근육을 이용하는 신체 활동인 소근육 운동부터 뛰고 달리는 대근육 운동에 이르는 넓은 스펙트럼의 신체적 활동을 모두 고려할 수 있다는 의미로 해석된다.

3. 이스포츠와 스포츠의 비교

최근 올림픽과 아시안게임 등 국제스포츠 현장에서는 이스포츠에 대한 수용적인 태도가 감지된다. 2022년 항저우아시안게임에 이스포츠가 정식종목으로 채택되었고, 국제올림픽위원회International Olympic Committee: IOC에서는 2018년 ELGEsports Liaison Group를 출범시키며 '경쟁적 게이밍competitive gaming'의 올림픽 종목 가능성에 대한 논의를 공식화했다(Carp, 2018). IOC는 이후 2021년부터 5년간의 IOC 로드맵을 제시하는 '올림픽 어젠다 2020+5'를 통해 '버추얼 스포츠'와 '시뮬레이션 스포츠'에 대한 전향적 자세를 보이기 시작했다encourage the development of virtual sports and further engage with video gaming communities(IOC, 2021). 이처럼 이스포츠가 전 세계적으로 가장 권위 있는 국제스포츠대회인 올림픽에 포함될 수 있는 분위기가 확산되고 있음에도 '이스포츠는 스포츠인가'라는 물음은 여전히 논쟁적이다.

이스포츠를 스포츠로 인정받으려는 시도는 1990년대 후반부터 시작되었다. 1999년 영국의 프로 컴퓨터 게이밍 챔피언십UK Professional Computer Gaming Championship: UKPCGC이라는 단체는 영국 정부 산하의 국민체육 증진을 목적으로 설립된 스포츠 공공 기관인 영국 스포츠 평의회English Sports Council(현 Sport England의 전신)에 이스포츠를 공식 스포츠로 승인해 달라고 요청했으나 거절당했다. 당시 영국스포츠평의회에서 이스포츠를 스포츠로 인정하지 않은 것이다(Wagner, 2006).

이스포츠가 스포츠의 범주에 포함될 수 있는지에 대한 논의는 스포츠의 자격요건을 기준으로 진행되어 왔다. 가장 대표적인 연구로는 Jenny et al.(2017)과 Holden et al.(2017)이 있다. 이들 연구에서는 스포츠의 학술적 개념과 법률적 정의를 기준으로 스포츠가 되기 위한 필요조건을 도출하여 각각의 필요조건을 이스포츠가 얼마나 잘 충족하고 있는지 여부를 살펴보았다.

〈표 1-3〉은 Jenny et al.(2017)이 Guttmann(1978)과 Suits(2007)가 제시한 스포츠의 필요조건을 기준으로 이스포츠가 스포츠로 인정받을 수 있는지에 대한 논의를 정리하고 있다.

스포츠의 첫 번째 요건은 놀이play이다. 놀이란 내적동기 유발에 의한 자발적인 행위로 눈에 보이거나 지적인 생산을 목적으로 하는 행위가 아닌nonutilitarian 유희성을 지녀야 하며 스포츠는 이러한 놀이의 속성을 갖춰야 한다는 것이다. 둘째, 스포츠는 조직화organized되어야 한다. 조직화된다는 것은 표준화된 규칙에 따라 운영되어야 한다는 뜻이다. 셋째, 스포츠는 경쟁competition요소를 필요로 한다. 즉, 스포츠는 승패를 가리는 경쟁적 활동이다. 넷째, 신체적 기술physical skill이다. 여기서 기술이란 경기 결과가 주사위 던지기와 같이 행운에 의한 것이 아니라 인간의 능력에 의해 결정되어야 한다

〈표 1-3〉 스포츠의 필요조건과 이스포츠의 충족 여부

스포츠의 필요조건	특성	이스포츠 충족 여부
놀이	내적동기 유발, 유희성	충족
조직화	표준화된 규칙의 적용	충족
경쟁	승패가 있는 경쟁	충족
신체적 기술	운이 아닌 신체기술에 의한 결과	논쟁적
제도적 안정성	지속 가능한 거버닝 체계	논쟁적

자료: Jenny et al.(2017); Guttmann(1978); Suits(2007).

〈그림 1-2〉 앨런 거트만의 스포츠 개념

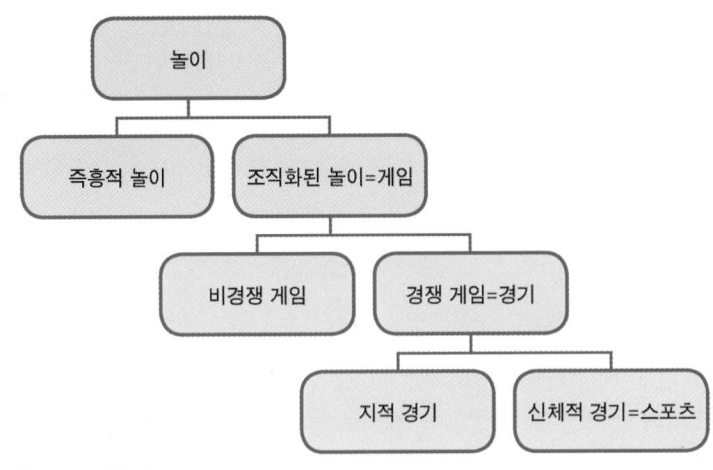

자료: Guttmann(1978).

는 의미이며, 스포츠는 기술 중에서도 신체성physicality을 전략적으로 이용한 기술을 활용해야 한다는 것이다.

Guttmann(1978)은 놀이를 규칙이 없는 즉흥적 놀이spontaneous play와 규칙에 의해 운영되는 조직화된 놀이organized play로 구분하며 규칙이 부여된 조직화된 놀이를 게임game이라고 했다. 또 게임은 다시 경쟁요소가 있는 경우와 그렇지 않은 경우가 있는데, 경쟁요소가 있는 게임을 경기contest라고 했고 신체적 기술을 필요로 하는 경기physical contest를 스포츠로 정의했다. 이것이 〈그림 1-2〉에 제시된 거트만의 조직화된 경쟁적 신체 활동으로서의 스포츠의 개념이다.

다섯 번째로 스포츠는 제도적 안정성institutional stability을 필요로 한다. 전통 스포츠에서는 FIFA와 같은 종목별 국제연맹International Federations: IF을 통해 해당 종목의 경기와 대회 운영을 전 세계적으로 표준화된 규칙과 제도에 따라 일관되게 통제한다. 이처럼 전통 스포츠는 스포츠거버닝 바디governing body로 불리는 IF에 의해 제도적 안정성을 추구하고 해당 종목이 일시적 유행을 넘어 오래 지속될 수 있도록 한다.

〈표 1-3〉에서 제시하는 스포츠의 5가지 자격요건 중 첫 번째에서 세 번째 요소(놀이, 조직화, 경쟁)를 이스포츠가 충족한다는 데는 이견이 없다. 논쟁적 요소는 바로 네 번째 신체적 기술과 다섯 번째 제도적 안정성과 관련된 자격요건이다.

신체성과 관련해 많은 사람들은 이스포츠의 신체활동 부족을 지적하며 이스포츠가 스포츠로 인정받을 만큼의 신체 활동을 수반하지 않는다고 주장한다. 이 주장의 핵심은 이스포츠에 사용되는 신체 활동이 주로 의자에 앉아 게임 컨트롤러를 조작하는 작고 미세한 움직임 위주라는 것이다.

이스포츠의 신체성 문제는 2가지로 나누어 판단해 볼 수 있다. 우선은 사용하는 근육 양에 따른 판단으로 신체적 움직임이 대근운동을 기반으로 한 대운동기술gross motor skill을 활용하는지 아니면 소근육 기반의 미세운동기술fine motor skill을 주로 활용하는지 여부이다(Jenny et al., 2017). 이러한 분류에 의하면 전통 스포츠는 대체로 대운동기술을 활용하는 반면 이스포츠는 미세운동기술을 사용하고 있어 명확한 차이를 보인다. 이 같은 측면에서 이스포츠의 신체성을 스포츠로 인정하기에는 부족하다는 결론을 내릴 수 있다.

하지만 신체성의 또 다른 고려사항은 신체 활동의 크기나 강도보다는 신체 활동의 결과가 스포츠 수행 결과에 얼마나 중요한 영향을 미치는지 여부이다. 즉, 미세운동기술을 사용하든 대운동기술을 사용하든 인간의 신체 움직임이 스포츠 수행의 결과를 결정지을 만큼 중요한 요소일 경우 스포츠로 인정해야 한다는 것이다. 농구에서 슈팅을 할 경우 신체기술이 슈팅의 성공 여부에 직접적인 영향을 준다. 마찬가지로 이스포츠에 있어서 얼마나 빠르고 정확하게 반응하며 마우스와 게임 컨트롤러를 조작하느냐가 게임의 승패를 결정한다면 아무리 미세한 움직임이라도 스포츠의 신체 움직임으로 인정할 수 있다는 것이다. 예컨대 바둑의 경우 어떠한 방식으로 돌을 내려놓아도 게임 내용의 결과가 바뀌지 않지만 이스포츠는 마우스 클릭 속도와 정확성이 승패에 결정적인 영향을 미치고, 따라서 스포츠의 신체적 요소로 인정할 수 있다는 것이다. 미국 스포츠 전문 케이블 채널 ESPN에서는 이스포츠 선수들의 신체기량을 측정하기 위해 LoL 프로선수인 '포벨터Pobelter' 박유진 선수의 게임 중 신체 변화biometrics를 측정했다. 포벨터 선수의 게임 중 심박수는 평상시 심박수인 분당 75회의 약 2배인 140회를 기록했다. 또한 게임 중 눈동자 움직임 속도는 움직임당 0.07초였으며 눈동자가 고정되어 있는 시간은 평균 0.167초로 나타났다. 이는 일반인들이 한 단어를 읽는 데 평균 0.22초가 걸린다는 연구 결과에 비추어 보았을 때, 이스포츠가 굉장히 민첩한 신체 능력을 요구한다는 것을 보여 준다(ESPN, 2017).

마지막으로 이스포츠의 제도적 안정성을 스포츠의 자격요건으로 문제 제기하는 경우가 많다. 이들 주장의 핵심은 전통 스포츠에는 종목 전반의 생태계를 관장하는 IF가 존재하지만 이스포츠에는 이에 상응하는 조직이 없으므로 이스포츠가 스포츠로 간주되기 어렵다는 것이다(Hallmann and Giel, 2018). 외형적으로는 IeSF와 세계이스포츠협회World esports Association: WESA 등의 이스포츠 관련 국제조직이 있지만, 이 기관들은 전통 스포츠와 달리 이스포츠 전반의 규칙과 제도를 제정하고 집행할 만큼의 권위와 실질적 통제력을 갖추고 있지 않다. 이는 이스포츠가 전통 스포츠와는 근본적으로 달리 '게임사'가 게임의 룰과 규칙 등 대부분의 중요한 제도적 결정을 하고 있기 때문이다. 게임사 없이 이스포츠는 존재할 수 없으므로, 전통 스포츠와 같이 온전히 하나의 이스포츠 종목을 통제하는 별도의 거버닝 바디를 갖추고 관련 생태계를 운영할 수 있는 여건이 만들어지지 못한 것이다.

한편 이스포츠를 스포츠와 비교하는 접근 자체를 지양하자는 목소리도 있다. 이스포츠가 스포츠이냐 아니냐에 관계없이, 이스포츠를 전통 스포츠와 비교해 틀 안에 가두는 것 자체가 이스포츠의 발전과 확대를 저해할 수 있다는 것이다(Funk et al., 2018). 이러한 관점은 이스포츠가 전통 스포츠와 명확히 구분되는 별도의 영역임을 전제로 한다. 하지만 〈그림 1-1〉과 같이 이스포츠를 (전자)게임과 전통 스포츠의 접점에 해당하는 영역으로 본다면, 이스포츠를 게임의 일부로 보는 것도 스포츠의 일부로 보는 것도 모두 가능하다. 이스포츠는 전통 스포츠에 비하면 그 역사가 매우 짧다. 따라서 이스포츠를 스포츠로 볼 수 있다면 기존 스포츠 분야에 적용되는 법과 제도를 이스포츠에 적용함으로써 이스포츠를 안정적으로 발전시키는 데 도움을 줄 수 있다. 현재 중국은 이스포츠를 스포츠로 공식 인정하는 태도를 취하고 있다. 한국도 2021년 KeSPA가 대한체육회 준회원 단체로 가입이 승인되어 사실상 이스포츠를 스포츠로 인정하기 시작했다고 볼 수 있다.

참고문헌

한국콘텐츠진흥원. 2010. 『이스포츠 기본이념과 사회문화적 가치조명』. 한국콘텐츠진흥원.

Bányai, F., M. A. Griffiths, O. Király, and Z. Demetrovics. 2019. "The psychology of esports: A systematic literature review." *Journal of Gambling Studies*, 35: 351~365.

Carp, S. 2018. "IOC sets up Esports Liaison Group after inaugural gaming forum." Sports Pro. https://www.sportspromedia.com/news/ioc-olympics-esports-liaison-group-inaugural-gaming-forum/

Cranmer, E. E., D. I. D. Han, M. van Gisbergen, and T. Jung. 2021. "Esports matrix: Structuring the esports research agenda." *Computers in Human Behavior*, 117, 106671.

ESPN. 2017(July 6). "What it takes to be a top League of Legends player." ESPN. https://www.espn.com/video/clip/_/id/17910590

Funk, D. C., A. D. Pizzo, and B. J. Baker. 2018. "Esports management: Embracing esport education and research opportunities." *Sport Management Review*, 21: 7~13.

Gawrysiak, J., R. Burton, S. Jenny, and D. Williams. 2020. "Using esports efficiently to enhance and extend brand perceptions: A literature review." *Physical culture and sport studies in research*, 86: 1~14.

Gestalt. 1999(December 13). "The OGA: What the hell is it?" Eurogamer. http://www.eurogamer.net/articles/oga

Guttmann, A. 1978. *From ritual to record: The nature of modern sports*. New York: Columbia University Press.

Hallmann, K. and T. Giel. 2018. "eSports—Competitive sports or recreational activity?" *Sport management review*, 21(1): 14~20.

Hamari, J. and M. Sjöblom. 2017. "What is esports and why do people watch it?" *Internet Research*, 27(62): 211~232.

Hemphill, D. 2005. "Cybersport." *Journal of the Philosophy of Sport*, 32: 195~207.

Holden, J. T., A. Kaburakis, and R. Rodenberg. 2017. "The future is now: Esports policy considerations and potential litigation." *Journal of Legal Aspects of Sport*, 27: 46~78.

IOC. 2021. "IOC makes a landmark move into virtual sports by announcing first-ever Olympic Virtual Series." IOC News. https://olympics.com/ioc/news/international-olympic-committee-makes-landmark-move-into-virtual-sports-by-announcing-first-ever-olympic-virtual-series

Jenny, S. E., R. D. Manning, M. C. Keiper, and T. W. Olrich. 2017. "Virtual(ly) athletes: where eSports fit within the definition of 'Sport'." *Quest*, 69(1): 1~18.

Jonasson, K. and J. Thiborg. 2010. "Electronic sport and its impact on future sport." *Sport in Society*, 13(2): 287~299.

Karhulahti, V. M. 2017. "Reconsidering esport: Economics and executive ownership." *Physical Culture and Sport Studies and Research*, 74: 43~53.

Parshakov, P. and M. Zavertiaeva. 2018. "Determinants of performance in eSports: A country-level analysis." *International Journal of Sport Finance*, 13(1): 34~51.

Seo, Y. 2013. "Electronic sports: A new marketing landscape of the experience economy." *Journal of Marketing Management*, 29: 13~14.

Suits, B. 2007. "The elements of sport." in W. J. Morgan(Ed.). *Ethics in sport* (pp.9~19). Champaign, IL: Human Kinetics.

Wagner, M. 2006. "On the scientific relevance of esport." In Proceedings of the 2006 international conference on internet computing and conference on computer game development(pp.437~440). Las Vegas, Nevada: CSREA Press.

Weiss, T. and S. Schiele. 2013. "Virtual worlds in competitive contexts: Analysing eSports consumer needs." *Electronic Markets*, 23(4): 307~316.

Witkowski, E. 2012. "On the digital playing field: How we 'do sport' with networked computer games." *Games and Culture*, 7(5): 349~374.

이스포츠 장르와 종목

이스포츠는 종목과 장르로 분류된다. 이스포츠에서 '종목'이란 LoLLeague of Legends과 같이 게임사가 제작한 개별 게임 타이틀을 의미하고, 게임플레이 방식에 따라 유사 게임 타이틀을 여러 개 묶으면 RTS와 같은 '장르'가 된다. 모든 비디오 게임이 이스포츠가 되는 것은 아니지만 모든 이스포츠는 비디오 게임을 기반으로 하므로 이스포츠의 분류는 비디오 게임의 분류 체계를 따를 수 있다. 비디오 게임의 분류는 게임을 하는 플랫폼에 따른 분류와 게임 장르에 따른 분류가 있다. 이 장에서는 이스포츠를 플랫폼과 게임 장르에 따라 분류하고 한국이스포츠협회Korea e-Sports Association: KeSPA와 글로벌 이스포츠 이벤트에서 공식적으로 채택된 이스포츠 종목에 대해 알아보려 한다.

1. 플랫폼에 따른 이스포츠의 분류

비디오 게임은 플랫폼에 따라 PC게임, 모바일mobile 게임, 콘솔console 게임, 아케이드arcade 게임으로 나눌 수 있다. 여기서 말하는 '게임 플랫폼'이란 게임 소프트웨어와 결합하여 비디오 게임이 작동할 수 있도록 하는 전자 장치 또는 컴퓨터 하드웨어를 의미한다. 게임사에서는 단일 플랫폼에서만 구동되는 게임을 개발하기도 하지만 복수의 플랫폼에서 구현되는 게임을 개발하기도 한다. 예를 들면 PC게임으로 개발된 온라인 농구 게임 NBA 2K는 최근 콘솔 버전으로도 출시되었다. 이처럼 특정 게임이 하나의 플랫폼에서 성공할 경우 다양한 플랫폼으로 확장해 출시하는 것은 자연스러운 전략이다.

1) PC게임

PC게임은 싱글 플레이 중심의 PC게임과 온라인 네트워크로 여러 게이머가 동시에 접속해 함께 플레이하는 온라인 PC게임이 있다. 두 종류의 게임 모두 개인용 컴퓨터인 PC를 플랫폼으로 하기 때문에 PC게임으로 분류된다. 그러나 이스포츠에서는 사람과 사람 간의 대결을 전제로 하기 때문에 온라인 PC게임만이 이스포츠에 포함된다고 할 수 있다. 대표적인 PC게임에는 LoL, 카운터 스트라이크, 오버워치Overwatch, 배틀그라운드PUBG: Battlegrounds, 피파 온라인, 카트라이더Kartrider 등이 있다.

2) 모바일 게임

모바일 게임은 스마트폰, 태블릿 PC와 같은 모바일 기기를 이용해 플레이하는 게임을 의미한다. 최근 모바일 게임 시장은 스마트폰의 보급률이 높아짐에 따라 전 세계적으로 급성장하고 있다. 모바일 게임은 상대적으로 개발 비용이 낮고 규제가 적다는 장점이 있지만, 사업자 간 경쟁이 높고, 수명이 짧은 편으로, 한 게임의 수명이 1개월 미만인 경우가 대부분이다. 모바일 게임 시장이 성장함에 따라 많은 PC 기반의 게임들이 모바일 게임 버전으로 출시되는 추세이다. 대표적인 모바일 게임으로는 배틀그라운드 모바일PUBG M,

왕자영요, 프리파이어, 와일드리프트WildRift 등이 있다.

3) 콘솔게임

콘솔게임은 비디오 게임을 플레이할 수 있는 게임 장치인 '콘솔'을 통해 즐길 수 있는 게임을 의미한다. '콘솔'은 게임을 할 수 있도록 특별히 제작된 컴퓨터 장치로, 대표적인 콘솔 기기에는 마이크로소프트의 엑스박스XBox, 소니의 플레이스테이션Playstation, 닌텐도Nintendo의 닌텐도 스위치Nintendo Switch 등이 있다. 한국콘텐츠진흥원에서 발간하는 게임백서는 비디오 게임을 콘솔게임을 가리키는 용어로 사용하고 있는데 이는 정확한 표현이 아니다. 비디오 게임이란 전자적 입력 장치(조이스틱, 키보드, 마우스, 동작 감지 센서 등)를 이용한 게임플레이가 영상 장치(TV 모니터, 컴퓨터 스크린, 터치 스크린 등)를 통해 표출되는 모든 전자게임이다. 따라서 콘솔게임을 비디오 게임의 한 유형으로 보는 것이 정확하다. 콘솔게임은 하드웨어를 공급하는 플랫폼 사업자(마이크로소프트, 소니, 닌텐도 등)가 게임 개발사에 기술 지원을 하고, 배급사가 게임을 온·오프라인 도소매로 유통하는 구조로 되어 있다. 최근에는 펄어비스의 검은사막, 크래프톤Krafton의 배틀그라운드 등 기존 PC·모바일 플랫폼에서 성공을 거둔 게임을 콘솔게임으로도 출시하는 추세이다. 현재까지 콘솔게임기를 직접 제작·판매하는 국내 사업자는 없다.

4) 아케이드 게임

아케이드 게임이란 이른바 '오락실'로 불리는 전문 게임장의 게임 기기를 통해 플레이하는 게임이다. 영어로 '아케이드'란 대형 돔 아래 상가가 밀집해 있는 공간을 의미하며, 국내에서의 오락실이란 용어와 동일한 개념이라고 할 수 있다. 그렇기 때문에 아케이드 게임은 주로 상업적 목적으로 게임 기기에 동전 또는 지폐를 투입하여 플레이하는 게임을 의미한다. 대표적인 아케이드 게임으로는 스트리트파이터, 철권 등이 있다. 아케이드 게임은 개발사가 도·소매 유통사를 통해 게임기를 게임장에 공급하고, 사용자는 게임장을 방문해 게임을 즐기는 구조로 되어 있다. 최근에는 가상현실VR 및 증강현실AR 기술을 접목한 실감형 게임이 테마파크 내 게임장에 도입되면서 소비자가 확대되는 추세이다.

2. 플레이 방식(게임 장르)에 따른 이스포츠의 분류

게임은 게임플레이의 방식에 따라 '장르'로 분류된다. 전통 스포츠에서 '종목의 유형', 즉 구기 종목, 설상 스포츠, 해양 스포츠와 같이 여러 종목을 묶어서 유형화한 분류와 같다. 특정 영화가 한 장르에만 속하지 않고 여러 장르에 걸쳐 있을 수 있듯이, 비디오 게임도 한 게임이 한 장르에 명확히 속하는 경우도 있으나 여러 장르의 속성을 함께 지니고 있는 경우도 있다.

비디오 게임의 장르는 〈그림 2-1〉과 같이 △전략게임, △슈팅게임, △스포츠 게임, △격투게임, △롤플레잉 게임Role-Playing Game: RPG과 그 밖의 기타 게임으로 나눌 수 있다. 이스포츠를 '조직화된 경쟁적 비디오 게임'으로 이해한다면 모든 게임이 이스포츠가 되는 것은 아니다. 따라서 〈그림 2-1〉에서 제시된 모든 게임 장르가 이스포츠에 적합한 것은 아니다. 이 중 특히 전략게임, 슈팅게임, 스포츠 게임이 이스포츠 친화적 속성을 지니고 있어 이스포츠로 발전한 경우가 많다. 반면 RPG 같은 경우는 이스포츠로 발전한 사례가 많지 않다.

〈그림 2-1〉 게임 장르에 따른 이스포츠의 장르 구분

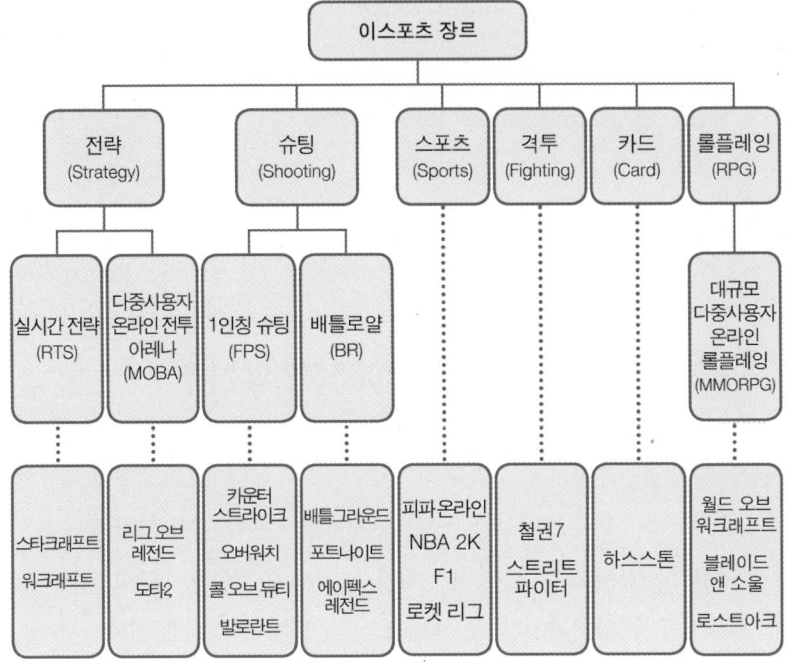

1) 전략게임

전략게임은 국내에서 이스포츠가 가장 많이 발전한 장르로 실시간 전략 게임과 다중사용자 온라인 전투 아레나 게임에서 주요 이스포츠 대회들이 개최되고 있다.

(1) 실시간 전략 게임Real Time Strategy: RTS

RTS 게임은 인간 플레이어끼리 승부를 겨루는 모의 전쟁게임으로 주로 RTS라는 용어를 사용한다. 이 장르의 게임은 3가지 특징을 가진다. ① 게임 플레이어가 자원을 수집하고, ② 수집한 자원으로 게임 유닛을 생산하며, ③ 생산한 병력으로 다른 경쟁자를 섬멸하는 것을 목적으로 전쟁을 치른다

(Dobrowolski et al., 2015). 게임 플레이어는 자신의 진영을 성장시키는 노력과 동시에 경쟁자 진영의 발전을 최소화할 수 있도록 상대 진영을 공격하게 된다. 이 과정에서 게임 플레이어는 병력 조합 전략, 빌드 오더 등 상대가 예측하기 힘든 기발한 전략과 전술을 펼쳐 상대팀 적을 없애거나 건물 파괴 등 특정 목적을 달성하기 위해 경쟁한다. RTS 게임의 경우 자신의 순서에만 움직이는 턴 방식이 아니라 게임에 참여하는 플레이어들이 동시에 실시간으로 게임을 운영한다는 점에서 다양한 전략이 게임의 승패를 가른다. 실시간으로 게임이 진행되므로 빠른 손놀림과 판단력이 승부에 미치는 영향이 크다. 또한 다른 게임에 비해 클릭과 드래그 등 마우스 조작이 많이 사용된다는 것이 특징이다. 일반적으로 최초의 RTS 게임은 1992년 발매된 웨스트우드의 듄2 라고 알려져 있으며(Lessard, 2015), 이 장르의 대표적인 게임으로는 액티비전 블리자드의 워크래프트Warcraft, 스타크래프트가 있다. 초기의 RTS 게임은 시나리오 중심의 캠페인을 통해 타인이 아닌 인공지능AI과의 전투로 이루어졌다. 하지만 1998년 발매된 스타크래프트의 경우 배틀넷이라는 시스템을 이용해 온라인에서 다른 플레이어들과 동시 접속해 경쟁하는 서비스를 제공하며 폭발적인 인기를 얻었다. 한국의 경우 RTS 장르, 특히 스타크래프트를 기반으로 이스포츠가 급격히 성장했다.

(2) 다중사용자 온라인 전투 아레나Multiplayer Online Battle Arenas: MOBA 게임

MOBA 게임은 2012년 라이엇 게임즈Riot Games의 LoL이 흥행하면서 널리 알려진 장르로 MOBA라는 용어를 주로 사용한다. 한 명의 게임 플레이어가 여러 개의 캐릭터를 운영하는 RTS 장르의 게임과는 달리 MOBA 장르의 게임은 한 명의 게임 플레이어가 단 한 개의 캐릭터만을 컨트롤하며 여러 명의 게임 플레이어가 동시에 게임에 참여한다. 게임은 아군과 적군 양 진영으로 나뉘어 진행되며 각각의 플레이어가 아군의 방어 수단과 주요 거점을 지키는 동시에 적군과 전투를 하며 적의 거점을 파괴하는 것을 목표로 하는 게임 장

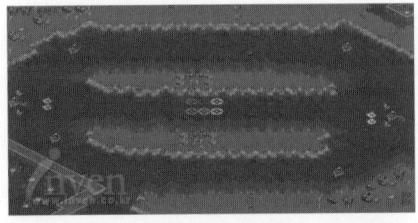

〈그림 2-2〉 스타크래프트 AOS 초기 맵

〈그림 2-3〉 MOBA 장르의 대표적 게임 LoL 맵

르이다. 국내에서 MOBA 장르는 AOS, Action RTS라는 용어와 혼용되어 왔다. 초기에 주로 사용되었던 AOS라는 용어는 2002년 전후로 스타크래프트에서 제작된 '영원한 전쟁Aeon of Strife'이라는 의미의 유즈맵(사용자가 직접 제작한 맵)의 이름이다(do Nascimento Silva and Chaimowicz, 2015). AOS의 플레이 방식은 플레이어가 오직 하나의 영웅 캐릭터만을 제어한다는 점과, 맵이 크게 양측 끝의 기지를 거점으로 3개의 선형 공격로로 이루어져 있다는 점, 그리고 적군이 아군 기지의 핵심 시설을 파괴하면 게임에 패배하게 된다는 게임의 기본 틀이 MOBA 장르와 유사하다는 점에서 MOBA 장르의 기원으로 알려져 있다. 〈그림 2-2〉는 스타크래프트 AOS의 초창기 모습이고, 〈그림 2-3〉은 MOBA 장르의 대표적 게임인 LoL의 모습으로 이 둘이 서로 유사한 것을 확인할 수 있다. 이 때문에 스타크래프트는 AOS를 통해 MOBA 게임 장르의 기본 골격을 완성했다는 평가를 받는다.

한편 Action RTS라는 용어는 화면 속 캐릭터를 조종하여 장애물이나 적을 제거하는 게임인 '액션 게임'과 앞서 설명한 실시간 전략 게임인 RTS 게임의 합성어로 화면 속 영웅 캐릭터를 조정하는 액션게임의 속성과 실시간 전략과 전술에 따라 승패가 결정되는 RTS의 속성을 모두 갖추고 있다는 점에서 유래한 용어이다. 현재는 AOS, Action RTS라는 용어보다 MOBA라는 용어로 통칭되는 장르이다. MOBA 장르의 대표적 게임은 라이엇 게임즈의 LoL, 밸브Valve의 도타2Dota 2, 액티비전 블리자드의 히어로즈 오브 더 스톰Heroes of the Storm, 일명 히오스 등이 있다.

2) 슈팅게임Shooting Game

슈팅게임은 주로 총기류의 무기를 사용해 상대방의 공격을 피하는 동시에 상대방을 공격하는 게임을 총칭한다. 국내보다는 북미와 유럽에서 인기가 많은 장르로, 이스포츠 내에서는 게임의 승리 목적에 따라 FPS와 배틀로얄 장르로 나눌 수 있다.

(1) 1인칭 슈팅게임First-Person Shooting: FPS

FPS는 플레이어가 1인칭 시점으로 여러 가지 무기를 소지하고, 주로 총기류를 사용하여 적군을 공격하는 형식의 게임을 뜻한다. FPS 게임 장르는 전략적 슈팅게임tactical shooting game이라고 부르기도 한다. 이 장르의 게임은 꾸준한 인기를 누리고 있으며, 특히 북미 지역에서는 FPS를 중심으로 이스포츠가 발달해 왔다. 대부분의 FPS 게임은 캐릭터의 성장이나 육성보다는 제한된 공간 안에서 특정 목표를 누가 먼저 달성하느냐에 따라 게임의 승패가 나뉜다. 대부분 인간형 캐릭터가 등장하고 실제와 동일하거나 유사한 총기류를 다루기 때문에 사실적인 그래픽 묘사, 캐릭터와 사물의 움직임을 보여주는 시각적 요소, 생생한 사운드가 게임에서 중요한 역할을 차지한다. 이러한 FPS 장르의 특징인 사실주의 때문에 AR·VR 기술을 활용한 게임 발전이 기대되고 있다. 대표적인 게임으로 카운터 스트라이크, 오버워치, 콜 오브 듀티Call of Duty 등의 게임이 이 장르에 속한다.

(2) 배틀로얄Battle Royale

배틀로얄은 1인칭 혹은 3인칭 슈팅게임 시스템으로 운영되며, 넓은 맵에서 자신을 제외한 나머지 적들을 모두 처치하고 혼자 살아남으면 승리하는 방식의 게임으로 서바이벌 장르라 부르기도 한다. 생존 가능 지역을 넓은 영역에서 좁은 구역으로 좁혀 가면서 생존자들을 동일한 지역으로 모이게 하는 방식으로 게임이 진행된다. 주로 개인전으로 치러지지만 팀전을 허용하는 경우도 있다. FPS 장르의 게임에 '생존'이라는 룰을 추가하여 기존 게임의 변형 버전으로 게임이 운영되기도 한다. 이 장르의 대표적인 게임으로는 배틀그라운드, 포트나이트Fortnite, 에이펙스 레전드Apex Legends 등이 있다.

3) 스포츠 시뮬레이션 게임Sports Simulation Game

스포츠 시뮬레이션 게임은 축구, 농구, 야구와 같은 전통 스포츠를 실제와 유사하게 전자화한 게임이다. 스포츠 시뮬레이션 게임은 앉아서 하는 스포츠 비디오 게임이라는 의미로 SSVGSedentary Sports Video Game로 불리는 경우도 있다. 스포츠 시뮬레이션 게임은 주로 PC 또는 콘솔에서 운영된다. 최초의 비디오 게임이라 알려져 있는 'Tennis for Two'(1958년 제작)가 이 장르에 속한다는 점을 고려하면, 가장 역사가 오래된 게임 장르라고 할 수 있다. 레슬링, 스케이트보드, 육상경기 등 실제로 현존하는 거의 모든 스포츠 종목이 비디오 게임으로 존재한다 해도 과언이 아닐 만큼 다양한 종목의 스포츠 시뮬레이션 게임이 존재한다. 특히, EA 스포츠EA Sports는 일렉트로닉 아츠 Electronic Arts라는 미국의 비디오 게임 제작사가 '실제 스포츠를 게임 안에서 사실적으로 구현한다'라는 목표를 가지고 설립한 스포츠 시뮬레이션 게임 전문 브랜드로서 다양한 스포츠 시뮬레이션 게임을 개발해 왔다. EA 스포츠는 관련 스포츠 연맹·협회와 라이선스 계약을 맺고 국제축구연맹Fédération Internationale de Football Association: FIFA 시리즈, 미국 미식축구 리그National Football League: NFL 시리즈, 북미 아이스하키 리그National Hockey League: NHL 시리즈의 실제 선수들, 유니폼, 엠블럼 등을 게임 내에 사용하여 현실성을 높였고, EA 챔피언스 컵 등 다양한 이스포츠 대회를 개최하고 있다. EA 스포츠의 라이벌 회사인 2K 역시 NBA 2K, NFL 2K 등을 출시하고 NBA 2K 리그를 운영하는 등 많은 인기를 얻고 있다. 이 장르의 게임은 실제 스포츠 연맹과 연계하여 이스포츠 대회를 개최하는 경우가 많아 전통 스포츠와 긴밀한 협력이 이루어진다는 특징이 있다.

4) 격투게임Fighting Game

격투게임은 2명 혹은 그 이상의 플레이어가 서로 '격투 대결'을 하는 장르의 게임으로 '대전 격투게임,' '대전 액션게임'으로도 불린다. 격투게임은 주로 손발을 사용하는 격투기 형식으로 초창기 다수의 비디오 게임이 이 장르에 속했다. 최초의 격투게임은 1979년 출시된 워리어로 알려져 있다. 특히, 격투게임 장르 중 1987년에 출시된 스트리트파이터는 엄청난 인기를 누렸다. 격투게임은 아케이드 게임을 중심으로 1990년대 초중반 최고의 전성기를 누렸다. 이 장르의 대표적인 게임으로는 스트리트파이터 시리즈를 포함해 킹 오브 파이터King Of Fighters: KOF, 철권 등이 있다. 한때는 1990년대를 대표하는 장르였으나 아케이드 게임 시장이 위축되면서 인기가 사그러들었고 현재는 소수의 게임만 명성을 이어 가고 있다. 지금은 반다이남코의 철권 7 등이 국내외 이스포츠 토너먼트 대회를 개최하며 격투게임 장르를 이어 가고 있다.

5) 카드게임Card Game

카드게임은 각각의 카드에 다른 가치를 부여하고 상대방과 카드를 교환하는 형식의 게임 장르로 트레이딩 카드 게임Trading Card Game: TCG 혹은 카드 수집 게임Collectable Card Game: CCG이라고도 부른다. 카드게임 장르는 크게 두 종류로 구분할 수 있는데, 실제로 개인이 카드를 모아 자유롭게 교환하는 오프라인 게임과 실제로는 교환이 일어나지 않지만 게임 내에서 카드를 사용하는 온라인 게임으로 나눌 수 있다.

엄격히 구분하면 TCG는 거래와 수집이 둘 다 가능한 장르로 매직 더 게더링Magic The Gathering: MTG, 유희왕 등의 게임이 속하고, CCG는 수집은 가능하나 거래는 불가능한 하스스톤Hearthstone, 레전드 오브 룬테라Legends of Runeterra 등의 게임이 속하는 장르이다. 이스포츠와 직접적으로 관련되어 있는 게임은 온라인으로 진행되어 승패를 가리는 CCG 계열의 게임들로, 어떤 카드를 어느 시점에 사용하느냐에 따라 게임의 승패가 나뉘므로 전략게임의 한 종류로 구분되기도 한다. CCG 계열의 게임은 각 플레이어가 번갈아 가며 카드를 제출하고, 제출된 카드의 특징에 따라 상대방이 생명력을 '0' 이하로 감소시키면 게임에 승리하는 방식이 주를 이룬다. 특히, 액티비전 블리자드가 개발한 하스스톤의 경우 매년 토너먼트 형식으로 월드 챔피언십 대회를 개최하고 있다. CCG 계열의 게임은 다른 장르에 비해 운이 게임의 승패에 미치는 영향이 상대적으로 크기 때문에 이스포츠 적합성 여부에 대한 논란이 있다.

6) 롤플레잉 게임Role-Playing Game: RPG과 대규모 다중사용자 온라인 롤플레잉 게임Massively Multiplayer Online Role-Playing Game: MMORPG

용어가 제시하듯이 MMORPG는 RPG의 한 종류이다. RPG는 원래 오프라인에서 소수의 사람들이 모여 플레이하는 일종의 보드게임으로 순서에 따라 자신의 역할을 수행하는 형식인데 인터넷의 등장에 따라 온라인으로 게임의 무대가 옮겨지게 되었다. MMORPG의 경우 온라인 네트워크를 통해 수많은 플레이어가 같은 공간에서 동시에 게임을 즐길 수 있으며, 각자 본인의 역할 role-playing을 수행하기 위해 '퀘스트Quest'라 불리는 일련의 지시를 따르며 자신의 캐릭터를 '레벨업', 즉 육성해 나가는 게임이다. 국내에서 MMORPG 장르에 대한 인기는 상당하지만 게임의 목적이 전투보다는 육성에 있고, 대규모의 사람들이 동시에 참여한다는 게임의 특성상 이스포츠로 발달하기는 어려운 장르이다. 그러나 예외적으로 MMORPG 장르에서 이스포츠 대회가 개최된 사례도 존재한다. MMORPG는 게임플레잉 과정에 여러 전투가 존재하는데 이 전투는 다시 PVEPlayer Versus Environment와 PVPPlayer Versus Player로 나눌 수 있다. PVE는 플레이어와 게임 내 몬스터의 전투를 말하고 PVP는 게임 내 다른 플레이어 간의 전투를 가리킨다. 국내 MMORPG 장르에 속하는 블레이드 & 소울의 경우 장르적 한계에도 불구하고 게임 내 플레이어 간 일대일 콘텐츠만을 대상으로 별도의 이스포츠 대회를 개최했는데 이때 약 6500명의 관객을 기록한 사례가 있다(고용준, 2014).

3. 국내 이스포츠 주요 종목

1) KeSPA의 이스포츠 공식종목 분류와 선정 절차

KeSPA는 이스포츠의 조건으로 경쟁성, 공정성, 관전성, 선수 기량 및 피지컬을 제시한다. 그러나 국내에서는 이러한 4가지 조건을 충족한다고 해도 모든 게임이 공식적으로 이스포츠라고 인정받지 않는다. 이 같은 혼란을 방지하기 위해 문화체육관광부는 '이스포츠(전자 스포츠) 진흥에 관한 법률' 제12조(종목 다양화 지원) 및 동법 시행규칙 및 제6조(종목선정 결과 제출 및 공고)에 따라 KeSPA를 이스포츠 종목을 선정할 수 있는 공식 기관으로 인정한다. 이에 따라 KeSPA는 2000년부터 매년 공식 이스포츠 종목을 선정해 왔다. 이스포츠 공식종목 선정 과정은 KeSPA가 게임사로부터 이스포츠의 심의 신청을 받은 후 '이스포츠 종목선정 심의규정'에 따른 심의를 바탕으로 공식종목을 선택하는 방식으로 이루어진다.

이스포츠의 종목선정 기준은 KeSPA의 '이스포츠 종목 심의규정' 3장 제8조 규정을 따른다. 이 규정은 특정 게임이 이스포츠 종목으로 인정받기 위한 기준을 다음과 같이 제시한다. 첫째, 게임의 문화적 영향력, 대전 방식, 관전 및 중계 요소 3가지를 고려하여 콘텐츠 측면에서 이스포츠 적격성을 판단한다. 둘째, 이스포츠 종목으로 지속 가능한 저변과 환경을 갖추고 있는지 판단한다. 프로 이스포츠 팀 존재 여부, 선수 등록 및 관리 체계, 대회와 관련된 규정 등이 판단의 근거이다. 셋째, 종목사, 즉 게임의 개발사가 해당 게임을 이스포츠 종목으로 발전시키기 위한 투자 실적과 계획을 평가한다. 종합적으로 KeSPA는 종목선정 심의를 신청한 게임이 이스포츠로서의 기본적 특성을 갖추고 있는지, 오랜 기간 지속할 수 있는 저변을 갖추고 있는지, 마지막으로 해당 게임사의 이스포츠에 대한 투자 의지가 있는지 여부를 근거로 공식종목을 선정한다.

국내 이스포츠 공식종목은 〈그림 2-4〉에서 제시하는 바와 같이 크게 '정식종목'과 '시범정목'으로 나뉘고, 정식종목은 다시 '전문종목'과 '일반종목'으로 나뉜다. 즉, 실질적으로 KeSPA가 인정하는 '정식종목'은 전문종목과 일반종목에 속하는 게임이다. 전문종목은 지속적인 투자를 통해 직업선수가 활동할 수 있는 대회가 있거나, 리그 구조를 구축할 수 있는 저변이 충분하다고 인정받은 종목을 말한다. 일반종목은 정식종목 중에서 직업선수 활동 저변은 부족하지만 종목사의 투자 계획이 명확하고 지속적인 육성을 통해 발전가능성이 있다고 인정되는 종목들이다. 이에 반해 시범종목은 종목선정 심의를 통해 이스포츠 적격성은 인정받았으나 현재 저변 및 환경이 미비하여 향후 정식종목으로 선정되려면 일정 기간 평가 후 재심의를 받아야 하는 종목이다.

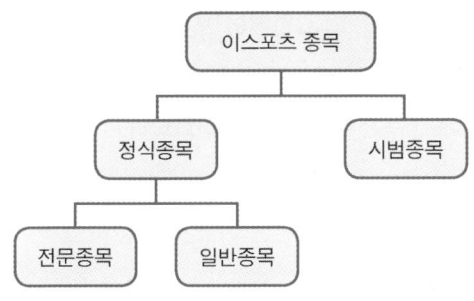

2) 2020~2022년 KeSPA 선정 이스포츠 종목

〈표 2-1〉은 KeSPA가 선정한 2020년과 2021년 한국의 이스포츠 종목을 보여 준다. 2020년 한국 이스포츠 전문종목은 LoL, 배틀그라운드, 피파 온라인 4, 이렇게 3개가 선정되었고, 던전앤파이터, 서든어택, 카트라이더, 오디션, 이풋볼 페스 2020eFootball PES 2020, 클래시 로얄Clash Royale, 브롤스타즈를 포함한 7개가 일반종목으로, A3: 스틸얼라이브 1개가 시범종목으로 선정되었다.

2021년에는 이스포츠 전문종목으로 기존 3개 종목에 모바일 게임인 배틀

〈표 2-1〉 한국의 이스포츠 종목 구분

연도	전문종목	일반종목	시범종목
2020	3개: LoL , 배틀그라운드, 피파 온라인4	7개: 던전앤파이터, 서든어택, 카트라이더, 오디션, PES 2020, 클래시 로얄, 브롤스타즈	1개: A3:스틸얼라이브
2021	5개: LoL, 배틀그라운드, 피파 온라인4, 배틀그라운드 모바일, 브롤스타즈	7개: 던전앤파이터, 서든어택, 카트라이더, 오디션, PES 2021, 클래시 로얄, A3: 스틸얼라이브	-
2022	4개: LoL, 배틀그라운드, 피파 온라인4, 배틀그라운드 모바일	10개: 던전앤파이터, 서든어택, 카트라이더, 오디션, PES 2021, 클래시 로얄, A3: 스틸얼라이브, 브롤스타즈, 스타크래프트2, 하스스톤	1개: 크로스파이어

그라운드 모바일이 추가되고 전년도 일반종목이었던 브롤스타즈가 더해져 총 5개 종목이 선정되었다. 2022년에는 브롤스타즈가 전문종목에서 일반종목으로 바뀌고, 스타크래프트2와 하스스톤이 일반종목으로 추가되었다. 이처럼 국내 이스포츠 종목은 매년 조금씩 변화한다.

3) 2020~2022년 KeSPA 선정 이스포츠 전문종목

2020~2022년 KeSPA에서 지정한 전문종목은 다음과 같다.

(1) LoL

LoL은 라이엇 게임즈에서 개발하고 서비스하는 MOBA 장르의 게임으로 국내에서 가장 인기가 높다. LoL은 전 세계에서 가장 많이 플레이하는 게임으로 2009년 10월 27일 출시되었고, 국내에는 2011년 한국지사 설립 및 정식 서비스가 시작되었다. 가장 일반적인 모드인 '소환사의 협곡'의 경우, 지도상 대각선 모서리에 두 팀의 진영이 위치해 있으며, 각 팀의 넥서스를 파괴하는 것이 게임의 목표이다. 국내 유저들 사이에서는 'League of Legends'의 앞 글자를 따 'LoL(롤)'로 불리며, 서버의 피크 시간에는 동시 접속자 수가 전 세계적으로 800만 명 이상에 이를 정도로 인기가 높은 게임이다. 또한 전 세계의 다양한 국가에서 이스포츠 대회가 열리고 있으며, 특히 롤과 월드컵의 합성어인 '롤드컵'으로 불리는 LoL 월드 챔피언십은 이스포츠 대회의 시즌 결산 국제대회로 해마다 시청자 신기록을 경신 중인 세계에서 가장 규모가 큰 이스포츠 대회이다. 롤드컵은 해외에서 '롤 월즈LoL Worlds'로 불리기도 한다.

(2) 배틀그라운드와 배틀그라운드 모바일

배틀그라운드는 크래프톤Krafton에서 개발한 게임이다. 이 게임은 일본 영화인 〈배틀로얄〉에서 영감을 받은 것으로 알려진 서바이벌 FPS 또는 배틀로얄 장르로 최대 100명의 플레이어가 한 섬에 착륙하여 1명이 살아남을 때까지 전투를 벌인다. 게임 유저들 사이에서는 '배그' 혹은 'PUBG'라는 줄임말로 불리고 있다. 배틀그라운드는 2017년 12월 21일(한국시간 기준) 정식 출시된 후, 동시 접속자 수 325만 7248명을 기록하며 역대 부동의 1위를 유지하고 있다(임재형, 2022). 또한 배틀그라운드 모바일의 경우도 글로벌 유저를 대상으로 출시되어 2021년 3월 기준 중국을 제외한 글로벌 누적 다운로드 수 10억 건을 기록했다(왕진화, 2021). 배틀그라운드는 2021년 PC 버전과 모바일 버전이 모두 국내 이스포츠 전문종목으로 채택되어 다수의 글로벌 이벤트를 개최해 오고 있다. 배틀그라운드에서는 플레이어가 섬에 처음 떨어지는 위치에서 게임을 시작하게 되는데, 이 시작 지점이 승패에 영향을 주기 때문에 우연성이 공정한 경쟁을 저해한다는 비판을 받아 왔고, 이에 대해 여러 게임을 진행하여 승부의 우연성을 낮추는 방식으로 대응하고 있다.

(3) 피파 온라인4

피파 온라인4는 EA 스포츠가 제작하고 넥슨이 배급하는 축구 기반의 스포츠 시뮬레이션 장르로, 실제 스포츠를 전자화한 게임이기 때문에 전통 스포츠와 유사점이 많다. EA 스포츠는 전통 스포츠 기관과 다양한 라이선스 계약 및 파트너십 체결을 통해 실제 프로리그의 유명 선수들이 게임 내에 등장해 현실성을 높였다. 게임 플레이어가 직접 선수들을 영입하여 포메이션 및 전술 등을 세밀하게 상황에 맞춰 세팅할 수도 있고, 축구 선수들의 이적시장 결과를 반영하는 패치도 즉각적으로 적용되기 때문에 실제 축구 팬에게 좋은 평가를 받고 있다. 실제로 출시 후 국내에서는 온라인 게임 순위 점유율 10위 밖으로 밀려난 적이 없다. 2020년도에는 유럽축구연맹Union of European Football Associations: UEFA, FIFA 등 실제 축구협회와 긴밀하게 협력해 FIFAe Nations Cup, FIFAe Continental Cup과 같은 이스포츠 대회를 개최하고 국가대표를 선발하여 국제대회를 진행했다. 한국에서도 한국프로축구연맹과

KeSPA가 공동 주최한 피파 온라인4 eK리그가 2020년에 출범했다. eK리그 23경기의 누적 접속자 수는 약 300만 명으로 집계되어 경기당 13만 명이 넘는 접속자 수를 기록했다. 현재 피파 온라인4는 15개국 이상 8천만 명이 플레이하는 게임으로 성장했다(EA, 2021).

(4) 브롤스타즈

브롤스타즈는 슈퍼셀Supercell에서 제작 배급하는 모바일 게임으로 2018년 12월 정식 출시되었다. 7세 이상부터 플레이할 수 있기 때문에 다양한 연령층을 보유하고 있다. 장르는 슈팅게임으로, 기본적으로 적의 공격을 피하면서 상대방을 공격해 이기는 형식이다. 게임 난이도가 상대적으로 낮고, 자동 조준 기능이 있기 때문에 정교한 게임 조작이 어려운 연령층도 쉽게 즐길 수 있다. 게임플레이는 개인전, 팀전으로 다양하게 즐길 수 있으며 현재는 유저들이 따로 맵을 제작하여 원하는 방식으로 플레이할 수 있는 방식도 존재한다. 캐릭터마다 공격과 스킬이 다양하기 때문에 많은 유저들을 유지하고 있다. 브롤스타즈 대회는 브롤스타즈 월드 챔피언십이라는 이름으로 2019년부터 개최되었으며, 2021년부터는 새로운 출전 지역이 추가되고 기존 지역이 개편됨에 따라 시드가 8개에서 16개로 늘어났다. 2021 챔피언십의 경기당 평균 시청자 수는 12만 명 정도로 대체적으로 성공적이라는 평가를 받고 있다(esports charts, 2021).

4. 해외 이스포츠 주요 종목

국내에서는 KeSPA가 공식 이스포츠 종목을 선정해 오고 있다. 반면 국제적으로는 국제이스포츠연맹International eSports Federation: IeSF, 세계이스포츠협회World eSports Association: WESA, 글로벌이스포츠연맹Global Esports Federation: GEF 등의 국제기구가 있으나 이들 기관이 이스포츠 종목을 선정하지는 않고 그럴 만한 권위를 가지고 있지도 않다. 따라서 해외의 경우는 국제 스포츠 대회에 이스포츠 종목이 어떻게 선정되는지 살펴볼 필요가 있다.

권위 있는 국제 스포츠 대회로는 2018년 자카르타·팔렘방아시안게임에서 최초로 이스포츠가 시범종목으로 채택되었고 2022년 항저우아시안게임에서는 정식종목으로 선정되었다.

자카르타·팔렘방아시안게임의 경우 아시아 9개국에서 6개 종목에 61명의 선수가 참가했다. 시범종목을 채택하는 과정은 아시아이스포츠연맹Asian Electronic Sports Federation: AESF이 아시안게임에서 대회를 치르기 위한 소요 비용(경기장 대관 등)을 지원할 수 있는 후원사로부터 1차 종목 추천을 받고, 이후 아시아게임의 주관 기관인 아시아올림픽평의회Olympic Council of Asia: OCA와의 협의를 통해 세부종목을 확정하는 절차를 거친다. AESF는 OCA가 정식으로 인정하는 아시아 지역의 이스포츠 연맹이다. LoL, 스타크래프트, 하스스톤, PES 2018, 펜타스톰, 클래시 로얄, 총 6종목의 게임이 아시안게임 시범종목으로 채택되었다.

자카르타·팔렘방아시안게임에 출전하는 국가대표 선발 과정은 종목별로 조금씩 다르게 진행되었다. 전통 스포츠에 비해 국가대표 선발 경험이 많지 않고, 각 종목이 서로 다른 게임사에 의해 운영되고 있으며, 유저층의 분포가 종목별로 서로 상이했기 때문으로 볼 수 있다. 클래시 로얄, PES 2018, 스타크래프트2, 하스스톤 종목의 경우에는 전통 스포츠와 마찬가지로 국가대표 선발전을 별도로 개최하여 선발했고, 펜타스톰 종목의 경우에는 이미 개최된 이스포츠 대회의 한국 대표 팀을 국가대표 팀으로 선발했다. 국내에서 가장 인기가 높은 LoL의 경우에는 국가대표 감독을 먼저 선발하고 감독과 소위원회가 국가대표를 선정하는 방식을 채택했다. 한국은 자카르타·팔렘방아시안게임에서 금메달 2개, 은메달 1개를 획득했다.

2022년 항저우아시안게임에서는 이스포츠가 시범종목이 아닌 정식종목으

〈그림 2-5〉 2022년 항저우아시안게임 이스포츠 종목

로 선정되었다(〈그림 2-5〉 참고). 종목 선정은 AESF를 중심으로 이루어졌다. 2021년 5월 AESF는 아시아게임에 개최될 만한 종목을 접수받아 심의했다. 그 결과 공식종목으로 왕자영요, 도타2, 몽삼국2, 피파, 하스스톤, LoL, 펍지 모바일, 스트리트파이터 모바일5, 총 8개 종목이 선정되었다. 이 중 왕자영 요와 펍지 모바일은 일반 버전이 아닌 아시안게임 전용 버전이 별도 출시될 것으로 알려졌다. 공식종목 선정 기준으로는 게임 콘텐츠의 폭력성, 선정성, 사행성, 차별성 등 게임 콘텐츠의 내용적 측면과 인지도, 서비스 지역, 라이 선스, 올림픽 가치 준수 및 실현 의지 등 게임의 시장가치와 게임사의 철학 등이 반영되었다. 향후 이스포츠는 아시안게임을 넘어 올림픽 종목으로 채 택될 가능성도 열려 있다.

참고문헌

고용준. 2013. "다시 시작된 이스포츠 르네상스 ① … 새로운 가능성을 제시한 블소". OSEN.
http://osen.mt.co.kr/article/G1109904106

왕진화. 2021. "'차이나 리스크' 덮을까 … 크래프톤 신작에 커지는 기대감". 디지털 데일리.
https://www.ddaily.co.kr/news/article/?no=223970

이두현. 2022. "스타2, 하스스톤 다시 이스포츠 종목으로". INVEN. https://sports.news.
naver.com/news?oid=442&aid=0000146549

임재형. 2022. "'검사, 배그 이어 로아까지 떴다' 해외 강타한 K-게임 물결". OSEN. http://osen.
mt.co.kr/article/G1111766215

Adinolf, S. and S. Turkay. 2011(June). "Collection, creation and community: a discussion
on collectible card games." In Proceedings of the 7th international conference on Ga-
mes+ Learning+ Society Conference(pp.3~11).

do Nascimento Silva, V. and L. Chaimowicz. 2015(November). "On the development of
intelligent agents for MOBA games." In 2015 14th Brazilian Symposium on Computer
Games and Digital Entertainment(SBGames)(pp.142~151). IEEE.

Dobrowolski, P., K. Hanusz, B. Sobczyk, M. Skorko, and A. Wiatrow. 2015. "Cognitive en-
hancement in video game players: The role of video game genre." *Computers in Human
Behavior*, 44: 59~63.

Electronic Arts. 2021. "Electronic Arts, EA SPORTS FIFA 멀티 플랫폼 글로벌 확장 발표".
Electronics Arts. https://www.ea.com/ko-kr/news/ea-sports-fifa-global-expansion

Esports charts. 2021. "Brawl Stars World Finals 2021". Esports charts. https://escharts.com/
tournaments/brawl-stars/brawl-stars-world-finals-2021

Lessard, J. 2015. "Early Computer Game Genre Preferences(1980~1984)." In DiGRA Con-
ference.

Thiel, A., and J. M. John. 2018. "Is eSport a 'real'sport? Reflections on the spread of virtual
competitions." *European Journal for Sport and Society*, 15(4): 311~315.

이스포츠는 게임을 개발하고 유통하는 게임업과는 독립된 시장과 생태계를 가진다. 관람 스포츠로 진화한 게임대회가 미디어와 결합해 독특하고 고유한 이스포츠 생태계를 만들어 냈기 때문이다. 따라서 이스포츠 산업을 이해하려면 이스포츠 생태계에 참여하는 이해집단에는 무엇이 있는지, 다양한 이해집단 간 관계는 어떠한지 살펴봐야 한다. 이스포츠는 다양한 이해집단이 참여하는 광범위한 생태계로 구성된다. 이 장에서는 이스포츠 생태계에 참여하는 이해집단을 1차 이해집단과 2차 이해집단으로 나누어 살펴보고자 한다.

1. 이스포츠 생태계와 이해집단의 구성

이스포츠 생태계를 이해할 수 있는 하나의 방법은 이스포츠 시장에 참여하는 다양한 이해집단과 이들 이해집단 간 관계에서 형성되는 일련의 가치사슬이 부가가치를 창출해 내는 과정을 살펴보는 것이다.

〈그림 3-1〉 이스포츠의 가치사슬

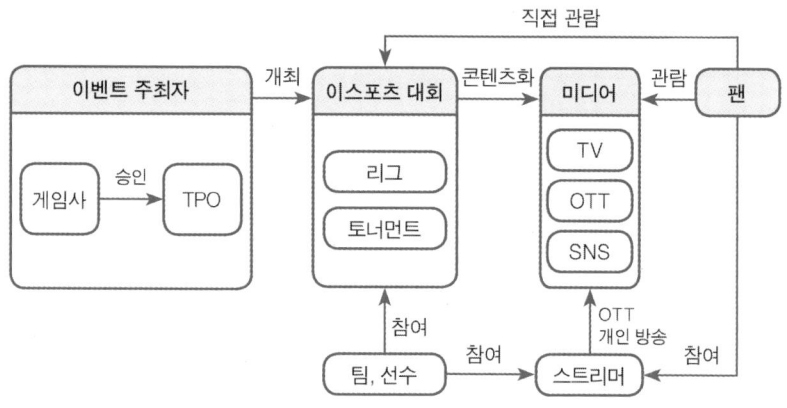

가치사슬이란 기업활동에서 제품 또는 서비스를 생산하기 위해 원재료, 노동력, 자본 등의 자원을 결합하여 부가가치를 만들어 내는 과정이다. 이스포츠 생태계의 가치사슬은 〈그림 3-1〉에 제시된 바와 같이, 게임사가 직접 또는 제3의 이벤트 주최자Third Party Event Organizer: TPO를 통해 경쟁적 이스포츠 이벤트를 개최하고, 여기서 파생하는 상품과 서비스(미디어 중계권, 스폰서십 등)를 통해 부가가치를 창출하는 흐름으로 이해할 수 있다. 게임사가 신규 게임을 개발해 게이머들에게 유통함으로써 얻는 부가가치는 '경쟁적 게이밍'이 아닌 단순 게임 개발과 유통업에 해당하므로 〈그림 3-1〉에 제시된 이스포츠 생태계에 포함하지 않았다.

Scholz(2019)는 이스포츠 생태계에 참여하는 이해집단을 1차 이해집단과 2차 이해집단으로 구분했다. 어느 조직의 이해집단이라 함은 그 조직에 영향을 미칠 수 있거나 그 조직의 성과에 따라 영향을 받는 집단을 의미한다(Freeman, 1984).

1차 이해집단은 이스포츠의 가치사슬에 직접적으로 연계된 집단을 의미하며, 2차 이해집단은 이스포츠의 가치사슬에 직접 연계되어 있지는 않으나 투자나 정책, 의견 개진 등 간접적인 형태로 이스포츠 산업과 생태계에 영향을 미치거나 받을 수 있는 집단을 의미한다(Scholz, 2019). 따라서 이스포츠의 1차 이해집단은 〈그림 3-1〉에 제시된 이해집단을 포함하고 있으며, 그 밖의 모든 이해집단은 2차 이해집단으로 이해할 수 있다.

2. 이스포츠 생태계의 1차 이해집단

이스포츠 생태계의 1차 이해집단은 〈그림 3-1〉에서와 같이 게임사, 이스포츠 이벤트 주최자, 이스포츠 팀과 선수, 미디어와 스트리머, 팬을 포함한다.

1) 게임사

게임사는 이스포츠 생태계에서 가장 막강한 영향력을 행사하는 이해집단이다. 게임사는 이스포츠 대회의 종목이 되는 게임을 개발한 당사자로 게임과 관련된 모든 지적 재산권Intellectual Property: IP을 소유하고 관련된 모든 인허가권을 행사한다. 이스포츠 대회 개최 및 관련된 마케팅 활동, 미디어 콘텐츠 생산 및 유통 등 게임사 소유의 게임에 기반한 이스포츠와 관련된 모든 상업적 활동은 게임사의 승인 없이는 불가능하다. 인기 있는 게임사의 게임을 종목으로 하는 이스포츠 대회 개최 및 관련된 마케팅 활동을 승인받기 위해서는 라이선싱 수수료를 지불하는 것이 일반적이며, 방송사·미디어 또는 개인 방송인은 미디어를 통해 이스포츠 관련 영상을 제작하고 유통하기 위해 게임사에 중계권료를 지불해야 한다.

게임사가 자사의 게임과 관련된 이스포츠 시장을 어느 정도까지 통제하고 관리할 것인지는 게임사마다 다르다. 밸브의 카운터 스트라이크의 경우는 게임사의 개입을 최소한으로 제한하면서, 일련의 자격요건을 갖추고 있다면 누구든 대회를 주최할 수 있도록 지원한다. 또한 게임사가 직접 100만 달러(약 13억 원) 상금 규모의 메이저 챔피언십을 만들고 지원하지만 실질적인 대회 개최는 TPO가 돌아가면서 개최하는 방식을 취한다(Scholz, 2019). 이에 반해 라이엇 게임즈는 전 세계 LoLLeague of Legends 리그를 프랜차이즈 시스템으로 직접 운영, 통제하는 방식을 취하고 있다.

이처럼 게임사에 따라 이스포츠 시장을 직접 통제하는 정도의 차이가 나기 마련인데, 이는 해당 게임사 창업자들의 이력과 전문성, 그리고 경영 철학을 통해 이해할 수 있다.

라이엇 게임즈의 공동 창업자는 브랜든 벡Brandon Beck과 마크 메릴Mark Merill이다. 이 둘은 남가주대학교University of South California에서 비즈니스를 전공했고, 라이엇 창업 이전에 벡은 브레인 앤 컴퍼니Bain & Company에서 전략 컨설턴트strategy consultant로, 메릴은 B2B 미디어 기업인 어드밴스타 커뮤니케이션즈Advanstar Communications에서 마케팅 전문가marketing executive로 근무한 경험이 있다. 두 창업자는 어려서 부터 열성적인 게이머였으며, 마케팅·컨설팅을 전공하고 관련 분야에서 근무하며 소비자 관점으로 시장을 해석해 왔다. 이들은 2006년 라이엇 게임즈를 설립하고 기존 게임의 수명이 지나치게 짧다는 게임 산업의 문제 인식을 함께하며 하나의 게임이 오랫동안 지속될 수 있는 방법을 고민했다. 이러한 고민 가운데 게임을 스포츠화하여 오랜 시간이 흘러도 지속될 수 있는 방법으로, 전통적 프로 스포츠의 팬덤이 부모 세대로부터 자녀에게 대물림되는 것과 같은 시스템을 고안해 냈고 그것이 LoL 리그로 이어졌다.

밸브는 1996년 설립된 회사로 게이브 뉴웰Gabe Newell과 마이크 해링턴Mike Harrington이 공동 창업했다. 뉴웰은 1980년대 하버드대학교를 중퇴하고 마이크로소프트에 입사해 윈도우의 첫 번째 운영체계 개발에 참여했다. 해링턴 역시 컴퓨터 프로그램 개발자 출신으로 1987년에서 1996년까지 마이크로소프트에서 윈도우 운영체계 개발에 참여했다. 이 둘은 마이크로소프트에서의 인연으로 함께 퇴사하고 밸브를 창업하게 되었다. 두 창업자의 소프트웨어 엔지니어로서의 오래된 이력은 밸브의 철학적 기반이 당연히 '게임·소프트웨어 개발'로 향하게 했고, 이스포츠는 잘 만들어진 게임으로부터 파생하는 별도의 분야로서 그들이 직접 관여하지 않은 것이다.

라이엇 게임즈의 두 창업주가 소비자 중심의 마케팅·비즈니스 전문가라면 밸브의 두 창업자는 뼛속부터 소프트웨어 엔지니어였던 것이다. 이러한 창업자의 철학이 이스포츠 산업에 대한 관점과 운영 방식을 가르게 된 것으로 보인다.

2) 이스포츠 이벤트 주최자

이스포츠 이벤트 주최자는 다양한 이스포츠 이벤트를 기획하고 개최하는 역할을 한다. 이들이 개최하는 이스포츠 이벤트는 아마추어를 대상으로 하는 단발성 이벤트와 프로 이스포츠 선수들을 대상으로 하는 토너먼트와 리그를 모두 포함한다. 이스포츠 이벤트 주최자는 〈표 3-1〉에 제시된 바와 같이 ① 게임사, ② TPO로 구분할 수 있다.

가장 대표적인 이벤트 주최자는 게임의 지적 재산권을 소유하고 있는 게

〈표 3-1〉 이벤트 주최자의 구분

유형		조직명	이벤트 사례	비고
게임사		라이엇 게임즈	LCK	프로 이스포츠 리그
TPO	이벤트 주최 전문기업	ESL	IEM	국제 프로 토너먼트
	미디어 기업	OGN	OGN 스타리그	프로 이스포츠 리그
		아프리카TV	ASL	플랫폼 주관 이스포츠 리그
	비영리 주최자	IeSF	이스포츠 월드 챔피언십	아마추어 세계선수권 대회이자 국가 대항전
		KeSPA	한중일 이스포츠 대회	국가 대항전 방식

임사들이다. 게임사들은 게임을 개발하여 유통함으로써 수익을 창출할 뿐만 아니라 해당 게임을 중심으로 하는 각종 이벤트를 개최하여 마케팅 효과와 직접적인 매출을 올리기도 한다. 라이엇 게임즈가 한국에서 LCKLeague of Legends Champions Korea, 중국에서 LPLLeague of Legends Pro League, 유럽에서 LECLeague of Legends European Championship, 북미에서 LCSLeague of Legends Championship Series 등 전 세계 국가별·대륙별 LoL 리그를 직접 운영하는 것이 대표적인 사례이다. 그 밖에 게임사들이 직접 이벤트를 주최하는 경우로는 전통적 프로 스포츠의 프랜차이즈 시스템을 벤치마킹한 액티비전 블리자드의 오버워치 리그Overwatch League: OWL가 있으며, 한국 게임사로는 크래프톤이 국제대회인 펍지 글로벌 챔피언십PUBG Global Championship: PGC을 직접 개최한다.

앞서 기술했듯이 모든 게임사가 직접 이벤트를 주최하지는 않는다. 게임사가 직접 이벤트를 개최하고 운영하기보다는 TPO에 의해 이벤트가 운영될 수 있도록 관련 권한을 승인하고 지원하는, 한 발짝 떨어진arm-length approach 접근법을 이용하는 게임사도 많다. 〈표 3-1〉과 같이 TPO는 다시 이벤트 주최 전문기업, 미디어 기업, 비영리 주최자로 구분된다.

이벤트 주최 전문기업에는 여러 가지가 있다. 우선 ESLElectronic Sports League처럼 이스포츠 대회 주최를 주력 사업으로 설립한 기업이 있다. ESL은 독일 쾰른에서 2000년에 설립한 이스포츠 이벤트 주최사로, 처음에는 대회 주최 및 관련 영상 콘텐츠 제작과 온라인 방송을 주요 사업으로 추진했으나, 2015년 모던타임스그룹Modern Times Group: MTG에 합병된 이후 이스포츠 인 시네마Esports in Cinema라는 이름으로 전 세계 1500여 개의 극장에 이스포츠 경기를 생중계하는 사업 확장을 시도했다(McConnell, 2015). ESL은 주로 도타 2와 CS:GOCounter-Strike:Global Offensive 대회를 주최해 왔는데, 이 두 게임은 미국의 밸브가 개발한 게임으로, 밸브는 전통적으로 직접 이스포츠 이벤트를 주최하기보다는 ESL과 같은 TPO를 통해 이벤트를 개최해 왔다.

반면, 한국에서는 게임 전문 방송채널과 같은 미디어 기업에서 주최하는 이스포츠 대회가 전통적으로 인기를 누려 왔는데, 양대 채널인 온게임넷 OnGameNet: OGN과 MBC GAME(2012년 폐국)에서 각각 스타크래프트 리그로 'OGN 스타리그'와 'MBC GAME 스타리그MSL'를 주최하면서 2000년대 초반부터 한국의 이스포츠 산업을 견인한 바 있다. 게임 전문 방송채널도 이벤트 주최자의 관점에서는 TPO에 속한다.

마지막으로 비영리 이스포츠 이벤트 주최자는 민간 영역의 조직으로 대부분 비정부 이스포츠 조직 중에서 이스포츠 이벤트 개최에 적극적인 조직으로 구성되어 있다. 국제적으로는 국제이스포츠연맹International eSports Federation: IeSF, 글로벌이스포츠연맹Global Esports Federation: GEF, 아시아이스포츠연맹Asian Electronic Sports Federation: AESF 등이 있으며, 국내에서는 한국이스포츠협회Korea e-Sports Association: KeSPA가 비영리·비정부 이스포츠 이벤트 주최자로의 역할을 수행한다. 물론 이들 조직은 이스포츠 이벤트 개최 이외의 다양한 역할도 수행한다.

비영리·비정부 이스포츠 주최자는 전통 스포츠의 IOC 또는 FIFA, 대한축구협회Korea Football Association: KFA와 같은 비영리·비정부 스포츠 협회 또는 연맹의 역할을 수행한다고 볼 수 있다. 하지만 전통 스포츠 협회와 연맹은 그들이 관장하는 스포츠 종목에 대해 이벤트 및 부대 행사에 대한 모든 권한(중계권, 머천다이징 등)을 행사할 수 있는 반면, 비영리·비정부 이스포츠 주최자는 이스포츠 종목(게임)에 대한 지적 재산권을 소유하지 않아 그 영향력이 제한적이라는 차이가 있다. 모든 지적 재산권은 게임사가 소유하기 때문에 비영리·비정부 이스포츠 주최자는 게임사와 협력적 관계를 유지하는 것이 이스포츠 이벤트를 주최할 수 있는 선행조건이라 볼 수 있다.

대부분의 비영리 이스포츠 이벤트 주최자는 정부 산하 조직이 아니라는 점에서 비정부 조직이지만 드물게 정부의 재정 지원을 통해 정부와 연계된 조직도 있다. KeSPA의 경우도 정부와 독립적인 사단법인으로의 법적 지위를 가지고 있으나 1999년 창립 당시부터 정부의 재정 지원을 받아 왔다.

3) 이스포츠 팀

이스포츠 팀은 프로 이스포츠 대회에 참가하는 팀들로 크게 2가지 형태가 있다.

첫 번째는 하나의 이스포츠 팀 브랜드 아래에 다양한 종목의 팀을 운영하는 방식이다. 해외에서는 이런 형태의 이스포츠 팀을 '이스포츠 조직esports organization'이라 부르는 경우가 많다. 한국의 SK텔레콤이 2003년 당대 스타플레이어였던 임요환 선수를 보유한 스타크래프트 팀 오리온Orion을 인수하면서 출범한 이스포츠 팀 SKT T1은 2020년 미국의 컴캐스트Comcast와 한국의 SK텔레콤 합작 법인 T1으로 재탄생했다. T1은 LoL, 에이펙스 레전드, 포트나이트, 하스스톤, 슈퍼 스매시 브라더스Super Smash Bros, 도타2, 포켓몬Pokemon, 발로란트Valorant, 오버워치로 구성된 총 9개 종목의 이스포츠 선수단을 운영하며 각각의 종목별 리그에 참여한다. 즉, T1이라는 단일 팀명 아래 복수 종목 팀을 운영한다. 이스포츠는 종목에 따라 수명이 짧은 경우도 있고, 단기간에 인기가 급상승하는 신규 종목도 있다. 하나의 브랜드 아래 다양한 종목의 선수단을 운영하는 이스포츠 조직은 이와 같은 이스포츠의 특성을 반영하여 그때그때 필요한 종목의 팀을 창단하고 수명이 다한 팀을 정리하는 방식으로 지속적인 팀 운영을 꾀하는 모형이라 볼 수 있다. 이처럼 하나의 팀 브랜드 아래 여러 종목의 팀을 운영하며 각각의 종목별 리그에 참여하는 형태의 대표적인 팀 브랜드로는 Cloud9, Team Liquid, Team SoloMid, Fnatic, OpTic Gaming이 있다.

반면, 하나의 팀이 하나의 종목에만 참여하는 형태도 있다. 이러한 형태는 이스포츠 팀을 처음 창단하여 확장해 나가는 과도기적 형태일 수도 있고, 처음부터 하나의 리그에만 참여하는 단일 종목 팀으로 창단한 경우일 수도 있다. 이와 같은 단일 종목 팀의 형태는 일반적으로 프랜차이즈 시스템으로 운영되는 리그인 OWL, LCK, NBA 2K 리그 등에 참여하는 팀들로 구성되어 있다. 일례로 LCK의 프레딧 브리온Fredit Brion 팀은 2021년부터 LCK의 프랜차이즈로 참여하며 LoL 단일 종목 팀만을 운영한다. 프랜차이즈 시스템 리그에 참여하는 팀은 성적과 관계없이 상위 리그 참여가 보장되므로 단일 팀으로 구성된 이스포츠 팀 운영에 유리한 조건이다.

4) 선수

다양한 이스포츠 이벤트에는 일반 아마추어 이스포츠 참여자와 직업선수로 경기에 참여하는 프로페셔널 이스포츠 선수가 있다. 프로 이스포츠 선수들은 대부분 이스포츠 팀에 소속되어 종목 특성에 따라 개인 선수 또는 팀 단위로 이스포츠 대회에 참여한다.

일반 게이머가 이스포츠 선수가 되는 방법에는 정형화된 하나의 시스템이 존재하지 않는다. 전통 스포츠는 초중등학교의 운동부에 소속되어 대회에 참가하고 관련 경기실적 등에 기반해 체육 특기생으로 대학에 진학하며, 졸업 후 해당 종목의 프로 또는 실업 팀 선수로 생활하고 은퇴하는 루트가 오랜 기간 지속되어 왔다. 그러나 이와 같은 시스템은 이스포츠에서 찾아보기 어렵다.

이스포츠에서는 게임별로 게임사 또는 리그에서 공표하는 랭킹 시스템이 있는데, 이는 게임을 하는 모든 사람의 순위를 공표하는 것으로, 주요 이스포츠 팀과 조직은 이러한 랭킹 시스템을 보고 직접 아마추어 게이머를 영입해 프로선수로 키우는 방식을 택하는 경우가 대부분이다. 또는 아마추어 게이머로 다양한 대회에 참가하면서 두드러진 활약을 보여 관련 게임업계의 관심을 받아 스스로 스타가 되어 스카우트 제의를 유도해 내는 방식도 있다. 하지만 이 모든 방식에 특별한 시스템이 있다고 볼 수는 없다. 입소문과 대회 실적 그리고 랭킹 등을 통해 잠재력이 높은 게이머들이 프로 팀에 발탁되는 방식이라고 볼 수 있다. 최근에는 프로게이머 육성을 위해 전문 교육을 제공하는 사설 학원(서울게임아카데미) 또는 각 프로 팀에서 아마추어 아카데미(T1 이스포츠 아카데미, 젠지 엘리트 이스포츠 아카데미) 등을 설립하여 미래의 프로선수를 육성하기도 한다.

이와 같이 선수가 되는 정형화된 시스템이 없다는 것은 아직까지 이스포츠 산업이 충분히 성숙하고 안정화되지 않았음을 보여 주는 하나의 지표가 될 수 있다. 이스포츠 선수 육성을 보다 체계화·안정화하기 위해서는 전통 스포츠와 같이 아마추어 게이머로부터 프로 이스포츠 선수에 이르는 길이 유기적으로 연결된 생태계를 구축해야 한다. 이를 위해서는 다양한 아마추어 대회와 이스포츠를 통한 진학 시스템, 그리고 직업으로 이스포츠 선수를 할 수 있는 다양한 프로 팀, 실업 팀, 지자체 팀이 있어야 하며, 은퇴 후에도 제도권 내의 이스포츠 지도자 또는 전문가로 활동할 수 있는 사회적 기반이 구축되어야 한다.

5) 미디어와 스트리머

다양한 이스포츠 이벤트 주최 기관이 개최하는 크고 작은 이스포츠 이벤트는 미디어를 통해 팬들에게 전달된다. 미디어는 OGN 등의 전통 TV채널도 포함하고 있지만, 이스포츠의 특성상 트위치Twitch, 유튜브, 아프리카TV AfreecaTV와 같은 국내외 온라인 OTT 플랫폼 또는 네이버와 같은 인터넷 포털 사이트가 핵심적인 역할을 한다.

한국에서는 1999년 게임 전문 방송채널로 OGN이 설립되면서 자체 이스포츠 리그를 개최하며 이스포츠를 관람 스포츠로 발전시키는 데 결정적인 역할을 했다. OGN 설립 이후에는 MBC GAME(2001~2011년), SPOTV GAMES(2013~2020년), SBS Afreeca(2018~2020년)와 같은 이스포츠 전문 방송채널이 설립되면서 이스포츠 산업 발전을 이끌었다.

2010년대에 접어들어서는 이스포츠 미디어의 주도권이 케이블 TV에서 OTT 플랫폼으로 이동하기 시작했다. 한국의 경우 2011년 LTELong Term Evolution 서비스가 도입되었는데, 2015년 전후로 LTE 서비스가 보편화되면서 버퍼링 없이 동영상 스트리밍 서비스를 이용할 수 있는 환경이 구축되었다. 2015년 게임 전문 OTT 플랫폼인 유튜브 게이밍Youtube Gaming과 트위치가 국내에 도입되면서 OTT 서비스는 이스포츠 중계에 핵심적 역할을 하기 시작했다.

이스포츠의 독특한 특성 중 하나가 바로 OTT를 통한 다양한 스트리밍 방송에 대한 수요가 크다는 것이다. 여기에는 정형화된 경기 중계방송뿐만 아니라 선수와 일반인, 그리고 전문 BJBroadcasting Jockey에 이르는 다양한 스트리머가 무궁무진한 주제로 진행하는 스트리밍 콘텐츠가 모두 포함된다. 그렇기 때문에 모든 이스포츠 콘텐츠를 전통 TV의 편성표에 포함시키기는 사실상 불가능하다. 자연히 이스포츠 미디어에 있어서 전통 TV의 역할은 경기 중계방송 등 일부 유형의 콘텐츠에 한정되고, 이스포츠 미디어 시장의 주도권은 프로그램의 종류와 분량에 제한이 없는 OTT 플랫폼으로 이전해 간 것이라고 볼 수 있다.

6) 팬

이스포츠 팬은 이스포츠 생태계의 가장 중요한 이해집단이다. 모든 게임과 이스포츠 수익 창출의 근원이 팬들의 관심과 소비에 기반하기 때문이다. 이스포츠 팬은 전통 스포츠 팬과 같은 개념으로 특정 이스포츠 팀이나 선수에 관심을 가지고 경기를 관람하고 관련 정보를 다양한 미디어를 통해 지속적으로 소비하는 집단으로 이해할 수 있다(Wann et al., 2001). 대부분의 이스포츠 팬들은 자신이 직접 게임을 즐기면서 다양한 이스포츠 경기를 경기장에서 직접 또는 미디어를 통해 간접 관람한다. 하지만 모든 이스포츠 팬들이 게임을 직접 하지는 않는다. 즉, 일부 이스포츠 팬들은 다양한 미디어를 통해 이스포츠를 관람하되 직접 게임을 하지는 않는 것이다. 한편 직접 게임을 즐기지만 특별히 미디어를 통해 이스포츠 경기를 관람하지 않는 게이머도 존재한다. 이처럼 게임을 하기만 하고 관람하지 않는 게이머들은 이스포츠 팬으로 구분하기보다는 게이머로 보는 것이 적절하다. 이스포츠에서 팬덤이란 관람 스포츠로서의 이스포츠를 전제로 하기 때문이다. 전통 스포츠에서 야구를 직접 하지만 국내외 프로야구를 관람하지 않는 사람들을 프로야구 팬으로 볼 수 없는 것과 같은 논리이다.

3. 이스포츠 생태계의 2차 이해집단

〈그림 3-1〉에 포함된 1차 이해집단은 아니지만 이스포츠 생태계에 영향을 주거나 받을 수 있는 2차 이해집단secondary stakeholders으로는 스폰서 기업과 광고주, 이스포츠 거버닝 바디, 다양한 투자자(전통 스포츠 팀과 선수), 정부와 시민단체 등이 있다.

1) 스폰서 기업과 광고주

스폰서와 광고주는 〈그림 3-1〉에 제시된 이스포츠 가치사슬에 관여하는 모든 1차 이해집단에 재원을 공급하는 방식으로 이스포츠 생태계에 영향을 미친다.

기업 스폰서는 이스포츠 대회, 리그, 팀 또는 개별 선수를 후원한다. 최근 눈에 띄는 변화는 이스포츠 스폰서 기업들에 글로벌 기업의 참여가 증가하고 있다는 점이다. 전 세계적으로 이스포츠 팬덤이 빠르게 확장되고 있고, 전통

〈그림 3-2〉 푸마의 Cloud9 유니폼 스폰서 파트너십

자료: Nielsen(2019).

TV를 통해 접근하기가 점점 어려워지는 젊은 소비자층과의 접점을 이스포츠에서 찾을 수 있기 때문이다. 때문에 각종 이스포츠 대회는 마케팅 플랫폼으로의 가치가 점차 높아지고 있다.

FIFA 월드컵의 메인 스폰서인 마스터카드MasterCard는 2018년부터 라이엇 게임즈의 첫 번째 글로벌 스폰서십 파트너가 되었다(Nielsen, 2019). 마스터카드는 LoL의 글로벌 이벤트인 MSIMid-Season Invitational, 올스타전the All-Star Event, 월드 챔피언십the World Championship의 독점적 스폰서십 파트너로 10개국 이상에서 LoL과 연계된 마케팅 활동을 벌이고 있다.

전통 축구구단의 유니폼 스폰서십과 마찬가지로 푸마Puma는 〈그림 3-2〉와 같이 2019년 북미 리그 LCS 유명 구단 Cloud9의 유니폼 및 신발 스폰서 계약을 맺었다.

한편 이스포츠 이벤트는 전통 TV와 다양한 온라인 스트리밍 미디어를 통해 팬들에게 전달된다. 기업들은 자사의 잠재적 고객이 될 수 있는 이스포츠 팬들을 대상으로 광고를 하는 형태로 이스포츠의 1차 이해집단에 재정적 지원을 하게 된다. 전통 TV와 온라인 스트리밍 채널 등 다양한 미디어 플랫폼에 광고 시간을 구매하여 광고를 삽입하거나, 간접광고Product Placement: PPL를 진행하는 방식으로 자사의 브랜드 노출을 높이려 한다. 이처럼 기업은 스폰서십과 광고의 형태로 이스포츠 조직에 재정 지원을 하고, 그 대가로 미디어 노출과 마케팅 활동을 통한 이스포츠 팬들과의 접점을 형성해 오고 있다.

2) 이스포츠 거버닝 바디

전통 스포츠에서는 종목별 거버닝 바디가 존재한다. 축구에는 축구협회가 존재하며 야구에는 야구협회가 존재하는 것이다. 국제적 수준으로 보면 축구에 FIFA가 있듯이, 야구에도 국제야구연맹International Baseball Federation: IBAF이 존재한다. 이러한 종목별 협회 또는 연맹은 해당 종목 운영에 필요한 기준과 규정norms and regulations을 정하고 이에 따라 종목 전반을 운영할 권위와 정당성power and legitimacy을 갖게 되어 종목별 거버닝 바디라 불린다. 이러한 스포츠 거버닝 바디는 비영리 조직으로 어느 특정 집단의 이익을 대변하지 않는다. 예를 들어 FIFA는 전 세계 축구대회의 구조와 운영 방식 및 관련 규정을 제정하고 각국의 축구협회는 이러한 규정을 따르지만, FIFA가 어느 특정 조직과의 유불리에 따라 정책적 결정을 달리하지는 않는다. 종목별 스포츠 거버닝 바디에서 스포츠 이벤트를 개최하면 그 이벤트에서 파생하는 모든 권리는 해당 연맹이 소유하므로, 경우에 따라 인기 있는 이벤트를 개최할 경우 중계권 판매, 머천다이즈 판매 등을 통해 상당한 수익을 낼 수도 있다.

이스포츠 생태계에도 이스포츠의 거버닝 바디를 표방하는 조직이 있다. 가장 대표적인 조직은 KeSPA와 IeSF이다. KeSPA는 전통 스포츠의 종목별 연맹을 벤치마킹하여 한국의 이스포츠 전반을 관장하기 위해 2001년 설립된 협회이다. IeSF 역시 전통 스포츠 거버닝 시스템을 벤치마킹하여 설립된 이스포츠 분야 국제연맹으로 KeSPA에서 계획과 설립 준비를 담당하고 문화체육관광부에서 재정 지원을 하여 설립되었다. IeSF는 KeSPA와 마찬가지로 이스포츠가 일반 스포츠에 편입됨으로써 정당성을 확보하고 저변을 넓히고자 했다. 이에 따라 IeSF 설립 초기부터 전통 스포츠의 종목별 국제연맹International Federations: IF 총연합회 격인 국제스포츠경기단체총연합회Global Association of International Sports Federations: GAISF 가맹을 지속적으로 추진해 왔다. 최근에는 IeSF 이외에 세계이스포츠협회World eSports Association: WESA 등 다양한 국제연맹이 설립되어 국제무대에서의 정당성을 두고 경쟁하는 구도가 되었다.

이처럼 이스포츠에서도 전통 스포츠와 같이 거버닝 바디가 있고 일정 부분 역할을 한다. 하지만 이스포츠의 거버닝 바디는 전통 스포츠처럼 기준과 규정을 정하는 절대적 권한을 가지고 있지도 않고 전통 스포츠 연맹처럼 다양한 이벤트를 개최하여 수익을 낼 수도 없다.

Scholz(2019)는 이스포츠가 전통 스포츠에서의 거버닝 바디 시스템을 적용하기 어렵다고 주장했는데, ① 이스포츠에서는 게임사가 모든 지적 재산권을 소유하고 있어 거버닝 바디를 설립한다 하더라도 할 수 있는 역할이 상당히 제한적일 것이며, ② 이스포츠에는 너무 다양한 종목(게임)이 있고, ③ 수많은 이해집단으로부터 온전히 정당성을 부여받을 수 있는 가능성이 현실적으로 희박하다는 논리를 제시한 바 있다.

그럼에도 불구하고 이스포츠 거버닝 바디가 수행하는 역할이 의미 없는 것은 아니다. 게임사는 기본적으로 민간 기업이므로 이윤을 추구하는 집단이다. 따라서 다양한 이해집단이 모여 생성된 이스포츠라는 생태계가 공동의 이익을 극대화하는 방향으로 의사결정을 내리는 데는 한계가 있다. 안정적으로 이스포츠 선수가 육성될 수 있도록 이스포츠 동호인 저변을 확장하는 노력, 선수 개개인의 인권 보호를 위한 노력, 게임 과몰입 등 부작용에 대한 예방과 방지 조치, 승부 조작을 방지하기 위한 시스템 개발, 반도핑 문화 확산을 위한 노력은 민간 게임사가 하기에는 효과적이지 않은 영역이지만 이스포츠 생태계의 지속 가능한 발전을 위해 반드시 필요한 부분으로 다양한 비영리 이스포츠 거버닝 바디에서 담당해야 할 분야이다.

3) 투자자: 전통 스포츠 팀과 선수

이스포츠 생태계에는 다양한 투자자가 있는데 이들 중 전통 스포츠 팀과 선수가 관심을 끈다. 많은 전통 스포츠 팀과 선수는 이스포츠 팀을 창단 또는 인수하거나 지분을 확보하는 등의 방식으로 이스포츠에 투자하기 시작했고, 이에 따라 전통 스포츠 팀과 선수도 이스포츠의 2차 이해집단 중 하나로 분류되기 시작했다(Scholz, 2019). 이는 표면적으로 경쟁 또는 배타적 관계일 것 같은 전통 스포츠와 이스포츠가 실은 공통의 표적 팬덤을 사이에 두고 협력을 통해 상호 보완과 시너지를 추구하는 관계로 진화하고 있다는 것을 시사한다.

Scholz(2019)에 의하면, 2018년 기준으로 200개 이상의 스포츠 팀이 다양한 방식으로 이스포츠와 연계된 활동을 벌이고 있다. 2015년만 하더라도 이스포츠와 관련된 사업을 진행하는 전통 스포츠 팀이 불과 10개 남짓이었던 것을 감안한다면, 전통 스포츠 구단에서 이스포츠에 대한 관심이 얼마나 빠른 속도로 증가하고 있는지 짐작할 수 있다.

전통 스포츠에서 이스포츠에 관여하는 방법은 다양하다.

첫째, 전통 스포츠 팀이 이스포츠 팀을 창단하는 사례가 늘고 있다. 가장 대표적인 사례는 독일 분데스리가의 FC Schalke 04 팀이 2016년 FC Schalke 04 이스포츠라는 LoL 팀을 창단한 것이다. FC Schalke 04 이스포츠는 LoL 유럽 리그 LEC 2021 스프링 스플릿에서 총 10개 팀 중 4위를 차지하는 준수한 성적을 거두었다. 분데스리가에서 FC Schalke 04는 평균 15위 전후의 전력을 가지고 있었으나, 2020~21 시즌은 최악의 시즌으로 최하위 18위를 차지하며 강등되었다. 이후 FC Schalke 04는 LEC 시드권을 스위스와 프랑스를 연고지로 한 BDS에 약 357억 원에 판매하고, 독일 지역 이스포츠 리그인 '프라임 리그'에서 팀을 이어 가고 있다(안수민, 2021).

한편 전통 스포츠 팀이 프랜차이즈 이스포츠 리그에 이스포츠 팀 창단 등을 통해 직접 참여하기도 한다. 북미 리그 LCS는 2018년부터 프랜차이즈 리그 시스템을 도입했고, 연고지 형식의 프랜차이즈 리그를 운영하는 OWL 또한 2018년에 정식 출범했다. 각 리그는 거액의 프랜차이즈 가입비를 요구했는데 LCS는 약 1300만 달러(약 167억 원), 오버워치는 약 2천만 달러(약 260억 원)가 필요했던 것으로 알려져 있다(Chang, 2017). 이러한 막대한 리그 가입비에도 전통 스포츠 팀들의 적극적인 참여가 눈길을 끈다. 미국 프로농구 리그 National Basketball Association: NBA의 골든 스테이트 워리어즈Golden State Warriors는 골든 가디언즈Golden Guardians라는 팀을 창단하며 새롭게 프랜차이즈 시스템으로 전환하는 LCS 가입에 성공했다(BarDown, 2018). NFLNational Football Leauge의 명문 구단인 뉴잉글랜드 패트리어츠New England Patriots를 소유한 크래프트 그룹Kraft Group은 2017년 보스턴 업라이징Boston Uprising이라는 오버워치 팀을 인수하고(Porter, 2017) OWL 프랜차이즈에 입성하는 데 성공했다(Chang, 2017).

둘째, 전통 스포츠 팀이 해외 이스포츠 팀을 인수하거나 주요 선수를 영입하는 경우도 있다. 2017년에는 프랑스 프로축구 명문 구단인 올림피크 리옹 Olympique Lyon이 중국의 피파 온라인 선수 4명과 계약하고 중국 텐센트 게임즈Tencent Games가 운영하는 중국 내 피파 온라인 리그 FSL에 참여한 바있다(Cooke, 2017). 이는 올림피크 리옹이 사실상 중국 내 피파 온라인 리그의 이스포츠 팀을 창단한 것과 다름없다.

셋째, 전통 스포츠 팀이 기존 이스포츠 팀과 파트너십 또는 합작회사를 설립하면서 이스포츠에 진입하는 경우가 있다. 앞서 중국 피파 온라인 팀을 창단했다고 소개한 올림피크 리옹은 2020년에 CS:GO, 포트나이트, LoL 등 다양한 이스포츠 팀을 운영하는 이스포츠 구단 Team LDLC의 모기업인 LDLC와 파트너십을 체결하고 Team LDLC의 팀명을 LDLC OL로 변경하며 프랑스 내 이스포츠에 적극적으로 참여하기 시작했다(Luongo, 2020). 그 밖에 프랑스 프로축구단 파리 생제르맹 FCParis Saint-Germain FC는 세계적인 도타2 팀인

LGD Gaming과 파트너십을 체결하고 이스포츠 사업에 진출했다. 2017년에는 덴마크 명문 프로축구 팀인 FC 코펜하겐F.C. Copenhagen이 엔터테인먼트 기업 노르디스크 필름Nordisk Film과 공동으로 노스NORTH라는 이름의 이스포츠 구단을 설립했다(FCK, 2017).

넷째, 전통 스포츠 리그에서 이스포츠 리그를 설립하는 경우도 있다. NBA에서 NBA 2K 리그를 운영하는 것이 가장 대표적이다. 한국에서도 프로축구 K리그의 온라인 이스포츠 리그인 eK리그가 설립되었다. eK리그는 피파 온라인4를 기반으로 진행되는 이스포츠 대회이다. 한국프로축구연맹과 KeSPA가 공동으로 주관하며, 2020년에 창설되었다(김의겸, 2020).

마지막으로, 전통 스포츠의 유명 선수들이 동일 스포츠의 이스포츠 리그에 적극 활용됨으로써 상호 연계를 강화해 나가는 방식이다. 많은 FIFA 선수들과 축구 비디오 게임 위닝 일레븐Pro Evolution Soccer: PES의 선수들이 동일한 유니폼을 입고 경기에 출전하는 것은 더 이상 놀라운 모습이 아니다. 이와 같이 전통 스포츠 팀은 이스포츠와의 연계를 통해 스포츠와 이스포츠 팬덤을 공유하며 상생과 시너지가 발생하기를 기대한다.

4) 정부와 시민단체

정부와 다양한 시민단체도 이스포츠의 2차 이해집단에 속한다. 정부는 중앙과 지방 정부 모두 이스포츠 산업 생태계가 작동할 수 있는 사회적 제도와 규제를 만들고 집행하는 역할을 하기 때문에 이스포츠 산업에 큰 영향을 미칠 수 있다. 예컨대 '게임셧다운제'(2011년 제정 2021년 폐지, 자정부터 오전 6시까지 청소년들의 게임이 자동 종료되는 시스템)와 같은 정부 정책과 규제는 이스포츠 산업에 큰 영향을 미칠 수밖에 없다.

이 같은 정부의 정책 개발에는 시민사회의 역할이 크다. 2011년 전후로는 자녀들의 게임 과몰입을 걱정하는 학부모 중심 시민단체의 영향력이 컸으나,

2020년 전후로는 일반 게이머들의 영향력이 커지면서 게임셧다운제 폐지라는 결과를 이끌어 냈다.

또 다른 예로, 2022년 2월에는 국회에서 공청회를 열고 '확률형 아이템'의 확률정보를 투명하게 공개하는 것을 골자로 한 게임산업 규제를 본격화하기도 했다(이혜리, 2022). 그동안 게임사의 영업 비밀이라는 명분하에 게이머들에게 확률정보 공개를 사실상 거부해 왔던 게임사들은 공정한 시장질서 정립과 게이머 보호를 위한 정부와 시민단체 및 학계의 일치된 목소리에 법제화를 통한 규제를 받게 된 것이다. 정부와 국회는 2022년 하반기 중 관련 법률 개정을 마무리하고 2024년까지 확률형 아이템 정보공개 체계를 마련해 2025년부터 운영을 시작한다는 계획이다(이현수, 2022).

이스포츠 생태계가 민간 게임사에 의해 막강한 영향력이 행사되는 민간 시장의 영역임에는 틀림없으나, 이 역시 일반 사회의 제도와 규범 속에서 작동하는 것이므로 정부와 시민단체, 그리고 일반 여론의 영향으로부터 자유로울 수 없다.

참고문헌

김의겸. 2020(10.13). "피파 온라인4 활용 eK리그, 프로축구연맹 큰 그림". 스포츠Q. https://post.naver.com/viewer/postView.nhn?volumeNo=29691820&memberNo=36645352&vType=VERTICAL

안수민. 2021. "팀 해체 수순 밟았던 샬케 04, 독일 지역 리그서 활동". 데일리이스포츠. https://sports.news.naver.com/news.nhn?oid=347&aid=0000156248

이현수. 2022. "새 정부, '확률형아이템 정보공개' 2025년부터". 전자신문. http://n.news.naver.com/article/030/0003016133

이혜리. 2022. "'확률형 아이템 규제' 본격화 … 게임사 대안 있나". 이데일리. http://naver.me/xLS50978

BarDown. 2018. "The Golden State Warriors beautifully redesigned their esports team, the Golden Guardians." BarDown.com. https://www.bardown.com/the-golden-state-warriors-beautifully-redesigned-their-esports-team-the-golden-guardians-1.1415247(검색: 2022.1)

Chang, Brian. 2017. "In 2018, franchising will change esports as we know it." dotesports.com. https://dotesports.com/business/news/franchising-esports-owl-lcs-2018-19805(검색: 2022.1)

Cooke, Sam. 2017. "Olympique Lyonnais launch FIFA esports team in Beijing." Esports Insider. https://esportsinsider.com/2017/03/olympique-lyonnais-launch-fifa-esports-team-beijing

FCK. 2017. "New Esport Organization North Aims for Top Position." FCK.dk. https://www.fck.dk/en/news/new-esport-organization-north-aims-top-position.

Freeman, R. Edward. 1984. *Strategic Management: A Stakeholder Approach.* Boston: Pitman.

Luongo, Cody. 2020. "Team LDLC kicks off partnership with Olympique Lyonnais." Esports Insider. https://esportsinsider.com/2020/01/ldlc-olympique-lyonnais.

McConnell, Ella. 2015. "ALL WORK ALL PLAY to bring esports to a cinema near you next week!" ESLGaming.com. https://www.eslgaming.com/article/all-work-all-play-bring-esports-cinema-near-you-next-week-2150(검색: 2022.2)

Nielsen. 2019. *Esports Playbook for Brands 2019.* The Nielsen Company.

Porter, Matt. 2017. "Owner of the New England Patriots, Robert Kraft, visits the headquarters of his newest acquisition: Overwatch esports team Boston Uprising." MailOnline. https://www.dailymail.co.uk/sport/esports/article-5111375/Patriots-owner-Robert-Kraftvisits-Boston-Uprising-team.html

Scholz, Tobias M. 2019. *eSports is Business: Management in the World of Competitive Gamining*. Cham, Switzerland: Palgrave Macmillan.

Wann, Daniel L., Merrill J. Melnick, Dale G. Pease, and Gordon W. Russell. 2001. *Sport Fans: The Psychology and Social Impact of Spectators*. New York, NY: Routledge.

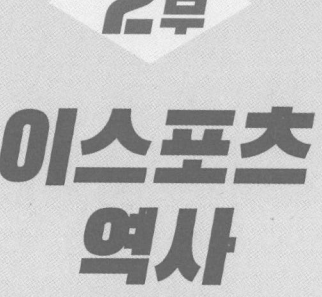

2부

이스포츠
역사

◆

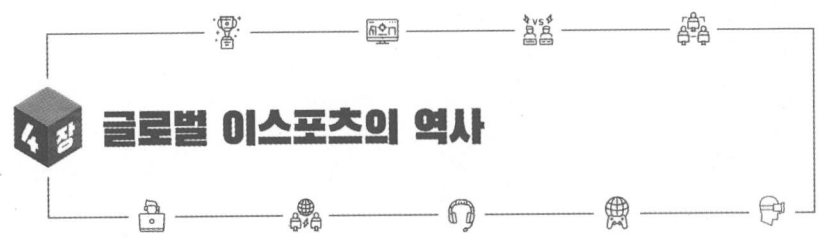

글로벌 이스포츠의 역사

이스포츠는 전 세계적으로 빠르게 성장하는 디지털 엔터테인먼트이자 새로운 여가문화이다. 이스포츠의 성장 요인은 온라인 게임의 대중화, 컴퓨터와 그래픽 기술의 발전, 스트리밍 미디어의 확산 등으로 다양하다. 이처럼 대다수의 사람들에게 이스포츠는 인터넷, 실시간 스트리밍, 3D 그래픽 등 첨단 과학기술과 관련이 깊은 최신 트렌드로 각인되어 있지만 실제로 이스포츠의 역사를 살펴보면 그 뿌리가 훨씬 깊고 오래되었다는 것을 알 수 있다. 이 장에서는 최초의 컴퓨터 게임이 등장한 1950년대부터 현재에 이르기까지 글로벌 이스포츠의 역사를 이스포츠 발전의 주요 변곡점과 함께 알아보려 한다.

1. 최초의 컴퓨터 게임과 이스포츠 대회(1950년대~1972년)

이스포츠의 기원은 컴퓨터 게임 혹은 비디오 게임의 역사에서 찾을 수 있다. 세계 최초의 컴퓨터 게임은 1952년으로 거슬러 올라간다. 컴퓨터 과학자 알렉산더 섀프토 더글러스Alexander Shafto Douglas는 케임브리지대학교 박사

과정 학생으로 인간과 컴퓨터 간의 상호작용에 대해 연구하던 중 '틱-택-토' 혹은 'Three Wins'로 알려진 'OXO'라는 컴퓨터 게임을 개발했다. 그러나 이 게임은 인간 대 인간의 대결이 아닌 인간과 컴퓨터의 대결이었다.

인간과 인간의 컴퓨터 대결 게임은 1958년에 처음 등장한다. 이스포츠의 시초라 일컬어지는 이 게임은 1958년 윌리엄 히긴보덤William Higinbotham이 개발한 '테니스 포 투Tennis for Two'라는 게임이다(〈그림 4-1〉 참고). 히긴보덤은 미국의 저명한 물리학자로 첨단 과학기술을 유희의 영역에 사용하려는 목적으로 테니스 포 투 게임을 개발했다. 이 게임은 그가 일했던 브룩헤이븐 국립연구소를 방문한 방문객이 대기 시간을 보내기 위해 만들어진 비상업적 게임이었고, 때문에 대중적으로 알려지지 않았다. 이 게임은 버튼과 다이얼로 조작할 수 있었고 마주 앉은 두 사람이 공을 주고받는 형식으로 테니스와 유사한 게임으로 테니스 포 투라 명명되었다. 이는 인간과 인간의 스포츠 대결에 컴퓨터가 매개로 사용된 최초의 사례로 알려져 있다(Sholz, 2019).

현재의 이스포츠 대회와 유사한 형식의 컴퓨터 게임 토너먼트는 1972년에 처음 개최되었다. 1962년 컴퓨터 과학자인 스티브 러셀Steve Russell과 동료들은 매사추세츠 공과대학교MIT에 설치된 'PDP-1'이라는 컴퓨터로 '우주전쟁! Spacewar!'이라는 게임을 개발했다. 우주전쟁!에 사용된 PDP-1은 컴퓨터에 외부 입력장치를 연결해 명령을 입력하는 방식을 사용한 최초의 컴퓨터로, 천공 카드·테이프 입출력 방식과 모니터를 갖춘 거대한 기종이었다. 러셀과 동료들은 컴퓨터 모니터 화면에 그래픽을 이용해 놀이를 할 수 있다는 것을 보여 주기 위해 이 게임을 만들었다고 한다(이상호, 2019). 또한 PDP-1은 고가였으나 학내에 여러 대가 설치되어 있었기 때문에 우주전쟁!은 다양한 장소에서 플레이되었던 최초의 게임으로 기록되어 있다. 우주전쟁!은 2명의 플레이어가 대결하는 형식의 우주선 슈팅게임으로 '바늘The Needle'과 '쐐기The Wedge'로 불리는 두 우주선을 각 플레이어가 조종해 상대 우주선에 총을 쏘는 게임이다(Sihvonen, 2011).

〈그림 4-1〉 테니스 포 투 게임

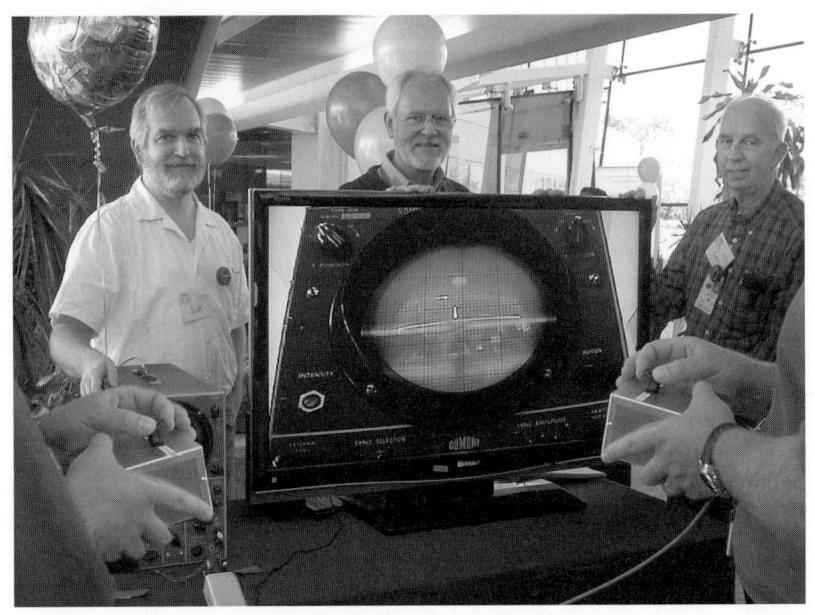

〈그림 4-2〉 최초의 이스포츠 대회인 은하계 우주전쟁 올림픽

우주전쟁!을 기반으로 한 세계 최초의 컴퓨터 게임 대회, 즉 이스포츠 이벤트의 전신이라고 할 수 있는 대회가 1972년 개최되었다. 스탠퍼드대학교에서 소규모로 개최된 이 대회의 정식 명칭은 '은하계 우주전쟁 올림픽Inter-galactic Spacewar Olympics'이었고 〈그림 4-2〉는 대회 장면을 보여 준다(Billings and Hou, 2019). 이 대회에는 총 24명의 참가자들이 5명으로 팀을 이루어 경쟁했고 우승 상품으로는 ≪롤링스톤Rolling Stone≫ 잡지의 1년 구독권이 수여되었다. 소수의 스탠퍼드 학생들이 관중으로 경기에 참관했고, 대학생 기자들은 미디어 역할을 했다. 이 대회는 이스포츠라는 용어를 사용하지 않았지만 우승 상품을 걸고 인간과 인간이 토너먼트 형식으로 조직된 대회에 참여해 승패를 겨루었다는 점에서 세계 최초의 이스포츠 대회로 인정받고 있다(Good, 2012). 이처럼 은하계 우주전쟁 올림픽은 전통적 스포츠 대회와 유사하게 대회 참가자들이 따라야 할 간단한 규칙들이 있었고, 우승을 위해 서로 경쟁하던 공식 대회였으며, 관중과 미디어를 동반했다는 점에서 의미가 크다.

우주전쟁! 게임에 게임 컨트롤 및 운영 방식이 존재했다는 점은 또 다른 의미를 갖는다. 이 게임은 버튼과 손잡이를 사용해 우주선을 컨트롤하는 방식으로 현재 이스포츠 게임 컨트롤에 사용하는 키보드와 마우스의 기원으로 볼 수 있다. 또한 컴퓨터 모니터로 전달되는 시각 정보에 따라 게임을 판단하고 전략적으로 운영하는 방식은 현재 이스포츠 게임 조작의 원시적 형태로 볼 수 있다. 하지만 당시 컴퓨터 가격은 약 12만 달러(약 1.5억 원)로, 일반 대중을 상대로 컴퓨터 게임을 상업화하기에는 적합하지 않은 시기였다. 또한 우주전쟁!은 판매를 목적으로 만들지 않았기 때문에 수익을 창출하지 않는, 일종의 공개 소프트웨어이자 오픈소스였다(Billings and Hou, 2019). 흥미롭게도 최초의 이스포츠 대회로 인정받는 대회에 사용된 게임은 사유재가 아닌 공공재로 출발한 것이다.

2. 콘솔게임과 아케이드 게임의 등장(1970년대)

1970년대는 최초의 콘솔게임과 최초의 아케이드 게임이 등장한 시기이다. 1972년 미국에서는 세계 최초로 마그나복스 오디세이Magnavox Odyssey라는 가정용 비디오 게임 콘솔이 출시되었다. 〈그림 4-3〉은 마그나복스 오디세이의 초기 모습이다. 마그나복스 오디세이의 개발자는 랄프 베어Ralph H. Baer이다. 그는 어린 시절 나치의 유대인 탄압을 피해 독일에서 미국으로 건너왔으며 평생을 발명가이자 엔지니어로 살았다. 1956년 베어는 미국의 방위산업체인 '샌더스Sanders Associates'에 입사해 엔지니어로 일했는데 TV에 외부기기를 장착해 놀이를 즐길 수 있는 방법을 고민했고 이 아이디어가 가정용 콘솔의 탄생으로 이어졌다. 1967년 베어는 마그나복스 오디세이의 시제품격인 브라운박스Brown Box를 개발했다. 브라운박스는 개량화를 거쳤지만 상용화에 이르는 길은 쉽지 않았고 설상가상으로 샌더스는 재정까지 악화되었

〈그림 4-3〉 최초의 콘솔게임기 마그나복스 오디세이

는데 기적처럼 마그나복스라는 TV 제작회사가 브라운박스에 관심을 보였다. 세부 조정 후 마그나복스는 샌더스에 로열티를 지급하고 브라운박스에 오디세이Odyssey라는 새로운 이름을 주고 디자인도 수정했다. 이 과정에서 오디세이의 가격은 베어가 처음에 생각했던 20달러 정도가 아니라 100달러 정도의 고가로 변경되었다. 이렇게 해서 1972년 9월 게임카드 12개를 사용해 총 27개의 게임을 플레이할 수 있는 세계 최초의 가정용 콘솔 마그나복스 오디세이가 출시되었다(McLemore, 2012).

마그나복스 오디세이는 가격이 높았고 마케팅에 소극적이었으며, 제품도 오직 마그나복스 대리점에서만 판매했기 때문에 상업적으로 성공을 거두지는 못했다. 그러나 최초의 가정용 콘솔게임인 마그나복스 오디세이의 등장은 게임 업계에 2가지 커다란 변화를 가지고 왔다.

첫째, 게임 콘솔은 비디오 게임을 컴퓨터 모니터가 아닌 TV 모니터와 연결하는 방식으로 발전시켜 비디오 게임의 플레이 장소를 가정으로 확장시키는 데 큰 역할을 했다. 이는 비디오 게임이 특정 장소에서만 플레이할 수 있는 제한된 활동이 아니라 언제든지 원하는 시간에 플레이할 수 있는 대중적인 활동이라는 인식의 전환을 가져온 것이다.

둘째, 마그나복스 오디세이는 게임 업계에 특허권과 함께 지적 재산권Intellectual Property: IP의 개념을 등장시켰다(Purewal, 2016). 앞서 언급했듯이 세계 최초의 가정용 콘솔 마그나복스 오디세이는 상업적 성공을 거두지는 못했다. 그러나 마그나복스 오디세이의 개발자인 베어는 콘솔과 콘솔게임들에 특허권을 획득해 놓았고, 이는 차후에 콘솔 판매가 아닌 이 특허권을 이용해 게임업체들로부터 수익을 얻을 수 있는 계기를 만들어 주었다.

가정용 비디오 게임 콘솔이 등장한 비슷한 시기에 아케이드 게임도 게임 시장에 등장한다. '비디오 게임 산업의 아버지'라 불리는 놀런 부시넬Nolan K. Bushnell은 1971년 '컴퓨터 스페이스Computer Space'라는 세계 최초의 아케이드 게임기를 개발했다. 1960년대 후반 부시넬은 컴퓨터 공학으로 손꼽히는 유타대학교University of Utah로 편입을 했는데 이곳에서 처음 컴퓨터를 접했다. 1960년대 말까지만 해도 컴퓨터는 매우 희소했다. 특히 러셀이 앞서 언급한 우주전쟁!을 개발한 1962년에는 북미 전체 대학교 중 단 4곳만이 컴퓨터를 보유했는데 그중 하나가 베어가 재학했던 스탠퍼드대학교였고 또 하나는 부시넬이 다녔던 유타대학교였다. 우주전쟁!이 개발된 그 해에 부시넬은 유타대학교 전자공학과에 편입했고 우주전쟁! 게임에 푹 빠졌다. 이때부터 비디오 게임에 매료된 부시넬은 차후 영상 디지털 기록물 관련 회사를 다니게 되었고, 회사를 다니면서도 비디오 게임에 대한 열정을 놓지 않았다. 당시에는 컴퓨터 가격이 매우 비쌌기 때문에 부시넬은 우주전쟁! 게임만을 플레이할 수 있는 전용 기계를 취미로 만들기 시작했다. 이렇게 부시넬 개인의 취미와 부업으로 시작된 게임플레이 전용 비디오 게임기는 1971년 '너팅Nutting Associates'이라는 회사와 계약을 맺었고, 세계 최초의 비디오 아케이드 게임

〈그림 4-4〉 최초의 아케이드 게임기, 컴퓨터 스페이스

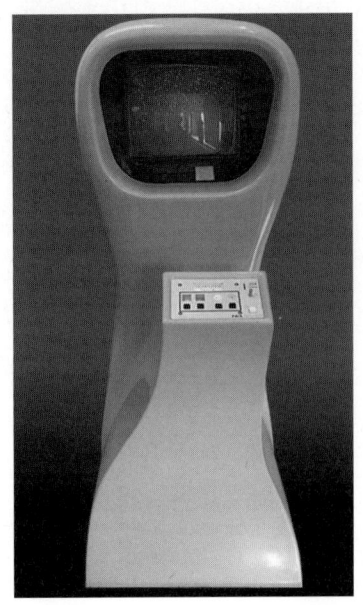

기인 '컴퓨터 스페이스'가 탄생했다(〈그림 4-4〉 참고). 아케이드 게임기는 한국에서 흔히 오락실 게임기로 알려져 있으며 동전 혹은 지폐를 넣고 게임을 하는 오락실 게임 기기를 말한다.

컴퓨터 스페이스는 부시넬의 기대와는 달리 성공을 거두지 못했다. 당시 아케이드 게임 시장은 장난감 총 사격, 야구, 핀볼 등과 같이 직관적으로 플레이하기 용이한 기계식 아케이드 게임이 주를 이루고 있었기 때문이다. 바나 술집에 일반인을 대상으로 설치된 비디오 아케이드 게임기인 컴퓨터 스페이스는 조작법이 너무 낯설고 복잡했던 것이다(Ford, 2012). 그뿐만 아니라 당시 너팅은 재정 상태가 좋지 않았기 때문에 결국 부시넬은 너팅을 퇴사했다.

1972년 6월 부시넬은 첫 번째 실패를 발판으로 전설적 게임 기업 아타리 Atari를 설립한다. 1972년 11월 아타리는 아케이드 탁구게임 '퐁Pong'을 정식 출시했다. 퐁은 큰 성공을 거두는데 1974년까지 8천 대 이상이 판매되는 인기를 누렸다. 퐁의 폭발적인 인기를 계기로 게임은 비로소 하나의 산업으로 자리 잡기 시작했다(Lowood, 2009; Wolf, 2012).

이렇게 퐁이 인기를 얻기 시작하자 최초의 비디오 게임 특허권 소유자인 마그나복스는 1974년 아타리를 특허권 침해로 고소했다. 마그나복스의 주장은, 오디세이로 여러 스포츠 게임을 플레이할 수 있는데 그중 탁구게임이 포함되어 있고, 퐁이 이 콘셉트를 무단 사용하여 마그나복스의 특허권을 침해했다는 것이다. 소송에 승산이 없다고 판단한 아타리는 마그나복스에 일시불로 로열티를 지급하기로 협상했다. 마그나복스는 퐁이 크게 성공할 것이라고 생각하지 않아 아타리가 예상했던 소송 금액의 절반도 채 되지 않는 가격에 합의했지만 마그나복스의 예상과 달리 퐁은 훨씬 크게 성공했다. 한편 마그나복스는 아타리 외에도 퐁과 유사한 기계를 만드는 회사에 전부 소송을 걸어 로열티를 받아 낼 수 있었다(Purewal, 2016).

마그나복스의 특허권 소송전은 회사 간의 단순한 법적 분쟁을 넘어 게임 산업에 커다란 인식의 전환을 가져왔다. 최초의 컴퓨터 게임인 우주전쟁!의 경우 게임이 오픈소스 형태의 공공재 성격으로 등장했으나, 마그나복스의 게임들은 상업화와 대중화를 염두에 두고 제작되었기 때문에 현재의 지적 재산권 개념을 가지는 사유재 형태로 변모했다. 전통 스포츠에서는 스포츠 종목을 플레이하는 데 아무런 비용을 지불할 필요가 없지만 이스포츠는 게임의 지적 재산권을 가지고 있는 게임사에 비용을 지불할 필요가 있다는 차이가 생기게 된 것이다.

아타리는 상업용 게임기 퐁의 인기에 힘입어 1975년 '홈퐁Home-Pong'이라는 가정용 콘솔게임기를 출시했고, 1977년에는 '아타리 2600Atari 2600'이라는 가정용 콘솔게임기를 출시했다(〈그림 4-5〉 참고). 아타리 2600은 게임 카트리지, 즉 게임팩을 교환하는 방식으로 하나의 콘솔 기기에 다양한 게임 카트리지를 연결해 즐길 수 있었다. 이와 같은 방식의 콘솔게임기는 비디오 게임만을 전문으로 제작하는 게임 제작사의 탄생에도 영향을 미쳤다. 특히, 타이토Taito Corporation의 '스페이스 인베이더Space Invaders'라는 게임은 아타리가 아닌 다른 회사에서 가정용 콘솔기 전용으로 제작, 판매된 게임으로 아타리가 콘솔 기기가 아닌 스페이스 인베이더 게임 자체를 따로 광고하기도 했었다. 스페이스 인베이더의 성공으로 아타리는 역사에서 가장 빠르게 성장한

〈그림 4-5〉 가정용 콘솔게임기 아타리 2600

회사로 기록되어 있다(Herman, 1997).

흥미롭게도 비디오 게임과 스포츠의 연결 고리는 1970년대 콘솔게임의 마케팅 방법에서도 찾을 수 있다. 아케이드 게임기인 퐁의 인기에 힘입어 출시된 퐁의 콘솔 버전 홈퐁은 미국 백화점 시어스Sears의 스포츠 코너에서 독점으로 판매되었다. 미국에서는 겨울철 집 안에서 가족끼리 운동을 즐길 수 있는 탁구대 등이 백화점 스포츠 코너에서 판매되었는데 가정용 콘솔기 역시 가족들이 모여 할 수 있는 활동이라는 점에서 '스포츠 용품'으로 마케팅했던 것이다. 홈퐁이 최초 출시된 1975년에 백화점 스포츠 코너의 가장 인기 있는 상품은 홈퐁이었다. 홈퐁은 아케이드 게임기에 이어 가정용 게임기 산업의 잠재력을 보여 주었다(Wolf, 2001).

3. 아케이드 게임 전성시대(1980년대)

비디오 게임 문화가 보다 보편화되기 시작한 시기는 1980년대 초이다. 특히, 아케이드 게임은 퐁을 시작으로 대중적인 인기를 얻었고, 다양한 장르와 향상된 품질을 선보이며 대중에게서 큰 인기를 끌었다. 1976년에는 게임 플레이어의 점수를 기록하는 '시 울프Sea Wolf'라는 아케이드 게임이 등장해 게임에 경쟁적 요소를 더욱 강화했다.

1982년 미국에서는 약 150만 대의 아케이드 게임이 가정 및 상점에 배포되었다(Kent, 2001). 지금은 고전 게임으로 알려져 있는 동키콩Donkey Kong, 팩맨Pac-Man, 아스테로이즈Asteroids 등이 당시의 아케이드 게임이다. 미국에서는 1981년부터 1982년까지 약 200억 개 이상의 25센트짜리 동전이 아케이드 게임용으로 사용되었다고 알려져 있다(Sheff and Eddy, 1999). 이를 현재 환율로 환산하면 22조 원이 넘는 규모이다. 당시 아케이드 시장의 수입은 라스베이거스가 있는 네바다 주의 모든 카지노 수입보다 2배 가까이 많았고, 미국 전체 영화산업 수익의 2배, 프로농구·축구·미식축구 수입의 총 3배 가까이에 이르렀다(Kent, 2001).

아케이드 게임의 인기 비결은 접근의 용이성accessibility과 함께 특정 기간 동안 게임 점수가 기록되고 이에 따라 순위가 형성되는 '경쟁성competitiveness'에 있는 것으로 알려져 있다(Juul, 2003). 현재의 이스포츠와 달리 아케이드 게임은 대부분 개인 내intrapersonal 경쟁 구도, 즉 자기 스스로의 점수를 뛰어넘기 위한 자신과의 경쟁을 바탕으로 한 게임이었다. 그러나 점수 시스템의 발전과 더불어 게임은 점점 개인 내 경쟁에서 개인 간interpersonal 경쟁, 그리고 국경을 뛰어넘는 국제적international 경쟁의 형태로 발전해 왔다. 이처럼 확장되는 비디오 게임의 경쟁성은 토너먼트 형식의 '대회'의 개최로 이어졌다.

1980년 아타리는 스페이스 인베이더의 인기에 힘입어 뉴욕에서 첫 번째

〈그림 4-6〉 아케이드 게임 기반의 대규모 이스포츠 대회인 내셔널 스페이스 인베이더 챔피언십의 모습

'내셔널 스페이스 인베이더 챔피언십National Space Invaders Championship'을 개최했다(〈그림 4-6〉 참고). 이 대회에는 약 1만 명 이상이 참가했고(Hope, 2014) 주최 측인 아타리가 홍보에 많은 투자를 하며 대회를 '대중화'하려 했다는 점에서 아케이드 게임을 기반으로 하는 최초의 대규모 이스포츠 대회로 평가받는다(Smith, 2012). 스페이스 인베이더와 함께 '지네잡기Centipede' 게임 역시 많은 인기를 누렸다. 지네잡기도 아타리의 게임으로 다수의 여성 플레이어가 존재한 최초의 게임으로 알려져 있다. 1981년에 아타리는 'The Atari $50,000 World Championships'이라는 게임대회를 개최했는데 당시 대회 홍보물에 "전 세계 최고의 게임 플레이어들이 경쟁하는 새로운 메이저 스포츠 이벤트"라는 문구를 사용하며 아케이드 게임 대회를 스포츠 이벤트로 소개했다(Kent, 2001). 하지만 이 대회는 엄청난 홍보비에도 불구하고 저조한 참가자 수와 매끄럽지 못한 경기 운영으로 좋은 평가를 받지 못했다. 이처럼 인터넷의 대중화 이전에도 아케이드 게임 기반의 국제대회가 존재했다.

아케이드 게임의 프로화는 국제 비디오 게임 기록 및 관리 기관인 트윈 갤럭시Twin Galaxies와 함께 시작되었다. 1981년 트윈 갤럭시의 창립자 월터 데이Walter Day는 약 4개월 동안 100여 개 이상의 아케이드 오락실을 다니며 각 게임의 최고 점수를 기록하기 시작했다. 같은 해 10월 데이는 '트윈 갤럭시'라는 아케이드 오락실을 오픈했고 게임과 관련된 규칙, 게임별 최고 점수를 기록하는 온라인 플랫폼을 개설했다(Bramwell, 2010). 트윈 갤럭시는 기네스북에 점수를 등재하며 점차 대중에게 공인된 비디오 게임 점수 기록소이자 비디오 게임 대회 정보를 얻을 수 있는 플랫폼으로 알려졌다. 이러한 트윈 갤럭시의 데이터를 사용해 데이는 1983년 일반 아케이드 게임 팬들을 프로게이머로 변모시킨 미국 비디오 게임 국가대표 팀The U.S. National Video Game Team을 창단했다. 이 팀은 전 세계를 누비며 다양한 게임대회 및 관련 행사에 참가했고 게임 문화를 장려하기 위해 지역 단위 게임대회를 후원했다. 또한 국제적으로 비디오 게임 단체들과 협력했고 국제 규모의 대회에 참여했다

(Borowy and Jin, 2013). 비슷한 시기인 1982년에 독일에서도 프로 스포츠 팀과 유사한 아타리 VCS 분데스리가Atari VCS Bundesliga가 창설되었다(Billings and Hou, 2019). 이 같은 팀들의 창설은 비디오 게임 영역에서 특출한 능력과 기술을 가진 이들도 일반 운동선수들처럼 수익 창출이 가능한 직업군이 될 수 있다는 가능성을 보여 준 것이다.

아케이드 게임 대회는 미디어를 통해 게임 문화에 익숙하지 않은 사람들에게도 전파되었다. 예를 들면, 총 133화까지 방영된 TV 쇼 〈스타케이드Star-cade〉는 아케이드 게임 최고 기록을 갱신하기 위해 일반 참가자가 도전하는 형식으로 미국 전역에서 누구든 출전할 수 있는 TV 프로그램이었다(〈그림 4-7〉 참고). 1982년부터 1984년까지 방영된 〈스타케이드〉는 경쟁형 비디오 게임이 TV로 방영된 최초의 사례로 알려져 있다(Borowy and Jin, 2013). 미국의 유력지인 ≪타임Time≫은 당시 최고의 비디오 게임 선수 스티브 주라스젝Steve Juraszek을 "또 다른 종류의 운동선수, 비디오 게임 운동선수video game athelete"로 소개했고 ≪라이프Life≫ 잡지는 트윈 갤럭시와 협력하여 '현대 최고의 게이머'라는 특집호를 발간하기도 했다(Kent, 2001). 〈그림 4-8〉은 1982년 1월 18일 자 ≪타임≫의 표지인데 이 호에는 비디오 게임 운동선수라는 용어를 처음 사용한 기사가 실렸다. 이러한 미디어 보도는 일반 대중에게 운동선수와 프로게이머 사이의 장벽을 무너뜨리는 데 일조했다.

이렇게 게임 업계가 성장하자 크고 작은 회사들이 게임 업계에 뛰어들었고 게임 전문회사가 아닌 식품 회사, 음반 회사 등도 게임을 출시했다. 이는 게임의 품질 저하로 이어졌다. 특히, 1982년 영화 〈ET〉와 계약을 맺고 단 5주 만에 개발되어 크리스마스에 출시되었던 아타리의 ET라는 게임은 최악의 품질을 보여 주었다. 소비자들은 아타리에 마음이 돌아섰고, 당시 게임시장 1위였던 아타리는 1년 반 후 매각되었다. 소비자들이 게임 산업에 등을 돌린 1983년부터 1985년까지를 미국의 게임 산업 암흑기 혹은 '아타리 쇼크'라고 부른다(Ernkvist, 2008).

〈그림 4-7〉〈스타게이드〉방송 장면

〈그림 4-8〉1982년 1월 18일 자 ≪타임≫ 잡지 표지에 등장한 비디오 게임

4. 현대 이스포츠의 형성과 발전(1990년대)

현대 이스포츠의 발전은 콘솔게임의 재도약, 인터넷의 발전과 크게 연결되어 있다. 1990년대 들어서부터 오락실을 기반으로 한 아케이드 게임의 인기가 하락한 반면 가정용 콘솔게임과 인터넷 게임은 큰 인기를 얻기 시작했다. 아타리 쇼크 이후 침체되어 있던 미국 콘솔시장은 닌텐도의 등장과 슈퍼마리오, 젤다의 전설, 파이널 판타지와 같이 품질 좋은 게임과 함께 다시 인기를 얻기 시작했다. PC게임 역시 PC 대중화와 인터넷의 보급으로 크게 성장했다. 즉, 현대 이스포츠의 전신인 1990년대의 게임 산업은 일본의 콘솔게임과 북미의 PC게임을 중심으로 발전했다고 볼 수 있다.

1990년대의 콘솔게임 산업은 일본이 독점했다고 해도 과언이 아니다. 닌텐도의 경우 가정용 콘솔 공급업체일 뿐만 아니라 국제 콘솔게임 대회의 주최자 역할도 적극적으로 해왔다. 예를 들면 1990년 최초로 개최된 닌텐도 월드 챔피언십의 경우 결승전을 미국 로스앤젤레스에 위치한 유니버설 스튜디오 할리우드에서 진행하기도 했다(Sheff and Eddy, 1999). 빠르게 성장한 가정용 콘솔 시장을 점유하기 위해 게임 개발업체들은 더욱 새롭고 다양한 게임들을 소개했다. 특히 1991년 출시된 캡콤Capcom의 스트리트파이터2는 당시 게임 업계에 큰 변화를 가져왔다. 아케이드 게임으로 출발했지만 콘솔 시장에서 더 큰 성공을 거둔 스트리트파이터2는 게임 플레이어 간에 벌어지는 단순한 격투게임을 넘어 다양한 캐릭터를 고를 수 있도록 해서 게임에 다양성을 추가했다. 또한 캐릭터마다 각기 다른 생김새, 강점과 약점, 능력치 등을 부여해 캐릭터뿐만 아니라 게임 내 운영 방법에서도 다양성이 추가되었다(Kelly, 2009). 1980년대의 게임들이 주로 점수로 경쟁을 벌였다면, 스트리트파이터2는 보다 동시다발적인 가상 전투형 게임으로 실시간에 상대방을 쓰러뜨리는 것을 목표로 했다(〈그림 4-9〉 참고).

스트리트파이터2처럼 상대 게임 플레이어와의 대결 구도로 이루어지는 게

〈그림 4-9〉 스트리트파이터2 경기 장면

임 형식은 현대 이스포츠의 근간이 되었다. 또한 스트리트파이터2는 기네스북에 기록된 전투 비디오 게임 최초의 '콤보' 개념을 도입함으로써 게임 업계에 큰 변혁을 가져왔다(Morgenstern, 2008). 콤보란 서로 다른 버튼을 연속적으로 눌러 캐릭터 고유의 다양한 기술을 발현하는 것으로(Billings and Hou, 2019), 콤보의 등장은 하나의 버튼이 하나의 동작만 명령했던 당시 게임 업계에 '게임 컨트롤'의 난이도와 복잡성을 추가시켰다. 또한 스트리트파이터2는 '게임 전략'에도 영향을 미쳤다. 초기 1980년대의 아케이드 게임의 경우 사전에 시스템에 입력되어 있는 행동을 명령하기 위해 하나 혹은 2개의 버튼과 네 방향으로 움직이는 조이스틱으로 게임을 컨트롤했다. 즉, 반응 속도가 게임의 결과에 큰 영향을 미쳤다. 반면, 스트리트파이터2의 경우 상대방의 행동을 예측하고 이에 상응하는 순간적인 전략이 게임의 승패를 결정해 보다 고차원적인 전략을 요구하는 게임으로 발전하게 되었다. 이는 현재 개최되고 있는 이스포츠 대회의 대다수 게임에서도 전략이 승패에 큰 영향을 미친다는 점에서 닮아 있다. 스트리트파이터의 경우 현재까지도 이스포츠의 한 장르인 전투·격투게임으로 크고 작은 대회가 개최되며 소비와 관심이 지속되고 있다.

1990년대 초반의 인터넷 보급 역시 비디오 게임 산업에 큰 변화를 가져왔다. 인터넷의 탄생은 미국 국방부의 군사정보관리시스템 아르파넷ARPANET에서 기원한다(Wolf, 2012). 1969년 미국은 한 곳에 집중해 보관해 오던 주요 군사정보가 적에게 공격받을 경우를 대비해 분산 관리하기 시작했고, 이 같은 정보 분산을 위한 네트워크 활용 방식이 현재 인터넷의 원형으로 알려져 있다. 이처럼 안전한 정보 교환을 위해 구축된 네트워크 시스템은 대학과 기업들로 확장되었고 민간 영역으로까지 확대되었다. 최초의 온라인 게임으로 알려진 MUDMulti-User Dungeon는 영국 에섹스대학교University of Essex에서 컴퓨터 과학을 전공하는 로이 트룹쇼Roy Trubshaw와 리처드 바틀Richard Bartle이 1978년 개발했다(Bartle, 2009). MUD는 그래픽 없이 텍스트만 사용하는 RPG 유형의 게임으로 아르파넷을 기반으로 하여 다수의 사람들이 게임에 참여할 수 있었기 때문에 멀티플레이어 온라인 게임의 기원으로 보고 있다. MUD 게임은 1990년대 초 국내로 유입되어 바람의 나라, 리니지 등 대규모 다중사용자 온라인 롤플레잉 게임Massively Multiplayer Online Role-Playing Game: MMORPG의 인기로 이어졌다.

초기 온라인 게임 중 하나인 Netrek 역시 많은 인기를 누렸다. 1986년에 출시된 Xtrek의 후속작인 Netrek은 1988년 출시된 슈팅형 RTS로 최대 16명까지 게임에 참여할 수 있고, 인터넷을 사용해 개인 혹은 팀을 기반으로 경쟁하는 최초의 게임으로 알려져 있다(Hiltscher and Scholz, 2015). Netrek은 최대 16명의 게임 플레이어가 동시에 참여해 자신의 행성을 개발하고 우주선을 건설하고 동맹을 구축하여, 적의 행성과 우주선을 공격하고 상대방의 행성을 점령하면 최종 승리하는 구조이다. Netrek은 인터넷을 사용해 다수의 게임 플레이어가 동시에 온라인에서 대결을 펼칠 수 있다는 점에서 인터넷만 있으면 전 세계에 있는 누구와도 대결할 수 있어 기존의 게임플레이 방식과 전혀 다른 대결 구도를 만들어 냈다는 데 의미가 크다. 미국의 IT 전문매체인 ≪와 이어드 매거진Wired Magazine≫은 Netrek을 최초의 온라인 스포츠 게임이라고 인정하기도 했다(Kelly, 1993).

1990년대에 들어서는 근거리 통신망 LANLocal Area Networks과 개인 컴퓨터의 보급이 더욱 확대되면서 물리적 환경에 제한을 받지 않는 온라인 게임이 급격히 성장했고, 이러한 변화는 과거 사람과 컴퓨터의 대결을 사람과 사람의 대결로 전환시켰다(Griffiths, Davies, and Chappel, 2003). Ultima Online (1997년), 스타크래프트(1998년), 카운터 스트라이크(1999년), EverQuest(1999년) 등 전 세계적으로 대중의 인기를 끈 글로벌 게임들이 등장했고, 국내에서도 바람의 나라(1996년), 리니지(1998년), 포트리스(1999년) 등 온라인 게임이 등장하며 온라인 게임 플레이어의 기반을 확장시켰다.

이처럼 온라인 게임의 인기에 힘입어 1980년대 아케이드 게임 대회의 인기는 1990년대 온라인 PC게임 대회로 넘어오게 되었다. 현대 이스포츠의 초기 단계는 동서양으로 구분되어 발전해 왔다. 서양 이스포츠의 경우 1인칭 슈팅게임First-Person Shooting: FPS 장르를 중심으로 발전해 왔다. 특히, ID 소프트웨어가 출시한 둠(1993년)과 후속작인 퀘이크(1996년)가 FPS 장르에서 큰 인기를 끌었다. 둠의 경우 전작인 울펜슈타인Wolfenstein을 더욱 발전시킨 게임이며, 과거 단순한 그래픽 위주의 2D 게임을 고품질의 3D 게임으로 변모시켜 현대 FPS의 근간이라고 할 수 있는 1인칭 시점 게임의 원형이 되었다(〈그림 4-10〉 참고). 또한 둠은 게임 상점에서 게임을 구매하는 방법이 아니라 온라인으로 게임을 다운로드하는 방식으로 배포되었는데 출시 당일 서버가 마비될 정도로 엄청난 인기를 끌었다(De Jong and Schuilenburg, 2006). 후속작 퀘이크 역시 큰 인기를 얻었고 그 인기에 힘입어 '퀘이크콘QuakeCon'이라는 소규모 지역 모임이 조직되어 북미에서 가장 큰 랜파티로 성장하기도 했다(Kushner, 2004). 〈그림 4-11〉은 1996년 퀘이크콘 모습이다. 1999년에는 밸브 역시 과거 인기 FPS 게임이었던 하프라이프Half Life의 후속작인 카운터 스트라이크를 출시하여 많은 인기를 얻었다. 카운터 스트라이크는 일대일 대결

〈그림 4-10〉 둠의 경기 장면

〈그림 4-11〉 퀘이크콘(1996)

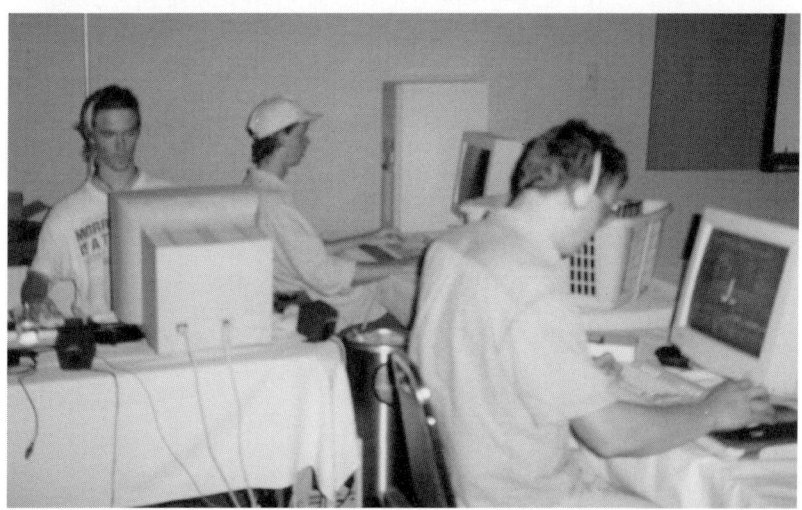

형식에서 벗어나, 팀플레이 대결 형식을 도입시켜 협력 FPS 장르에 한 획을 그었다는 평가를 받고 있고 20년이 넘는 기간 동안, 가장 최신 버전인 CS:GO Counter-Strike:Global Offensive를 포함, 총 4가지 버전을 통해 거대한 팬층을 형성했다(Karhulahti, 2017).

이처럼 북미권에서는 인기 장르인 FPS를 중심으로 게임 플레이어들이 증가했고, 이들을 중심으로 한 이벤트성 대회나 랜파티(자신의 컴퓨터를 가지고 와서 함께 게임을 즐기는 사교문화의 일종)에서 이루어졌던 크고 작은 게임대회를 이스포츠의 기원으로 보고 있다. 북미에서 공식적으로 PC게임을 기반으로 한 이스포츠 형태를 찾을 수 있는 것은 1997년부터이다. 1997년 5월 개최된 '레드 어나힐레이션Red Annihilation'은 퀘이크 단일 게임으로 미국 전역을 대상으로 개최된 최초의 이스포츠 대회로 알려져 있다(Nagpa, 2015). 이 대회에는 약 2천 명이 출전했고, 최종 16명이 미국 전역에서 날아와 애틀랜타 월드 콩그레스 센터에서 개최된 결승전에 참여했다(Jansz and Martens, 2005). 최종 우승자는 '스레시Thresh'라고 알려진 데니스 퐁Dennis Fong이었고, 대회의 우승 상품은 페라리 328 GTS 자동차였다. 이 대회의 결승전은 온라인으로 중계되었고, NBC 투데이나 ≪월스트리트저널The Wall Street Journal≫ 같은 제도권 언론 매체를 통해서도 보도되었다. 퐁의 게임네임은 스레시로 그는 일반 연예인처럼 에이전트가 있었으며 광고 활동을 하기도 했다. 그는 기네스북에 등재된 세계 최초의 프로게이머이기도 하다(American Esports Publisher, 2019).

PGLProfessional Gamers League 역시 1997년 설립된 초기 이스포츠 대회 중 하나이다. PGL은 인터넷 게임 업체인 TENTotal Entertainment Network의 아이디어로 시작되었다. 무료 게임 서비스 업체들로부터 압박을 받던 텐은 새로운 전략이 필요했고, 프로게이머 리그라는 아이디어는 당시 게임업계에 신선한 충격으로 등장했다. PGL은 1997년 9월 창단되어 아케이드 게임계의 큰손인 아타리의 창업자 놀런 부시넬Nolan Bushnell을 대표로 출범했다. PC게임이 취미에서 직업이 될 수 있다는 사실만으로도 많은 관심을 얻었던 PGL은

AMD, AT&T, 로지텍과 같은 컴퓨터 업체로부터 200만 달러(약 256억 원) 상당의 스폰서를 받기도 했다. PGL에 참가하기 위해서는 텐의 회원이 되어야 했기 때문에 초기에는 회원 모집이 성공적으로 이루어졌지만, 점차 수익성이 악화되어 1999년에는 리그가 중단되었다(한국콘텐츠진흥원, 2010).

PGL이 설립된 해인 1997년 6월, 푸에르토리코 출신의 앙헬 무뇨스Angel Munoz 역시 미국 댈러스에 CPLCyberathlete Professional League을 창설했다(〈그림 4-12〉 참고). 무뇨스는 레드 어나힐레이션에서 선수들이 각기 다른 컴퓨터를 사용하는 것이 공정하지 않다고 생각했다. 그는 컴퓨터 게임 역시 스포츠와 같은 경쟁요소가 있기 때문에 경쟁 방식이 보다 공정해야 한다고 여겼다. 이를 보완하기 위해 무뇨스는 현대 스포츠 대회를 참고해 게임대회를 보다 체계적으로 조직했고, 특히 모든 대회를 오프라인에서 치르며 운영했다. 이런 면에서 CPL은 프로 이스포츠 토너먼트 분야의 선구자로 알려져 있으며 2013년까지 전 세계적으로 대회를 개최해 왔다(한국콘텐츠진흥원, 2010). 한국

〈그림 4-12〉 1998년 개최된 CPL 대회 모습

을 제외한 다양한 유럽 국가에서도 비슷한 시기에 이스포츠 프로대회들이 생겼다. 1997년 독일의 DeCLThe Deutsche Clanliga, 1998년 네덜란드의 클랜베이스 리그Clanbase League 등 다양한 프로리그가 세계 각지에서 탄생하며 글로벌 이스포츠 시대를 열었다.

5. 스트리밍 플랫폼과 이스포츠 산업의 성장(2000년대~현재)

21세기에 들어서 전 세계적으로 크고 작은 국제 이스포츠 대회 및 이스포츠 관련 기관이 탄생했다(한국: KeSPA, 미국: CPL과 MLG, 독일: the ALTERNATE aTTaX). 대표적으로 WCGWorld Cyber Games, IEMIntel Extreme Masters, MLG Major League Gaming 등 대규모 국제대회가 개최되었다. 특히 현대 이스포츠의 발전에는 한국이 중심에 있었다. 한국은 세계에서 가장 빠르게 이스포츠 기관을 설립하고, 다양한 이스포츠 대회를 개최 및 중계했으며 세계 최고의 실력을 자랑하는 이스포츠 선수들을 보유하고 있었다. 한국의 이스포츠에 대해서는 다음 장에서 자세히 다루기로 한다.

2000년대 중심이 된 국제 이스포츠 대회로는 WCG가 있다. WCG는 삼성전자 후원으로 2001년 출범해 세계에서 가장 규모가 컸던 대회로, 여러 이스포츠 종목을 포함했고 다양한 국가가 참여하는 국제대회이자 올림픽과 유사하게 금·은·동메달을 수여한다는 점에서 이스포츠의 올림픽이라는 별칭을 가지고 있었다(Billings and Hou, 2019)(〈그림 4-13〉 참고). WCG는 특정 게임 위주의 마니아층을 대상으로 개인 대 개인, 혹은 팀 대 팀 경쟁을 기반으로 개최해 오던 이스포츠 대회에 국가 대항전 개념을 도입한 대회로도 알려져 있다. 또한 결승전 개최는 각기 다른 국가를 순회하며 치러 이스포츠 대회의 국제적 영향력을 확대하려 했고, 이런 순회 방식은 이후 많은 국제 이스포츠 이벤트에 채택되었다. WCG는 설립 이후 2013년까지 이어져 오다, 2014년부터

〈그림 4-13〉 WCG 2004

2018년까지 휴지기를 갖고 2019년 재개되어 현재까지 다시 지속되고 있다.

유럽에서도 다양한 이스포츠 단체 및 대회가 설립되었다. 현재까지 활발하게 활동하고 있는 ESLElectronic Sports Leauge은 2000년 쾰른에서 설립되어 독일을 중심으로 운영되고 있다. ESL은 세계 최대이자 가장 오래된 이스포츠 이벤트 주최사로, 독일뿐만 아니라 전 세계적으로 다양한 이스포츠 대회를 개최하고 있다. 초기 ESL은 카운터 스트라이크를 주종목으로 대회를 주관해 왔고 이후 도타2Dota 2 종목을 추가했다. 이 두 게임은 미국 밸브가 개발한 게임으로, 밸브는 전통적으로 게임사가 직접 이스포츠 이벤트를 주관하기보다는 ESL과 같은 제3의 이벤트 주최사를 활용해 왔다. 2010년대에 들어서는 라이엇 게임즈, 액티비전 블리자드 등과 협업하여 더 큰 규모의 국제대회와 스폰서십을 유치할 수 있었다. 현재 ESL이 주관하는 메이저 대회로는 ESL Play, ESL Pro League, ESL One, IEM이 있다. ESL은 주요 대회 관련 영상 콘텐츠 제작 및 온라인 방송도 주요 사업으로 추진하며 2015년 모던타임스그룹Modern Times Group: MTG에 합병된 이후에는 '이스포츠 인 시네마'라는 이름으로 전 세계 1500여 개 극장에 이스포츠 경기를 생중계하는 사업을 확장하기도 했다. 또한 프로선수의 약물금지 정책을 제정하며 이스포츠 산업의 중재자 역할을 하기도 했다.

IEM은 ESL이 주관하고 인텔에서 후원하는 글로벌 이스포츠 대회로 2006년 시작해 현재까지 이어지고 있는 가장 오래된 국제프로대회이다. 매년 다양한 세계 주요도시에서 대회가 개최되며 1년 단위로 시즌 결산 글로벌 챔피언십을 개최한다. 대회 종목은 시즌별로 매해 다른데, 카운터 스트라이크를 중심으로 오버워치, LoLLeague of Legends, 배틀그라운드, 워크래프트3, 퀘이크, 스타크래프트2 등 다양한 게임들이 대회 종목으로 포함되고 있다. IEM의 경우 국내에서 인지도가 높은 대회는 아니지만 유럽에서는 특히 권위 있는 대회이다. 2014년 이전까지는 국내 인기종목인 스타크래프트2를 곰TV를 통해 중계하기도 했고, 2015년에는 스타크래프트2와 LoL 종목이 온게임넷OnGame Net: OGN을 통해 한국어로 중계된 바 있다.

MLG는 북미에서 가장 큰 이스포츠 대회이다. MLG는 2002년에 설립되었으며 콘솔게임기로 운영되는 FPS 게임 헤일로Halo를 중심으로 운영되었다. MLG는 2006년 미국 방송사 USA Network와 파트너십을 맺고 북미에서는 최초로 TV 중계된 대회이다. 그 후 몇 년 동안 MLG는 성공적으로 대회를 치렀고 1천만 달러(약 128억 원)에 달하는 펀딩을 받으며 대회 포맷을 프로대회로 전환하고 대회의 질적 성장을 이루었다. 2010년에는 격투게임인 철권6과 스매시 브라더스Smash Bros, 콜 오브 듀티, 스타크래프트2 종목을 추가해 콘솔게임과 PC게임 모두를 대회 종목에 포함했다(Esports Betting Ninja, 2017). 2015년 MLG는 스트리밍 서비스를 이용해 이스포츠 버전의 ESPN을 만들고자 했던 액티비전 블리자드에 매각되었고, MLG 대회는 2014년 마지막으로 개최되었다.

CGSThe Championship Gaming Series도 미국을 기반으로 한 이스포츠 대회이다. CGS는 2007년 미디어 재벌 루퍼트 머독Keith Rupert Murdoch에 의해 만들어진 국제게임리그이다. 기존의 이스포츠 대회가 단일 종목을 중심으로 한 개인 선수 혹은 팀 구성 방식이라면 CGS는 올림픽과 유사하게 공식종목(카운터 스트라이크, 피파2007, DOA 4, 고담레이싱3) 선수들을 모두 포함하는 선수단이 있다.

2000년대부터 점차 확대된 국제 이스포츠 대회는 점차 대회 숫자와 규모, 상금이 모두 크게 증가했다. 2010년대에 들어서서는 여러 형태의 스트리밍 플랫폼들이 이스포츠 대회를 중계하며 그 성장세가 가속화되었다. 라이브 스트리밍 서비스는 양방향 소통이 가능한 엔터테인먼트로 비디오, 오디오, 텍스트의 장점을 종합적으로 활용하는 서비스였기 때문에 더욱 큰 호응을 얻었다. 시청자들은 채팅 기능을 통해 자신의 의사를 표현할 수 있었기 때문에 방송 제작자로의 역할도 할 수 있었다. 생방송 이스포츠 게임 중계는 전통 스포츠 중계 방식과 유사한 형식으로 진행되었으며, 시청자들은 실제 게임을 플레이할 때보다 게임을 시청할 때 더 즐거움을 느낀다는 연구도 발표되었다(Kaytoue, Silva, Cerf, Meira, and Raïssi, 2012). 이러한 라이브 스트리밍 플랫폼으로는 트위치, 유튜브, 아프리카TV 등이 있다. 2011년 등장한 트위치는 비디오 게임 중계에 특화된 플랫폼으로 2020년에는 전 세계적으로 약 1천만 명이 트위치를 시청하는 것으로 알려졌다(Statista, 2022). 트위치에서 팔로어가 가장 많은 이스포츠 스트리머 '닌자'는 2021년 기준 약 1700만 명의 팔로어를 보유한 것으로 나타났다(Statista, 2022).

2010년 이후의 이스포츠 대회는 크게 FPS 장르와 다중사용자 온라인 전투아레나Multiplayer Online Battle Arenas: MOBA 장르를 주축으로 움직이고 있다. 북미와 유럽에서는 FPS 장르를 중심으로 메이저 이스포츠 대회가 열리고 있다. MOBA 장르의 인기 종목인 도타2는 2011년 최초로 디 인터내셔널 도타2 챔피언십The International Dota 2 Championships을 개최했다(〈그림 4-14〉 참고).

〈그림 4-14〉 2018 TI 8 도타2 챔피언십

〈그림 4-15〉 2021 LoL 월드 챔피언십

디 인터내셔널The International: TI은 밸브가 직접 후원하는 대회로, 흥미롭게도 도타2 정식 발매 전 일종의 게임 홍보 이벤트 성격으로 치러졌다. 도타2가 대중에게 공개되기 전이었으므로 이 대회를 위해 다른 종목 선수들에게 도타2를 먼저 공개해 연습할 수 있도록 한 뒤 대회를 치렀다. 전 세계에서 총 16개 팀이 초청받았고, 경기가 4개 국어로 동시 중계되었으며, 최종 상금은 160만 달러(약 21억 원)에 달했다. TI는 2013년부터 게임 아이템을 구매하면 일정 금액이 대회 상금에 축적되는 크라우드 펀딩 시스템을 도입함으로써 상금 규모가 더욱 커져 '메이저Major' 급 대회(도타2 대회 중에서 규모가 크고 명성이 높은 대회에는 '메이저'라는 수식어 사용) 중에서도 상금이 큰 대회로 알려져 있다. TI는 현재까지도 이어지고 있는 도타2의 주력 대회 중 하나이다.

국내에서 가장 인기 있는 종목인 LoL도 2011년 처음으로 월드 챔피언십을 개최했다. 북미권에서는 '월즈Worlds'라고 부르고 국내에서는 'LoL(롤)'과 전통 스포츠 대회명인 '월드컵'을 합성해서 '롤드컵'이라고 부른다. 전 세계적으로 가장 큰 이스포츠 팬덤을 가지고 있는 게임으로 매해 대회가 치러질 때마다 각종 기록을 갱신하는 세계에서 가장 규모가 큰 이스포츠 대회이다. 2011년 첫 대회에는 8팀이 참가했지만 점차 참가 팀 수가 확대되어 2017년부터는 24개 팀이 참가하고 있다(〈그림 4-15〉 참고).

이처럼 더욱 빠른 인터넷 커넥션, 향상된 게임 퀄리티, 다양한 라이브 스트리밍 플랫폼의 발전에 힘입어 이스포츠는 2010년 접어들어 부흥기를 맞이한다. 이스포츠는 엔터테인먼트 산업에 새로운 장을 열었고, 수많은 기업이 스폰서로 뛰어들었다. 삼성전자는 다양한 이스포츠 대회를 후원했고, 코카콜라, 벤츠, 루이비통 등 세계 일류 브랜드들이 LoL의 개발 업체인 라이엇 게임즈와 파트너십 및 스폰서십을 맺고 있다. 빠르게 성장하고 있는 이스포츠 산업이 다가올 미래에는 어떤 모습으로 변모하게 될지 전 세계 이스포츠 종사자뿐 아니라 게이머, 기업, 스포츠 업계 종사자들도 큰 관심을 기울이고 있다.

6. 시간에 따른 주요 게임과 이스포츠 대회

〈그림 4-16〉은 1950년대 이후 주요 게임과 이스포츠 대회를 보여 준다.

〈그림 4-16〉 1950년대 이후 주요 게임과 이스포츠 대회

게임	이스포츠 대회
1952 최초의 비디오 게임 틱-택-톡	
1958 최초의 인간 대 인간 게임 테니스 포 투	
1962 최초의 PC게임 스페이스워	
	1972 우주전쟁!을 기반으로 한 최초의 이스포츠 대회 은하계 우주전쟁 올림픽
1978 아타리 콘솔용 스페이스 인베이더 출시	
	1980 아타리 내셔널 스페이스 인베이더 챔피언십
	1990 닌텐도 월드 챔피언십
	1997 ▪레드 어나힐레이션 ▪PGL 출범 ▪CPL 출범
1998 스타크래프트 출시	
	1999 OGN 스타리그 출범(99 PKO)
2000 카운터 스트라이크 출시	
	2001 WCG 출범
2009 LoL 출시	
	2011 ▪TI(이스포츠 사상 첫 상금 100만 달러 대회) ▪최초의 LoL 월드 챔피언십 개최
	2021 TI 총 상금 4천만 달러 돌파

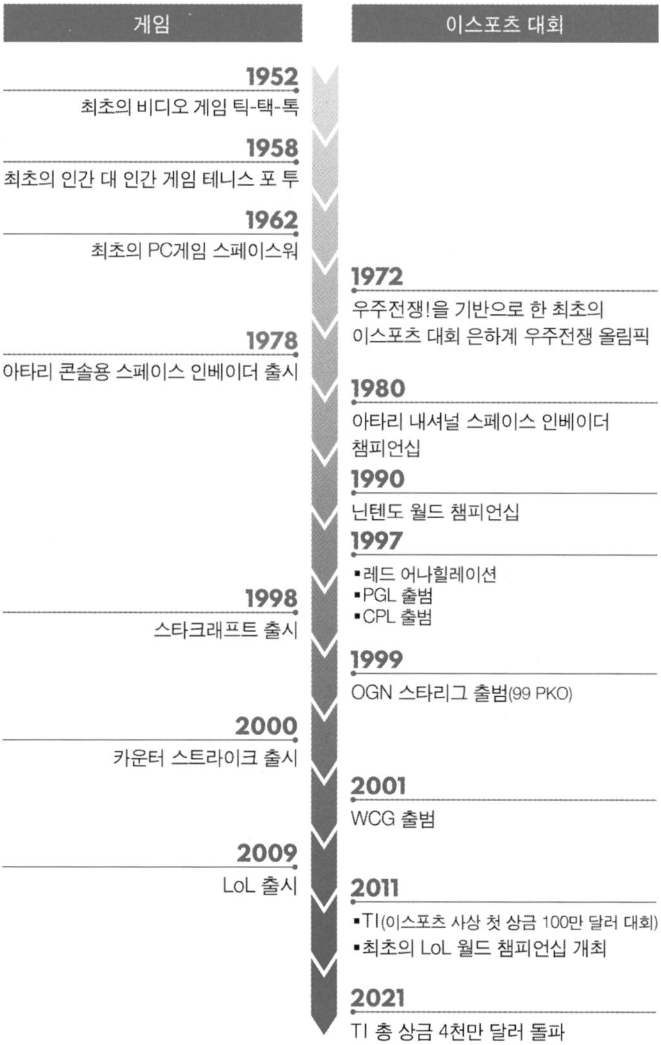

참고문헌

이상호. 2019. 「e 스포츠의 역사와 과정」. ≪e 스포츠 연구: 한국 e 스포츠학회지≫, 1(1): 1~27.

한국콘텐츠진흥원. 2010. 『이스포츠 기본이념과 사회문화적 가치조명』. 한국콘텐츠진흥원.

American Esports Publisher. 2019. "The History of Esports." https://americanesports.net/ blog/the-history-of-esports/

Bartle, R. A. 2009. "From MUDs to MMORPGs: The history of virtual worlds." in International handbook of internet research(pp.23~39). Springer, Dordrecht.

Billings, A. A. and J. Hou. 2019. "The Origins of Esport: A Half Century History of an 'Overnight' Success." in Understanding Esports: An Introduction to the Global Phenomenon(pp.31~44). Lexington Books.

Borowy, M. and Jin, D. 2013. "Pioneering esport: The experience economy and the marketingof early 1980s arcade gaming contests." International Journal of Communication, 7(21): 2354~2274.

Bramwell, T. 2010. "Darksiders review." Eurogamer. https://www.eurogamer.net/articles darksiders-review

De Jong, A. and M. Schuilenburg. 2006. Mediapolis: popular culture and the city. 010 Publishers.

Ernkvist, M. 2008. "Down many times, but still playing the game: Creative destruction and industry crashes in the early video game industry 1971-1986." in K. Gratzer and D. Stiefel(Eds.). History of Insolvency and Bankruptcy from an International Perspective (pp.161~192). Sodertorns Hogskola, Stockholm.

Esports Betting Ninja. 2017. Esports History: Major League Gaming(MLG) Organization. https://esportsbetting.ninja/esports-wiki/esports-history-major-league-gaming-mlg-organization/

Ford, W. K. 2012. "Copy Game for High Score: The First Video Game Lawsuit." Journal of Intellectual Property Law, 20: 1~42.

Good, O. 2012(October 19). "Today is the 40th anniversary of the world's first known video gaming tournament." https://kotaku.com/5953371/today-is-the-40th-anniversary-of-the-worlds-first-known-video-gaming-tournament

Griffiths, M. D., M. N. Davies, and D. Chappell. 2003. "Breaking the stereotype: The case of online gaming." CyberPsychology & Behavior, 6(1): 81~91.

Herman, L. 1997. Phoenix; the fall and rise of videogames. Rolenta Press.

Hiltscher, J. and T. M. Scholz. 2015. esports Yearbook. Europe: BoD−Books on Demand.

Hope, A. 2014. "The evolution of the electronic sports entertainment industry and itspopularity." Computers for Everyone, 87-89.

Jansz, J. and L. Martens. 2005. "Gaming at a LAN event: The social context of playing video games." *New Media & Society*, 7: 333~355.

Juul, J. 2003. "The game, the player, the world: Looking for a heart of gameness." Level Up: Digital Games Research Conference, Utrecht University, Universiteit Utrecht.

Karhulahti, V. 2017. "Reconsidering esport: Economics and executive ownership." *Physical Culture and Sport. Studies and Research*, 74(1): 43~53.

Kaytoue, M., A. Silva, L. Cerf, W. Meira Jr., and C. Raïssi. 2012(April). "Watch me playing, I am a professional: a first study on video game live streaming." In Proceedings of the 21st international conference on world wide web(pp.1181~1188).

Kelly, K. 1993(June 1). "The first online sports game." *Wired*. https://www.wired.com/1993/06/netrek/

_____. 2009. *Street fighters: The last 72 hours of Bear Stearns, the toughest firm on Wall Street*. London, United Kingdom: Penguin Group.

Kent, S. L. 2001. *The ultimate history of video games*. Roseville, CA: Prima.

Kushner, D. 2004. *Masters of doom: How two guys created an empire and transformed pop culture*. New York: Random House.

Lowood, H. 2009. "Videogames in computer space: The complex history of pong." *IEEE Annals of the History of Computing*, 31(3): 5~19.

McLemore, G. 2012. "Console-based games." *Encyclopedia of Video Games: The Culture, Technology, and Art of Gaming*, 1: 133~143.

Morgenstern, S. 2008. "Guinness got game: The first gamer's edition of the ultimate record book." http://www.popsci.com/playing-around/article/2008-05/guinness-got-game

Nagpa, A. 2015. "The evolution of eSports." https://gamurs.com/articles/theevolution-of-esports

Purewal, J. 2016. "What Is Intellectual Property?" in *Debugging Game History: A Critical Lexicon* (pp.269~277). The MIT Press.

Scholz, T. M. 2019a. "A Short History of eSports and Management." in T. Scholz(Ed.). *eSports is Business* (pp.19~20). Palgrave Pivot.

Sheff, D. and A. Eddy. 1999. *Game over: How Nintendo conquered the world*. Wilton, CT: GamePress.

Sihvonen, T. 2011. *Players unleashed! Modding the Sims and the culture of gaming* (p.224). Amsterdam University Press.

Smith, K. 2012(November 12). "The Atari $50,000 Centipede fiasco. The Golden Age Arcade Historian." http://allincolorforaquarter.blogspot.ca/2012/11/the-atari-50000-centipede-fiasco.html

Statista. 2022. "Number of active streamers on Twitch worldwide from January 2018 to December 2021." https://www.statista.com/statistics/746173/monthly-active-streamers-on-twitch/

Wolf, M. J. 2001. *The medium of the video game*. University of Texas Press.

_____. 2012. *Encyclopedia of video games: the culture, technology, and art of gaming* (Vol.1). ABC-CLIO.

그림 출처

그림 4-1 https://www.bnl.gov/today/body_pics/2008/10/d2191008_tennisfortwo1-300.jpg

그림 4-2 https://highscoreesports.com/2019/07/10/spacewar-and-the-birth-of-esports

그림 4-3 https://talentcc.es/first-generation-of-video-game-consoles-i-magnavox-odyssey/?lang=en

그림 4-4 http://www.masswerk.at/rc2017/04/02.html

그림 4-5 https://www.thisisgame.com/webzine/nboard/212/?n=57697

그림 4-6 https://m.imdb.com/title/tt12816696/mediaviewer/rm2324815617/

그림 4-7 https://www.everythingaction.com/2019/09/05/everything-action-theater-starcade/

그림 4-8 http://vgpavilion.com/mags/198201/time/games-that-people-play/

그림 4-9 http://yokoshimomura.com/street-fighter-ii-the -world-warrior-soundtrack

그림 4-10 https://hard-drive.net/report-this-article-can-run-doom

그림 4-11 https://www.dallasnews.com/arts-entertainment/pop-culture/2015/07/25/20-years-of-quakecon-memories-from-the-id-software-employee-who-s-seen-them-all/

그림 4-12 https://dondeq2.com/2018/01/04/cyberathlete-professional-league-cpl-event-july-21-26-1998

그림 4-13 https://ko.wikipedia.org/wiki/%ED%8C%8C%EC%9D%BC:World_Cyber_Games_2004_Auditorium.jpg

그림 4-14 https://www.forbes.com/sites/mikestubbs/2018/08/25/watch-the-final-of-the-international-8-the-25-million-dota-2-world-championship/?sh=1613510e585f

그림 4-15 https://newsaf.cgtn.com/news/2021-11-07/Edward-Gaming-wins-2021-League-of-Legends-World-Championship-14YMbS1xCAE/index.html

한국 이스포츠의 발전 I (1990~2000년대)

한국은 이스포츠 종주국으로 인정받으며 글로벌 이스포츠 산업에 큰 역할을 해왔다(Han, 2008; Jin, 2020). 특히 서울은 '이스포츠의 수도', '이스포츠의 메카'로 불리며 전 세계 이스포츠 관계자들의 눈과 귀를 집중시켜 왔다(Jin, 2020). 거의 모든 이스포츠 대회 상위권에 한국 선수들이 랭크되어 있을 만큼 한국 선수의 경기력은 세계 최고수준을 유지해 왔다. 한국은 선수들의 경기력뿐 아니라 이스포츠 관람 문화가 국제적으로 가장 빠르게 자리 잡은 나라이기도 하며 이를 바탕으로 관련 산업의 발전도 전 세계를 선도해 왔다. 이 장에서는 한국의 이스포츠가 글로벌 리더십을 발휘할 수 있었던 역사적 배경을 한국의 사회적 맥락과 함께 설명한다.

1. PC방 문화와 한국 이스포츠 산업의 태동: 게임에서 이스포츠로

한국의 이스포츠 산업은 PC방 산업과 함께 시작되었다 해도 지나치지 않

〈그림 5-1〉 1990년대 PC방 모습

자료: ⓒ 한겨레.

다. PC방은 전통 스포츠에 비유하자면 스포츠 시설이자 경기장으로 이스포
츠가 사회적으로 확산될 수 있게 하고 풀뿌리 게이머 저변을 늘리는 데 큰 역
할을 했다. PC방은 1997년 전후로 등장한 컴퓨터 서비스 공간으로 여러 대
의 컴퓨터가 설치되어 있는 공간에 시간당 사용료를 내고 컴퓨터를 이용하는
시설이었다(〈그림 5-1〉 참고). 처음에는 게임을 하는 공간이기보다 문서 작성
과 인쇄 등 다양한 사무 업무를 수행하는 공간이었다.

   PC방은 1990년대 후반 폭발적으로 증가하는데, 1998년 100개밖에 없던
PC방은 2001년 전국적으로 2만 2943개로 급증했고(전현수, 2018), 이 수치는
2020년 전국 편의점 수 4만 6653개의 49%에 육박하는 규모이다(마이프차, 2020).

   이와 같이 1990년대 중후반 PC방의 가파른 증가세를 가능하게 한 몇 가지
사회적 요인이 있다. 첫째, 1997년 IMF 외환 위기로 상당수의 직장인들이 명
예퇴직을 했다. 그들에게 PC방 사업은 당시 김대중 정부의 IT산업 진흥과 인
터넷 보급 정책에 힘입어 향후 발전가능성이 높은 신규 사업분야로 많은 퇴

직자들의 관심을 집중시켰다. 둘째, 대부분의 PC방에는 1999년부터 보급되기 시작한 ADSL 기반 초고속 인터넷 서비스가 설치되었다. 일반 가정에는 보편화되지 않은 초고속 인터넷 서비스를 PC방이 제공함으로써 빠른 인터넷을 필요로 하는 다양한 고객 수요를 확보할 수 있었다. 셋째, 1998년 출시된 PC 기반 게임인 스타크래프트가 10대 남성 청소년을 중심으로 폭발적 인기를 얻는데 당시 가정용 PC보다 사양이 높고 이용료도 시간당 1천 원 정도로 저렴한 PC방에서 게임을 즐기는 고객이 급증했다. PC방의 게임 수요는 곧 사무업무 수요를 넘어서게 되었다.

시간이 지남에 따라 PC방은 청소년의 문화 공간으로 자리 잡기 시작했다. PC방은 1990년대 중후반 10대로부터 인기를 얻었으므로 1980년에서 2004년 사이에 출생한 이른바 MZ세대의 문화 공간으로 볼 수 있다. 그뿐만 아니라 PC방에서 컵라면과 김밥 등 분식이 판매되고, 점차 주문 가능한 음식 종류도 많아지고 품질도 높아졌다. PC방은 단순히 게임만을 위한 기능적 공간을 넘어 친구를 만나서 교류하고 즐기는 사회적 공간으로 거듭나게 되었다. 또한 PC방은 처음에는 거의 남성만의 전유 공간이었으나 점차 분위기가 세련되고 환경도 깨끗해짐에 따라 여성 이용률이 높아지고 많은 연인들의 만남과 교류의 공간으로 진화했다.

1990년대 후반부터 시작된 PC방의 양적 팽창과 MZ세대에서의 폭발적인 인기는 PC방을 중심으로 한 새로운 게임 생태계가 탄생하는 시초가 되었다. 지역 PC방을 중심으로 하는 토너먼트와 리그가 기획, 개최되기 시작한 것이다. 이것이 스포츠로서의 게임, 즉 국내 이스포츠의 발전을 이끌게 되었다. PC방의 전국적 확산과 스타크래프트와 같은 PC게임을 즐기는 인구가 급속히 늘어남에 따라 PC방 사업자를 중심으로 크고 작은 게임 토너먼트가 개최되었는데, 이것이 PC게임을 이스포츠로 진화시키는 결정적인 계기가 된 것이다. 조직화된 경쟁적 대회가 전통 스포츠의 기본 형식이라면, PC방 업주들은 이를 벤치마킹하여 스타크래프트라는 게임을 매개로 경쟁하는 대회를 개

최했고, 비로소 이스포츠라는 개념이 탄생하게 되었다.

〈그림 5-2〉는 한국 최초의 프로게임리그로 인정받는 KPGLKorea Professional Gamers League의 포스터이다. KPGL은 PC방에서 개최되었으며, 1만 원의 참가비를 내면 누구든 출전할 수 있는 오픈 토너먼트 형식을 채택하고 있었다. 상금은 1위 500만 원, 2위 200만 원, 3위 100만 원이었고, 대회당 총 상금 규모는 4천만 원 내외로 당시로는 상당히 파격적이었다. 스포츠로서 게임의 시대가 열린 것이다.

1990년대 후반에는 KPGL 이외에도 다양한 게임 리그와 토너먼트가 개최되었다. 대표적인 대회로는 1999년에 개최해 한동안 지속되어 온 프로게이머코리아오픈Progamer Korea Open: PKO이 있다.

PKO는 1999년 CJ E&M 계열의 케이블 채널인 투니버스Tooniverse에서 중계방송을 했는데 이것이 온라인 PC게임 기반 이스포츠 대회를 TV로 중계한 세계 최초의 사례이다. 이로써 PC게임은 단순히 하는 게임에서 보는 스포츠, 즉 관람 스포츠의 영역으로 진입한 것이다. 투니버스는 어린이 애니메이션 방송 채널이었는데, 1998년 FIFA 프랑스 월드컵 기간에 EA 스포츠의 비디오 게임인 피파98을 이용해 경기 승패를 예측하는 〈예측! 사이버 월드컵〉이라는 오락 프로그램을 제작 방영했다. 월드컵 기간에 이벤트성으로 기획된 이 프로그램은 사람과 사람 간의 대결이 아닌 컴퓨터 대 컴퓨터의 게임이었고, 이를 캐스터와 해설자가 중계하는 방식이었다. 실제 월드컵 결과를 예측하기 위해 치러졌던 가상의 16경기 중 12경기가 실제 경기결과와 일치하면서 예상외의 인기를 얻었다. 이 프로그램의 제작자였던 황형준 PD는 게임 중계에 대한 가능성을 보고 전직 프로게이머, 스포츠 캐스터, 만화 시나리오 작가로 구성된 중계진을 꾸려 게임 중계방송을 기획했다. 이것이 1999년 10월 개최된 PKO이며, 세계 최초의 이스포츠 방송이다. 이때 해설진은 중계 과정에서 '게이머'가 아닌 '선수'라는 단어를 사용함으로써 일반 대중에게 게임 경기의 정체성을 컴퓨터 게임에서 이스포츠로 전환시키는 데 큰 몫을 했다.

1999~2000년은 PC게임 스타크래프트의 인기가 국내에서 절정기였다. 여기에 파격적 상금이 있는 PKO와 같은 프로리그가 등장하고 프로게임대회가 TV 중계로 이어지면서 게임 산업이 단순히 게임판매 매출에만 의존하는 구조가 아니라 별도의 산업 생태계인 이스포츠 시장을 창출하며 확장해 나간 것이다. 이런 현상은 당시 많은 사람들에게 굉장히 신선하게 다가왔으며 크고 작은 이스포츠 대회가 여기저기서 만들어지기 시작했다.

PKO 이외에 KIGLKorea Internet Game League도 한국 이스포츠 초창기의 영향력 있는 이스포츠 리그로 인정받는 대회이다. 1999년 당시 난립하던 각종 게임대회들은 차츰 통합되고 체계화되면서 일종의 프로리그로 발전해 나갔는데, 그중 정점에 있던 것이 바로 KIGL이있다. KIGL은 2000년 1월 첫 개막을 시작으로 매 계절마다 리그를 개최하고 연말에 왕중왕전을 개최하는 방식으로, 남성부와 여성부가 존재했으며, 참가 프로게임단도 30여 개에 이르며 상금 규모도 당시 모든 스타리그들 중 가장 컸던 당대 최대의 리그였다.

KIGL의 상금 규모는 3억 원에 육박했는데 이는 게임 전문 방송채널 온게임넷 스타리그 최전성기의 상금 규모인 1억 2천만 원의 2배가 넘었다. 그리고 대회명처럼 스타크래프트 게임만 개최한 것이 아니라 피파 시리즈, 액시스Axis, 레인보우6 경기도 함께 개최하는 종합 이스포츠 이벤트의 형태였다. KIGL은 PKO와 함께 2000년대 초반 한국의 양대 이스포츠 리그로 인정받으며 전성기를 누리는 듯했지만 리그 조직의 경영 노하우가 체계적이지 못하고, 스타크래프트 단일 종목에 지나치게 의존적이었으며, 1990년대 말 불었던 IT 버블이 꺼지면서 관련 기업들이 투자를 회수해 빠르게 쇠퇴했고 2001년 종료되었다.

한편 PKO 중계방송을 한 투니버스가 소속된 CJ E&M의 계열사는 2000년 온게임넷OnGameNet: OGN이라는 세계 최초의 게임 전문채널을 설립하며 '관람 스포츠'로서의 이스포츠 시대를 본격적으로 열었다. 이는 비디오 게임에 전통 스포츠의 경쟁적 구도와 공정한 규칙을 적용해 비디오 게임이 게임의

〈그림 5-3〉 3대 프로 스타크래프트 리그

OGN → *STARLEAGUE* → 1999~2012

MBC GAME → MSL → 2001~2011

KeSPA → *PROLEAGUE* → 2003~2016

영역을 넘어 '관람 스포츠'의 영역으로 진입했음을 의미하고, 비로소 '스포츠'의 개념이 비디오 게임에 융합된 '이스포츠'가 수면 위로 올라오는 계기가 된 것이다. OGN에서는 'OGN 스타리그'라는 이름의 스타크래프트 리그를 개최하며 인기를 얻었다. OGN의 설립은 2001년 또 다른 게임 전문채널 MBC GAME의 설립으로 이어졌다. MBC GAME 역시 자체 스타크래프트 리그인 'MSL'을 개최했다. OGN 스타리그와 MSL은 경영이 안정적인 방송국이 주관하는 대회인 만큼 방송중계를 기반으로 한국의 양대 리그로서 인정받았다. 이후 한국이스포츠협회Korea e-Sports Association: KeSPA에서도 프로리그를 설립하면서 한국에는 3대 프로 이스포츠 리그 시스템이 구축되었다(〈그림 5-3〉 참고). 앞서 언급했듯이 이는 이스포츠가 게임을 개발하고 판매하는 게임상품 기반의 산업과 구별되는 별도의 생태계를 형성하고 새로운 산업으로 자리 잡게 되었음을 의미한다.

캐즘chasm이론에 의하면 시장점유침투율market penetration이 34%를 넘어설 때 대중화가 이루어지고 그때가 캐즘을 넘어서는 시점이다(Moore, 1991). 달리 이야기하면 아무리 혁신적인 제품이라 하더라도 최소 34%가 사용하는 규모의 시장을 확보하지 못하면 상업적으로 성공하기 어렵다는 것이다. 초창기 이스포츠 방송중계의 시청자 규모에 대한 정확한 자료는 구하기 어렵지만, 이스포츠가 방송중계되기 시작한 시점은 이스포츠가 캐즘을 넘어 일반적인 여가문화로 받아들여진 것이라고 평가할 수 있다.

2. 정부의 이스포츠 지원 정책

한국은 정부 차원에서 이스포츠 진흥을 위한 제도적·정책적 지원을 다른 나라에 비해 비교적 일찍 시작했다. '이스포츠 진흥을 위한 법률'이 2011년 입법되었고, 문화체육관광부에서는 '2015~2019 이스포츠 진흥 중장기 계획'을 발표하고 추진했다. 2020년에는 관계부처 합동으로 '게임산업 진흥 종합 계획'을 발표하며 이스포츠 진흥을 중요하게 다루기도 했다. 〈그림 5-4〉는 이스포츠진흥법과 두 차례 발표된 정부의 이스포츠 진흥 계획을 보여 준다.

두 차례에 걸쳐 발표된 정부의 이스포츠 진흥 계획을 살펴보면 몇 가지 흥미로운 대목이 있다. 우선, 이스포츠 발전을 위한 시스템과 인프라 구축이 전통 스포츠에서 사용되었던 생활체육으로부터 엘리트 스포츠로 연계되는 시스템을 벤치마킹하고 있다는 것이다. 즉, 생활체육 인구가 저변이 되어 선수 자원이 자연스럽게 양성되고 엘리트 수준으로 발전해 나간다는 전통적인 스포츠 개발 모델sport development model을 그대로 적용해 생활 이스포츠 저변

〈그림 5-4〉 이스포츠진흥법 및 정부의 이스포츠 진흥 계획

확대를 통한 프로 이스포츠의 발전을 꾀했다는 것이다. 또한 전통 스포츠에서는 생활체육 인구 확산을 위한 필수조건으로 스포츠 시설 확충을 전제하고 있는데, 이스포츠에서도 유사한 형태로 PC방을 전문 이스포츠 시설로 지정하여 정책적으로 지원한다는 내용을 담고 있어 전통 스포츠의 스포츠 시설 투자와 흡사한 형태의 정책을 제시했다.

이러한 특징들은 이스포츠 산업 자체가 스포츠 산업의 구조와 메커니즘을 고스란히 가지고 왔다는 사실에 비추어 본다면 당연한 일이다. 그러나 이스포츠를 담당하는 문화체육관광부는 이스포츠를 미디어 콘텐츠로만 다루고 있는데, 이는 한국 이스포츠 발전의 제약요인으로 작용한다. 이스포츠 발전을 위해서는 게임으로서의 속성, 미디어 콘텐츠로서의 속성 못지않게 스포츠로서의 속성을 얼마나 잘 이해하고 활용할 수 있는지가 중요한데 콘텐츠 부서는 스포츠에 대한 이해도가 낮다는 것이 문제이다. 단순히 좋은 게임을 개발하기만 한다고 이스포츠 시장이 성장하는 것이 아니다. 보다 융합적인 접근을 통해 스포츠 산업과 관련된 부서가 이스포츠 산업 발전에 기여할 수 있는 여건이 마련되는 것이 바람직하다.

3. 광안리 대첩과 한국 이스포츠 산업의 퀀텀 점프

'광안리 대첩'은 2004년 7월 17일 부산 광안리 해수욕장 백사장에서 개최된 OGN 스타크래프트 프로리그 결승전을 의미한다. 당시 경기를 보기 위해 운집한 관람객 수가 주최 측 추산 10만 명에 육박한 것으로 나타났다(서정근, 2007). 공교롭게 같은 날 부산 사직구장에서는 프로야구 올스타전이 개최되었는데 관람객 수는 1만 5천 명으로 광안리 대첩의 7분의 1 수준에 그친 것으로 기록되었다. 영국의 웸블리 스타디움Wembley Stadium이 최대 10만 명, 스페인 명문 축구단 '레알 마드리드'의 홈구장 산티아고 베르나베우 스타디

〈그림 5-5〉 2004년 광안리 대첩

자료: ⓒ 연합뉴스.

움Santiago Bernabéu Stadium이 최대 8만 명, 서울 잠실의 올림픽주경기장이 최대 7만 명까지 수용 가능하다는 점을 감안하면, 광안리 10만 관중의 규모가 얼마나 큰지 짐작할 수 있다. 당시 이스포츠 10만 관중은 누구도 상상하지 못했던 수치로, 이는 청년들 사이에서 이미 무르익은 이스포츠의 인기가 수면 위로 드러나 이스포츠의 산업적 잠재력을 대외적으로 입증받는 계기가 되었다. 또한 향후 이스포츠가 획기적으로 성장할 수 있는 가능성을 보여 준 변곡점으로 평가받기도 한다. 광안리 대첩을 현장에서 접한 사람들의 전언에 의하면 10만 관중은 상당히 과장된 수치로, 광안리 해수욕장 관광객들이 오며 가며 프로리그 결승전을 관람한 인원까지 모두 포함한 것이라 한다. 그럼에도 〈그림 5-5〉에 담긴 관람객 규모는 당시로서는 상상초월이라 하기에 충분하다.

광안리 대첩에는 인기 이스포츠 선수인 '황제' 임요환, '괴물' 최연성의 SKT T1과 '저그 대마왕' 강도경, '영웅 토스' 박정석의 한빛 스타즈가 결승전을 치렀는데 한빛이 객관적 전력의 열세에도 불구하고 극적으로 4 대 3 역전승을 거두는 드라마를 연출했다.

이스포츠에 대한 사회적 시각은 광안리 대첩 이전과 이후로 나뉜다. 광안리 대첩 이전의 이스포츠는 사회적으로는 청소년들의 놀이로, 산업적인 측면에서는 특별한 관심사를 공유하는 '틈새시장niche market' 정도로 인식되었다. 학령기 자녀를 둔 대부분의 부모들은 게임에 몰두하는 아이를 곱지 않은 시선으로 바라보았다. 공부할 시간에 게임을 하는 것이 시간 낭비라고 생각했으며, 게임 중독에 대한 우려도 사회적으로 만연했었다. 광안리 대첩 이후, 이스포츠에 대한 사회적 인식이 긍정적으로 급선회한 것은 아니지만, 최소한 산업적 측면에서 이스포츠에 대한 기업의 인식은 크게 바뀌었다. 이스포츠 대회가 온라인 게임 참여뿐 아니라 오프라인 이벤트로서도 여느 전통 스포츠 또는 문화 콘서트에 견주어 부족하지 않을 만큼 흥행하는 것을 목격한 많은 기업들은 이스포츠를 젊은 세대의 새로운 문화이자 가능성 있는 산업으로 인정하게 되었다.

특정 분야의 산업이 성장하려면 해당 생태계에서 파생하는 산업이 다양하고 규모가 크며 미래 잠재력이 높아 기업의 투자를 이끌어 낼 수 있어야 한다. 광안리 대첩은 대한민국에서 이스포츠가 단순히 게임을 개발 판매하는 게임 산업의 영역을 넘어 별도의 생태계를 갖춘 새로운 산업 분야로 인정받게 하는 계기가 되었다. 광안리 대첩을 통해 이스포츠가 대규모 오프라인 집객이 가능하다는 것을 확인했고, 돈을 받고 출전하는 프로선수들과 프로 팀에서 파생하는 팬덤이 전통 스포츠 또는 영화나 음악에서의 팬덤보다 훨씬 강력할 수 있고, 또 방송 및 콘텐츠 산업으로의 확장가능성도 무궁무진하다는 점을 확인할 수 있었다. 또한 이스포츠의 산업 생태계가 전통 프로 스포츠 산업 생태계와 놀랄 만큼 유사하다는 것도 확인할 수 있었다.

이와 같이 이스포츠의 산업적 잠재력이 드러나고 사회적 인식 개선이 이루어지면서 이스포츠의 발전과 안정화에 기여할 수 있는 사회적 변화가 다방

면에서 나타났다.

첫째, 일반 대중의 이스포츠에 대한 인식이 바뀌기 시작했다. 당시 이스포츠에 대한 대중 인식의 공식적인 통계를 찾을 수는 없지만 10만 관중이 운집한 광안리 대첩은 이스포츠 관계자조차도 "솔직히 우려가 가장 컸던 경기로 팬들의 관심이 그 정도일 줄 몰랐다"며 누구도 상상하지 못한 인기를 비로소 체감하게 되었다(김재훈, 2021). 이스포츠 팬덤이 수면 위로 드러났고, 일반 대중도 이스포츠 팬이 된다는 것을 자연스러운 현상으로 인식하기 시작한 것이다. 실제로 2004년부터 2010년 이스포츠 승부조작 사건이 발생하기까지 한국 이스포츠 산업은 한 번도 경험해 보지 못한 전성기를 누리게 된다.

둘째, 대기업의 이스포츠 팀 창단 사례가 증가했다. 삼성, KT, SK, CJ는 연이어 이스포츠 팀을 창단하거나 투자를 확대했다. 2004년 SKT T1이 창단되었으며, 광안리 대첩 이전에 창단되었던 KT 롤스터(1999년), 삼성 갤럭시(2000년), CJ 엔투스(2001년)와 같은 대기업 팀들도 이스포츠에 보다 적극적으로 투자하게 되었다. 대기업들의 이스포츠 산업 진입은 이스포츠 산업의 미래 잠재력을 대기업이 인정하게 되었음을 의미한다. 또한 이런 대기업들의 투자는 다시 이스포츠의 가능성에 대한 대중적 메시지로 확산되어 이스포츠에 대한 대중의 인식 개선에 긍정적인 영향을 미쳤다.

셋째, 구단과 계약한 선수가 등장하면서 직업으로서 이스포츠 선수의 시대가 열리게 되었다. 국내에서는 이미 2000년대 초반부터 고연봉의 이스포츠 선수가 등장하기 시작했다. '테란의 황제'로 불린 스타크래프트의 임요환 선수는 2002년 당시 1억 원이 넘는 연봉을 받으며 이스포츠를 대표하는 상징적 인물이 되었고, 2003년 참여정부의 문화산업정책비전 보고회에 이스포츠를 대표하는 인사로 청와대 초청을 받기도 했다(전현수, 2018). 그 밖에 '폭풍저그' 홍진호, '천재 테란' 이윤열의 스타 플레이어가 있었다. 특히 임요환은 기발한 전략 플레이와 준수한 외모로 남성과 여성 모두에게 커다란 인기를 얻었다. 이를 증명하듯 2000년대 중반 그의 인터넷 팬카페 회원 수는 62만 명을 돌파하기도 했다. 이 숫자는 같은 기간 팬카페 회원 수 1위였던 동방신기(97만 명) 다음으로 많았는데, 당시 인기 가수였던 보아(53만 명), 신화(45만 명)보다 많은 수치였다(전현수, 2018).

넷째, 상무 이스포츠 팀 창단으로 남성 이스포츠 선수들이 경력 단절 없이 대회에 출전할 수 있게 되었다. 대한민국 공군은 공군에 대한 이미지 제고와 사기 진작을 위해 2007년 세계 최초로 군 이스포츠 팀인 공군 ACEAirforce Challenges E-sports를 창단했다(2014년 해체). 공군 ACE는 이스포츠계의 상무로 일컬어졌고, 군 입대를 앞두고 활동이 제한된 선수들이 공군에 지원함으로써 선수 생활을 계속할 수 있게 해줬다. 이스포츠의 특성상 단기간이라도 연습을 하지 않으면 실력이 크게 뒤처지기 때문에 병역 문제는 이스포츠 선수 경력 개발에 걸림돌로 작용해 왔다. 공군 ACE가 창단하기 전에 이스포츠 선수들이 일반 병사나 공익근무요원으로 병역을 마친 후 복귀에 성공한 경우는 없었다. 하지만 공군 ACE 창단으로 오랫동안 입대를 미루어 왔던 임요환 등 주요 선수들이 공군에 지원하게 되었다.

다섯째, 이전까지 남성의 전유물로 여겨졌던 이스포츠에 여성 팬 유입이 가속화되고, 여성 프로 이스포츠 선수가 등장해 이스포츠의 보편화가 이루어지기 시작했다. 공식적인 통계는 없지만 관람 스포츠로서의 이스포츠에 여성 팬덤이 형성되기 시작한 시점은 광안리 대첩이 있던 2004년 이후로 알려져 있다. 이때부터 본격적으로 시작된 이스포츠 여성 팬덤은 지속적으로 성장했다. 현재 한국 이스포츠 팬의 성별 비율은 남성 62%, 여성 38%로 여전히 남성 비중이 높지만 여성 비중이 빠르게 상승하는 추세이다(Nielsen, 2018). 코로나 이전에 진행된 라이엇 게임즈의 '2019 LCKLeague of Legends Champions Korea' 서머 시즌 중 경기장을 찾은 관객의 성비는 남성 58.5%, 여성 41.5%로 나타나 여성 팬의 비중이 상당한 수준에 올라온 것으로 나타났다(남정석, 2019).

참고문헌

김재훈. 2021. "이스포츠 20년史 Part 1 ⋯ 이스포츠의 시작 '스타크래프트' 프로리그". 한스경제. http://www.sporbiz.co.kr/news/articleView.html?idxno=522894

나무위키. 2022a. "99 프로게이머 코리아 오픈". https://namu.wiki/w/99%20%ED%94%84%EB%A1%9C%EA%B2%8C%EC%9D%B4%EB%A8%B8%20%EC%BD%94%EB%A6%AC%EC%95%84%20%EC%98%A4%ED%94%88(검색: 2022.2)

_____. 2022b. "한국인터넷게임리그". https://namu.wiki/w/%ED%95%9C%EA%B5%AD%EC%9D%B8%ED%84%B0%EB%84%B7%EA%B2%8C%EC%9E%84%EB%A6%AC%EA%B7%B8#fn-3(검색: 2022.2)

남정석. 2019. "'LoL' 이스포츠, 여성팬층 두터웠다". 스포츠조선. https://n.news.naver.com/sports/esports/article/076/0003474795

마이프차. 2020. "이제는 '생활플랫폼'인 편의점 top 5 매장수 비교". 마이프차 블로그. https://m.blog.naver.com/PostView.naver?blogId=myfranchise_company&logNo=222173379634&proxyReferer=https:%2F%2Fm.search.naver.com%2Fsearch.naver%3Fquery%3D%25ED%258E%25B8%25EC%259D%2598%25EC%25A0%2590%2B%25EC%2588%2598%26where%3Dm%26sm%3Dmob_hty.idx%26qdt%3D1

서정근. 2007. "스타 프로리그 결승 10만 관객 영광 회복하나". 조이뉴스. http://www.joynews24.com/view/275709

위키백과. 2022. "공군에이스". https://ko.wikipedia.org/wiki/%EA%B3%B5%EA%B5%B0_ACE

전현수. 2018. "국내 이스포츠 역사, PC방에서 아시안게임까지". 이코노믹리뷰. http://www.econovill.com/news/articleView.html?idxno=349436

Han, M. W. 2008(June 10). "The birth and evolution of esports." Digital Times. http://www/dt/co/kr/contents.html?article_no=20080611

Jin, D. Y. 2020. "Historiography of Korean Esports: Perspectives on Spectatorship." *International Journal of Communication*, 14: 3727~3745.

Moore, G. A. 1991. *Crossing the chasm: Marketing and selling technology products to mainstream customers*. New York, N.Y.: HarperBusiness.

Nielsen. 2018. "Nielsen Playbook: Asia." Nielsen. The Nielsen Company. https://www.nielsen.com/wp-content/uploads/sites/3/2019/04/APAC-Nielsen-eSports-Playbook-Asia-Edition-2018.pdf

그림 출처

그림 5-2 https://www.gamemeca.com/view.php?gid=1588299

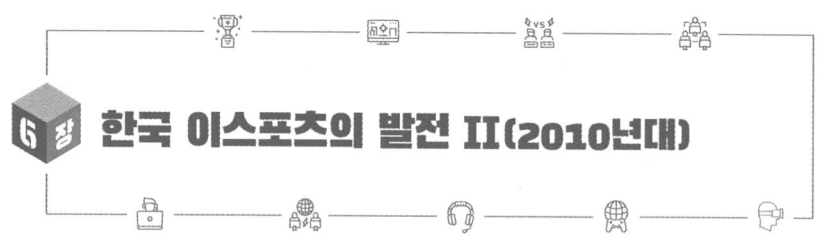

6장 한국 이스포츠의 발전 II(2010년대)

2000년대 급성장한 한국의 이스포츠 산업은 2010년 이후 위기를 맞는다. 여기에는 2가지 커다란 계기가 있는데, 하나는 이스포츠 승부조작 사건이고, 다른 하나는 이스포츠 중계권 분쟁 사건이다. 이 두 사건 모두 한국 이스포츠 발전을 견인했던 스타크래프트 리그와 관련되어 있다. 한국 이스포츠는 LoL League of Legends 국내 출시를 반전의 계기로 다시 발전하여 현재에 이르고 있다. 이 장에서는 2010년대부터 한국 이스포츠가 겪은 위기와 그 이후 한국 이스포츠의 발전 과정에 대해 알아보고자 한다.

1. 한국 이스포츠의 위기: 2010년 '승부조작'과 '중계권 분쟁'

2010년 발생한 이스포츠 승부조작 사건은 세계 최초의 이스포츠 승부조작 사건이자 한국에서는 전통 스포츠를 포함해서도 최초의 승부조작 사건으로 기록되어 있다. 이스포츠 승부조작 사건은 전통 프로 스포츠인 한국프로야구Korea Baseball Organization: KBO, 한국프로농구Korean Basketball League:

KBL, K리그, V리그의 승부조작 사건으로 이어져 한국 프로 스포츠 전반의 위기를 초래한 계기가 되었다. 이스포츠 승부조작과 불법 베팅 사이트에 대한 검찰 수사는 2010년 4월 처음으로 언론에 보도되었다(남윤성, 2010). 2010년 5월 검찰은 승부조작에 가담한 프로게이머와 사기도박을 벌인 브로커 등 16명을 적발하고, 이를 주도한 프로게임학원장을 구속했다(김요한, 2010). 조사 결과 승부에 가담한 전·현직 프로게이머는 총 11명에 이르렀고 게임당 200만 원에서 650만 원까지의 뒷돈을 받은 것으로 밝혀졌다. 특히, 수차례의 우승 경력을 가진 스타 선수를 포함해, 이스포츠의 상무 팀인 '공군 ACE' 소속 선수까지 승부조작에 가담한 것으로 밝혀져 모두를 놀라게 했다(이종식, 2010). 〈그림 6-1〉은 2010년 스타크래프트 승부조작 과정이다.

이스포츠 승부조작 사건의 사회적 파장은 상상 이상이었다. 이 사건은 (중계권 분쟁 사건과 함께) 스타크래프트 리그 전체가 사실상 붕괴되는 결정적 계기가 되었다. 스타크래프트 종목에서 발생한 승부조작은 이스포츠 선수 중 최고 수준의 연봉을 받던 선수들의 자발적 행동이라는 점에서 대중에게 큰 충격을 주었다. 또한 한두 번의 우발적인 사건이 아니라 전직 게이머 출신의 브로커와 조직 폭력배까지 가담한 광범위하고 조직적인 불법행위였다는 점에서 이스포츠를 바라보는 대중의 인식 악화는 물론, 이스포츠에 대한 충성심 높은 팬들로부터도 신뢰도가 하락하고 외면받는 계기가 되었다.

자연스럽게 이스포츠에 대한 기업의 투자가 위축되었고, 상당수 프로 이스포츠 팀이 해체되었다. 2010년 승부조작 사건이 일단락된 지 3년 뒤인 2013년 12월 기준으로 eSTRO, 하이트 스파키즈, 위메이드 폭스, 화승 오즈, MBC GAME HERO, 공군 ACE, STX SouL, 웅진 스타즈까지 무려 여덟 팀이 해체되었다. 이 여파로 2012년에는 온게임넷OnGameNet: OGN과 더불어 양대 리그를 구성했던 게임 전문채널 MBC GAME이 폐지되었다. 이에 OGN의 스타리그와 한국이스포츠협회Korea e-Sports Association: KeSPA의 프로리그는 스타크래프트1 기반의 리그들을 폐지하고 스타크래프트2 리그로 전환하며

〈그림 6-1〉 2010년 스타크래프트 승부조작 과정

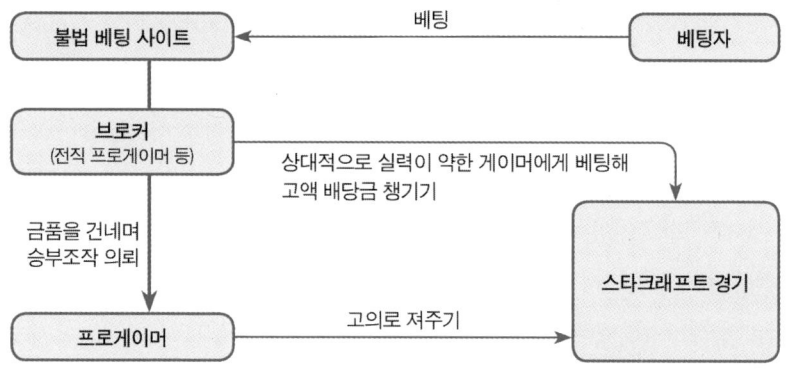

자료: 이종식(2010).

국면 전환을 시도했지만 전반적인 스타크래프트 리그의 쇠락을 되돌리지는 못했다. 엎친 데 덮친 격으로 2015년 스타크래프트2 승부조작 사건이 다시 발생하면서 2016년 이후에는 스타크래프트 기반의 프로리그가 완전히 폐지되었다.

이스포츠 승부조작 사건은 국제적 측면에서도 한국 이스포츠 위상을 추락시켰다. 한국은 WCGWorld Cyber Games 창설을 주도하는 등 사실상 2000년대 세계 이스포츠계를 주도하는 위치에 있었다. 그러나 2010년대에 들어서는 승부조작 사건으로 이스포츠에 대한 인식이 악화되고 이에 따라 대기업의 투자가 위축되어 한국 이스포츠가 글로벌 이스포츠에서 가지던 위상과 영향력을 중국에 내주었다는 평가도 있다.

2010년 이후 한국 이스포츠 위기에는 스타크래프트 중계권 분쟁 사건도 큰 몫을 했다. 이 사건의 발단은 국내 양대 이스포츠 채널인 OGN과 MBC GAME이 주관해 오던 스타크래프트 '팀' 단위 리그를 KeSPA 주관 '프로리그' 로 통합 운영하기 시작한 2005년으로 거슬러 올라간다. 양 방송사에서는 각각 스타크래프트 '개인' 리그와 '팀' 리그를 개최해 오고 있었는데, 이 두 '팀'

리그가 KeSPA의 '프로리그'로 통합되었고, 그로부터 2년 후인 2007년 KeSPA 는 OGN과 MBC GAME에 중계권료를 요구했다. 당시 OGN과 MBC GAME 은 자신의 방송사에서 개최해 오던 팀 리그를 통합해 만든 KeSPA의 프로리 그에 중계권료를 지불할 수 없다고 반발했으나, 결국은 요구를 수용하게 되었다.

2007년 한국의 방송사와 협회 간 중계권 분쟁을 유심히 살펴본 곳이 있었는데, 바로 스타크래프트의 지적 재산권Intellectual Property: IP 원소유주인 액티비전 블리자드였다. 블리자드는 스타크래프트와 관련된 모든 권한이 방송사도 KeSPA도 아닌 게임사의 것이라 생각했고, 이는 법적으로도 타당한 논리였다. 다만 1998년 단순 PC게임으로 출시된 스타크래프트가 한국에서 별도의 토너먼트와 리그 시스템을 구축하고 TV 중계방송이 이루어지는 독립된 이스포츠 생태계로 발전해 가는 과정은 블리자드의 계획과 노력에 의한 것이기보다는 한국에서 자생적으로 발생한 현상이었고, 따라서 한국 시장에서 중계방송을 하는 행위에 대해 블리자드는 그동안 중계권 등 자신의 지적 재산권을 행사하지 않았다. 하지만 2007년 KeSPA가 OGN과 MBC GAME으로부터 중계권을 받는 것으로 상황이 정리되자, 블리자드는 자사의 권한을 행사하기 시작했다.

액티비전 블리자드의 지적 재산권을 인정하게 되면 협회와 방송사는 블리자드 측에 게임 이용료 또는 중계권료를 지불해야 했다(강경식, 2020). 블리자드는 2007년부터 KeSPA 및 방송사에 중계권료를 요구하는 협상을 시작했다. 또한 2008년에는 당사 소유 중계권의 정당한 유통을 위해 '곰TV'를 운영하는 '그래텍'에 최초로 토너먼트 운영권을 공식 승인했고, 그래텍은 '곰TV 인비테이셔널' 스타크래프트 리그를 운영했다. 그러나 KeSPA와 OGN, MBC GAME의 견제(선수와 구단들이 참여하지 않도록 압력 행사) 속에 대회는 큰 성과를 이루지 못하고 2009년 중단되었다. 이렇게 되자 블리자드는 2010년 협상 중단을 선언하고, 그래텍에 한국 내 스타크래프트 권한 일체에 대한 독점 계약을 했다.

액티비전 블리자드는 2010년 8월까지만 한국 내 스타크래프트 리그를 허용하고, 그 이후 대회에 대해서는 그래텍과 협상해 정당한 중계권을 지불하고 대회를 개최하도록 유도했다. 하지만 KeSPA와 OGN, MBC GAME은 여전히 블리자드의 저작권을 인정하지 않고 스타크래프트 리그를 운영하자, 블리자드는 KeSPA와 OGN, MBC GAME을 상대로 소송을 걸어 중계권 분쟁을 법정으로 가져갔다.

그해 12월 한국을 찾은 액티비전 블리자드 최고운영책임자 폴 샘즈Paul Sams는 "모든 콘텐츠 산업의 지적 재산권은 존중되어야 한다. 스타크래프트에 관한 지적 재산권도 같은 맥락으로 볼 수 있다"라고 소송 배경을 설명했다 (강경식, 2020). 블리자드의 지적 재산권 논리에 대해 KeSPA는 '이스포츠'가 수많은 사람들이 보고 즐기는 스포츠의 영역에 속하며 스포츠는 일반 공중에 대한 시청권public viewing이 보장되어야 하므로 공공재적인 성격이 있다는 이른바 '이스포츠 공공재 논리'로 반박했다(강경식, 2020).

한편, 국회에서는 2010년 10월 7일 문화체육관광부 주최로 '이스포츠 콘텐츠 저작권 쟁점과 해결 방안'에 대한 공청회가 열렸다(오의덕, 2010). KeSPA 측에서는 스타크래프트와 같은 게임이 저작물에 해당하는 것은 자명하지만, 그 게임을 기반으로 한 방송을 제작한 방송사에게도 저작 인접권neighboring copyright을 부여할 수 있다고 주장했다. 저작 인접권이란 저작권자의 저작물 중 음반, 방송, 영상 등을 일반 대중, 시청자, 청취자에게 전달하는 매체로서의 실연, 음반, 방송에 대해서 원저작물에 준하는 2차 저작물로서의 가치를 인정하기 위한 권리이다. 즉, 저작 인접권은 저작물을 만드는 사람뿐 아니라, 이 저작물을 '실연'하는 사람에게 주어지는 권리를 말하며, 주로 음반 제작자와 방송 사업자의 권리 등이 저작 인접권으로 인정될 수 있다.

액티비전 블리자드 측은 게임플레이는 상대방과의 승부에서 승리하기 위해 노력하는 과정에서 생긴 우연의 결과물로 '새로운 창작성'이라는 2차 저작물 인정의 기준을 충족할 수 없기에, 게임플레이 영상 또한 2차 저작물이 될 수 없다고 주장했다. 또한 프로게이머의 플레이는 배우, 성우, 가수와 같이 예능적 방법에 의한 표현이라기보다는 승부를 겨루는 과정에서의 기술적·전력적 대응이기 때문에 저작권법상 실연자의 지위를 인정할 수 없다고 주장했다. 물론 프로게이머가 기여한 부분은 그만큼 인정받아야 하지만, 그것이 실연자의 지위 또는 2차 저작물을 인정해야만 가능한 것은 아니라며 초상권 내지는 퍼블리시티권의 접근으로도 제어할 수 있다고 주장했다. 또한 프로게이머의 보호 문제는 프로게이머와 구단, 게이머와 대회 주최자 간 공정하고 정당한 계약을 체결하고 있느냐에 초점이 맞춰져야 한다고 주장했다(오의덕, 2010).

이 날 공청회는 액티비전 블리자드와의 중계권 분쟁이 격화되는 시점인 2009년 5월 발의된 '이스포츠(전자 스포츠) 진흥에 관한 법률' 개정안의 연장선상에서 개최되었다. 해당 법률 개정안에 의하면 공표된 게임물은 이스포츠 대회의 종목으로 사용될 수 있고 이 경우 해당 게임물의 출처를 명시하라는 조항을 포함하고 있어, 사실상 저작권자인 게임사의 권한을 제한하는 조항으로 게임사보다는 KeSPA 측의 이해관계가 반영된 개정안으로 해석되었다.

그러나 결과적으로 이 법률 개정안은 통과되지 못했고, 액티비전 블리자드와 KeSPA, OGN, MBC GAME 간의 법정 소송은 최종판결 이전인 2011년 5월, 2년간 라이선스 계약을 맺기로 극적 합의를 도출하면서 일단락되었다. 이듬해인 2012년에는 블리자드, 그래텍, KeSPA, OGN이 모여 스타크래프트 2 비전 선포식을 하며 협력과 발전, 교류를 다짐하기도 했다.

그러나 궁극적으로 액티비전 블리자드와의 중계권 분쟁의 결과는 이스포츠 산업의 주도권이 협회와 방송사에서 게임사로 이양되는 계기가 되었다. 이전까지 권한은 있으나 한 번도 이를 행사하지 않았던 게임사가 법으로 보호받는 모든 권한을 행사하게 되는 시초가 되었고, 이스포츠 산업을 이끌어 온 방송사와 협회는 더 이상 게임사의 승인 없이는 어떤 영리 행위도 하지 못하게 되었다.

또한 앞서 기술한 이스포츠 승부조작 사건과 함께 액티비전 블리자드와 KeSPA 등 한국 이스포츠 관계자들 사이에 수년간 진행되었던 지리한 중계권 분쟁은 그동안 견고하게 형성된 스타크래프트 팬덤을 와해시키는 계기가 되었으며, 이러한 여파 속에 2010년 출시된 스타크래프트2는 큰 인기를 얻지 못했다.

2. 리그오브레전드League of Legends: LoL와 이스포츠 산업의 재도약

LoL은 스타크래프트 프로리그의 승부조작 사건과 여러 악재로 인해 한국 이스포츠가 존폐의 갈림길에 섰을 때 등장했다. 한국에 2011년 출시된 LoL은 처음부터 PC방 점유율 1위를 차지하며 선풍적 인기를 끌었다(Asteria, 2021). 출시 이듬해인 2012년에는 LCKLeague of Legends Champions Korea라는 이름으로 공식 프로 LoL 리그가 출범했다. LCK는 세계 최초의 지역 리그로 초창기에는 스프링, 서머, 윈터 3회의 스플릿으로 운영되었다. LoL의 폭발적인 인기에 힘입어 LCK는 빠르게 인기를 얻기 시작했고 현재는 한국을 대표하는 글로벌 프리미엄 콘텐츠로 자리 잡았다.

LCK 상위 랭크 팀들은 전 세계 12개 지역의 최상위 팀들이 참가하는 LoL 국제대회인 LoL 월드 챔피언십에 출전할 수 있는 기회를 얻는다. 이 대회는 전통 스포츠에서 가장 큰 국제대회인 FIFA 월드컵과 견주어지며 국내에서는 '롤드컵', 북미권에서는 '월즈'라 불린다. 2012년 롤드컵에서는 LCK의 '아주부 프로스트' 팀이 준우승을 차지하며 이스포츠 종주국으로의 면모를 과시했다. 이듬해 2013년에는 LCK의 T1 팀이 최초로 롤드컵 우승을 하면서 한국의 LoL 열풍이 가속화되었다. 또한 OGN과 MBC GAME(2012년 폐국)에 이어 SPOTV

GAMES(2020년 폐국)가 설립되면서 이스포츠의 인기에 더욱 힘을 가했다. LCK 팀들은 한국이 참가하지 않은 2011년 첫 번째 대회를 제외하고 2012년부터 2021년까지 총 11개 대회 중 6회 우승을 차지하며, 적어도 경기력 부문에서는 한국의 글로벌 리더십과 존재감을 한껏 과시했다.

2010년 스타크래프트의 여러 위기 속에서 빠르게 추락한 이스포츠 산업은 2012년 출범한 LCK의 인기에 힘입어 반등에 성공했고 그 여세를 몰아 한국 이스포츠 산업의 제2전성기를 맞이했다. 스타크래프트의 PC방 점유율은 2010년 이전까지는 줄곧 3위 이내의 순위를 기록하다 2010년 이후에는 4위 밖으로 밀려난 반면, LoL은 출시 직후부터 줄곧 1위 자리를 고수해 왔다. LCK가 출범한 2012년 12월 LoL 점유율은 25%로 스타크래프트1 점유율 3.4%와 크게 대비되었다(Asteria, 2021).

LCK의 인기에 빼놓을 수 없는 인물이 T1 소속의 '페이커Faker' 이상혁 선수다. LCK 10년 역사상 많은 스타 선수들이 있지만, 최고의 선수 1명을 꼽는다면 대부분 페이커를 선택할 것이다. '이스포츠는 몰라도 페이커는 안다'는 말이 있을 정도로, 페이커는 이스포츠 팬들 사이에서뿐만 아니라 대중적으로도 인지도와 인기가 높은 편이다(김재훈, 2021). 페이커는 2013년 데뷔 이후 현재까지 활동하며 LCK의 역사를 함께해 왔다. LCK 9회 우승, 롤드컵 3회 우승, MSI 2회 우승 등 최고의 커리어를 이어 왔으며, 특히 매년 해외 팀으로부터 거액의 연봉을 제시받음에도 불구하고 국내에 잔류하며 LCK의 큰 버팀목이 되고 있다(김재훈, 2021). 페이커는 데뷔부터 줄곧 SKT T1 소속으로 선수 생활을 이어 오는데, T1은 독립된 이스포츠 전문 팀으로 SK텔레콤이 2019년 미국의 미디어 기업 컴캐스트와 공동 출자하여 설립했다(강일용, 2019). 페이커는 2020년 2월 18일 T1과 3년 재계약을 체결함과 동시에 파트오너 계약을 통해 T1의 지분을 일부 받고 프로게이머 은퇴 이후에는 회사 임원으로 경영에 참여하면서 T1 지도자로 활동하는 데 합의했다(채새롬, 2020).

세계 최고의 자리를 지켜 오던 LCK도 2018년부터 2019년까지 2년간 암흑기를 겪었다. LCK는 이 기간에 프랜차이즈 시스템을 도입하고 리그 경쟁력을 키워 왔던 유럽 리그 LECLeague of Legends European Championship와 중국 리그 LPLLeague of Legends Pro League에 따라잡히며 국제대회에서 이렇다 할 성적을 내지 못했다(김재훈, 2021). 일례로 2018년 MSI에 출전한 LCK의 '킹존 드래곤 X'가 결승에서 LPL의 RNGRoyal Never Giveup에 패하면서 준우승에 그쳤고, 같은 해 한국에서 개최된 롤드컵에 출전한 LCK 3개 팀 모두가 16강에서 탈락하며 팬들에게 큰 충격을 안겼다(김재훈, 2021).

그러나 코로나 팬데믹 중에 중국에서 개최된 2020 롤드컵에 출전한 LCK의 담원 게이밍이 한국 팀을 자주 격파해 LCK 킬러라는 별칭이 붙은 LEC의 G2를 4강전에서 격파하고 결승전에 올랐고, 그 후 LPL의 '쑤닝'을 물리치며 우승을 차지해 세계 최고수준의 경기력을 다시금 입증했다(김재훈, 2021). 하지만 전 세계적으로 경기력 평준화 추세가 지속되어 왔기 때문에, 한국의 압도적인 경기력과 시장 확대를 위해서는 혁신이 필요한 상태였다.

이러한 상황에서 LCK는 2021년부터 LCSLeague of Legends Championship Series, LPL, LEC에 이어 세계 4대 리그 중 네 번째로 프랜차이즈 시스템을 도입하며 새로운 변화를 맞이했다. 프랜차이즈 도입으로 새롭게 탈바꿈한 LCK는 리그 구조를 개편해 1군 리그인 LCK와 2군 리그인 LCK CLChallengers League로 나누었다(김재훈, 2021). 이에 따라 전통 프로 스포츠와 마찬가지로 LCK와 LCK CL의 로스터 교류가 가능해졌다. 특히, 2022 LCK 스프링 스플릿부터는 매주 로스터 등록 기간에 2군에서 1군으로 올라가는 콜업과 1군에서 2군으로 내려가는 샌드다운이 가능해져 각 팀의 전략 운용 폭이 한층 더 넓어졌다. 아울러 2021 LCK 스프링 스플릿부터 선수와 감독의 최저 연봉이 대폭 인상되었다. LCK 로스터 등록 기준 1군 선수 및 감독은 기존 2천만 원에서 6천만 원으로 3배 상승한 최저 연봉을 보장받고, 코치는 4천만 원의 최저 연봉을 보장받으면서 직업으로서 이스포츠의 안정성을 꾀했다(김재훈, 2021). 이와 같은 노력은 한국 선수와 지도자의 해외 유출을 막고 국내 이스포츠 시장을 내실 있게 성장시키는 데 큰 도움을 줄 것으로 기대된다.

3. LTE와 이스포츠 미디어 주도권의 전환: TV에서 OTT로

이스포츠 경기를 처음으로 중계한 매체는 전통 방송매체인 케이블 TV이다. 전 장에서 언급했듯이, 1999년 CJ E&M 계열의 애니메이션 채널인 투니버스가 스타크래프트 토너먼트인 프로게이머코리아오픈Progamer Korea Open: PKO을 중계방송했고, 이것이 한국 최초의 이스포츠 중계방송이 되었다. PKO의 인기로 CJ E&M은 2000년 OGN이라는 세계 최초의 게임 전문채널을 설립했다. 이후 MBC GAME(2001~2011년), SPOTV GAMES(2013~2020년), SBS Afreeca(2018~2020년)와 같은 게임 전문채널들이 등장하며 다양한 게임 관련 이벤트를 직접 개최 및 중계하면서 이스포츠 미디어 시장을 성장시켰다.

한편, 2010년 들어서는 LTE 서비스 도입에 따라 미디어 소비 패턴이 TV에서 휴대폰으로 변하고, 이스포츠 미디어 소비 패턴에도 커다란 영향을 미쳤다. 한국에서 4G 이동통신기술 LTE 서비스가 개시된 시점은 2011년이다. 그이듬해인 2012년에는 세계 최초로 LTE 전국망이 구축되었다(정윤희, 2012). LTE 시대의 개막은 이스포츠 미디어 유통 구조를 전격적으로 변화시켰다. 4G에서 G는 'Generation'을 의미하며 LTE는 'Long Term Evolution'의 약자이다. 즉, 3G 시대에서 LTE 시대로의 변화는 통신기술이 오랜 기간 진화하여 또 다른 차원의 이동통신기술로 탄생했다는 의미이다.

LTE가 3세대 이동통신기술인 3G와 구별되는 가장 큰 특징은 데이터 전송 속도이다. 통상 LTE는 3G 서비스보다 약 3~5배 빠른 것으로 보고된다. 예를 들면, LTE는 시속 120킬로미터로 달리는 자동차에서 700메가바이트 영화를 3분에 다운로드할 수 있는 속도이다(고란, 2013). 이처럼 빠른 데이터 전송 속도를 제공하는 LTE 시대의 개막은 모바일 콘텐츠 이용 트렌드의 변화, 특히 동영상 콘텐츠 수요 폭증으로 이어졌다. 3G 이동통신에서는 전체 무선 트래픽 중 동영상 비중이 38%였고, 동영상 시청 중에 재생이 끊기는 버퍼링 현상이 빈번히 발생했다. 그러나 LTE 전국망 확충 2년 만인 2014년에는 전체 무선 트래픽 중 동영상 비중이 45%로 증가했으며(김유정, 2014), 영상 시청 시 버퍼링 현상이 완전히 해소되었다. 다시 말해, 3G를 이용한 동영상 시청이 버퍼링 현상이라는 불편을 감수하는 행위였다면, LTE를 이용한 동영상 시청은 휴대폰의 작은 화면 크기를 제외하고는 안방 TV로 시청하는 것과 동일한 기능을 하기 시작한 것이다.

거의 100%에 육박하는 스마트폰 보급률과 LTE 확산에 따라 모바일 기기를 이용한 동영상 시청도 확산되어 갔다. 온라인 스트리밍 플랫폼, 즉 OTT 플랫폼 이용이 보편화되면서 이 플랫폼은 전통 TV의 보조 역할이 아닌 독자적인 영상 플랫폼으로서 고객층을 견고히 구축해 가기 시작했다. OTT 플랫폼을 통한 동영상 시청은 점차 일상이 되어 갔다.

이러한 미디어 소비 트렌드의 변화는 이스포츠 미디어 콘텐츠의 유통 구조를 크게 변화시켰다. 이스포츠 중계방송은 LTE가 상용화되기 전까지는 OGN과 같은 게임 전문 TV채널에서 전담해 왔다. 다시 말해 이스포츠가 '관람 스포츠'로서 진화할 수 있었던 주요인을 중계방송으로 꼽는다면 케이블 TV가 이스포츠의 산업화를 견인했다고 해도 과언이 아닐 것이다. 하지만 일반 대중이 대체로 LTE를 사용하기 시작한 2015년 전후로는 이스포츠 중계방송 및 관련 콘텐츠 유통의 주도권이 케이블 TV에서 OTT 플랫폼으로 넘어갔다. 이스포츠 팬들이 관련 미디어 소비에 있어서 더 이상 케이블 TV에 의존하지 않고 다양한 OTT 플랫폼을 이용하게 된 것이다. 이는 이스포츠 콘텐츠가 여타 엔터테인먼트 또는 스포츠 콘텐츠 대비 OTT에 최적화된 몇 가지 속성을 가지고 있기 때문이라고 볼 수 있다.

무엇보다 이스포츠는 태생이 디지털이다. 따라서 대회에 참여하는 이스포츠 선수도, 경기를 관람하는 이스포츠 팬들도 모두 PC 화면 또는 스마트폰으로 콘텐츠를 소비하는 데 익숙하다. 미디어 콘텐츠를 TV로 볼 수 없기 때문에 PC 화면으로 보는 것이 아니라 원래부터 PC 화면을 통해 콘텐츠와 관련 정보를 소비해 왔던 것이다. 이들에게 TV로 이스포츠 경기를 관람하는 것은 PC 기반의 게임 소비행동을 일시 중단하고 TV 앞에 앉아 경기를 시청하는 번거로움을 수반하는 반면, PC를 통해 OTT 스트리밍 플랫폼으로 관련 콘텐츠를 소비하는 것은 오히려 더 편리하고 익숙한 행동 패턴이었던 것이다.

이스포츠가 OTT 플랫폼에 적합한 두 번째 이유는 전통 스포츠에는 존재하지 않는 특별한 형태의 콘텐츠를 이스포츠 팬들이 소비하기 때문이다. 예를 들면, 유명 이스포츠 선수 또는 게임 인플루언서가 혼자서 게임 '연습'하는 장면을 실시간 스트리밍하고 그것을 이스포츠 팬들이 관람하는 것은 이스포츠에서 일반적인 관람 문화이다. 전통 스포츠에서는 선수의 연습 장면을 방송으로 내보내는 것도, 시청하는 것도 생소한 일이다. 하지만 이스포츠에서는 선수들의 기술을 배우기 위해서, 또는 선수들과 이스포츠 커뮤니티에서 친목을 다지기 위해서 등 다양한 동기로 이스포츠 경기 연습을 관람한다. 또한 BJBroadcasting Jockey가 진행하는 '동시중계방송'도 이스포츠의 독특한 콘텐츠이다. 동시중계방송은 개인 BJ가 정규 이스포츠 중계방송을 개인 채널에서 동시에 스트리밍하면서 저마다의 개성을 발휘하는 것이고, 이스포츠에서는 이러한 형태의 방송중계가 보편화되어 있다. BJ '감스트'가 아프리카TV에서 축구 중계를 스트리밍하면서 자기 스타일로 캐스팅을 하는 형태라고 볼수 있는데, 그 원조이자 본류가 이스포츠 콘텐츠라 할 수 있다.

이처럼 이스포츠는 내재적인 속성 자체가 전통 TV보다는 OTT 플랫폼에 적합하다. 끝도 한도 없는 선수들의 연습 경기와 다양한 BJ의 중계방송 분량을 전통 TV를 통해 편성한다는 것은 애시당초 불가능하다. TV 매체로 이스포츠 팬들의 다양한 미디어 소비 욕구를 충족시키는 것은 가능하지 않고, OTT로의 주도권 이양은 어쩌면 당연한 흐름이라고 할 수 있다.

이스포츠를 전문적으로 다루는 OTT 플랫폼으로는 2005년 출범한 아프리카TV가 있다. 아프리카TV의 전신은 나우콤nowcom이라는 회사로 1994년 PC통신 서비스 '나우누리'를 제공했다(2013년 서비스 종료). 이후 1990년대 후반 PC통신의 몰락과 웹 기반 커뮤니케이션의 발달, 그리고 미국의 유튜브 등장(2005년 2월)에 따라, 2006년 국내 최초로 개인 인터넷 방송 플랫폼을 제공하는 아프리카TV 서비스를 시작했다. 2013년에는 사명을 나우콤에서 현재의 아프리카TV(Anybody can Free Casting TV의 약자)로 바꾸었다. 아프리카TV는 초창기에 개인 방송 외에도 OGN 등 게임 전문채널에서 중계해 주지 않는 작은 경기를 중계했었으나, 점차 롤드컵 등 대형 경기를 중계하며 성장해 나갔다. 광고 수입에만 의존하는 재정 구조에서 탈피하기 위해 별풍선(2007년)과 스티커(2009년) 같은 유료 아이템을 도입했으며, 이를 통해 회사는 물론 개인 방송의 주체인 BJ의 수입이 안정화될 수 있는 활로를 열었다.

토종 OTT 플랫폼인 아프리카TV는 2011년 LTE 서비스 개시 후 이용자가 급증했고, 대부분의 국민이 OTT 스트리밍에 익숙해진 2015년에는 이스포츠 스트리밍의 글로벌 선두주자인 트위치가 한국 사업을 개시했다. 또 다른 OTT 거인 유튜브도 '유튜브 게이밍' 채널을 한국에 공식 오픈했다. 국내 게임전문 TV와 글로벌 이스포츠 OTT 플랫폼 간의 경쟁이 불가피해졌고, 국산 OTT 플랫폼인 아프리카TV와 글로벌 OTT 플랫폼 간의 직접적인 경쟁도 피할 수 없는 구조가 되었다.

이스포츠 콘텐츠를 유통할 수 있는 OTT 플랫폼의 증가로 이스포츠 중계권의 원소유주인 게임사가 전통 TV보다 OTT 플랫폼으로 경기 콘텐츠들을 유통시키는 전략적 선택을 하게 되고, 2000년대 중반 이후 관람 스포츠로서의 이스포츠 시대를 견인해 왔던 게임전문 TV 채널이 연이어 폐지되었다. SPOTV GAMES는 2020년 문을 닫았고, 세계 최초의 이스포츠 방송 전문채널인 OGN도 이스포츠의 중심 축이 종목사로 넘어가면서 연간 수백억 원의 적자를 내는 등 운영에 어려움을 겪어 2022년 게임 데이터 플랫폼 OP.GG 등으로 매각이 추진되기도 했다(이현수·박종진, 2021). 〈그림 6-2〉는 2000년 이후

〈그림 6-2〉 게임 전문 방송채널과 OTT 플랫폼의 진화

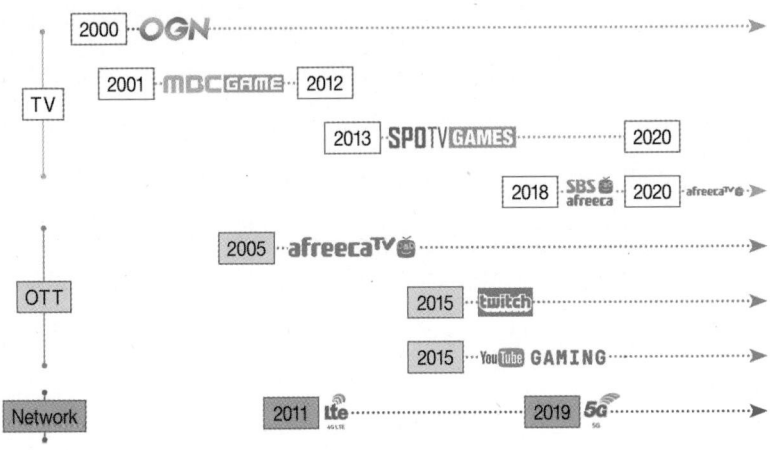

의 게임 전문 방송채널과 OTT 플랫폼의 설립 시점을 인터넷 네트워크 기술의 진화 시점과 대비하여 보여 준다.

국내에서 가장 인기 있는 게임인 LoL의 제작사 라이엇 게임즈는 2019년 시즌부터 자체 방송국에서 콘텐츠를 제작하기 시작했다. 또한 주요 플랫폼 중 하나인 아프리카TV는 자사의 브랜드를 내건 이스포츠 대회를 다수 제작 및 방송하고 있다. 이와 같이 초기 전통 미디어가 주도하던 한국 이스포츠 산업은 현재 종목사와 OTT 플랫폼으로 무게 중심이 상당 부분 이동한 상태이며, 시장의 변화는 계속되고 있다.

참고문헌

강경식. 2020. "KeSPA '스타1' 공공재 취급, 그리고 툭하면 '치트키'". 프라임경제. http://m. newsprime.co.kr/section_view.html?no=506088

강일용. 2019. "SKT-컴캐스트 손잡고 'T1' 브랜드로 이스포츠 시장 개척 나서". IT동아. https:// it.donga.com/28767

고란. 2013(6.19). "휴대전화 4G·LTE와 3G는 어떻게 다른가요". 중앙일보. https://www. joongang.co.kr/article/11839750

김요한. 2010. "'스타' 선수가 승부조작 … 불법도박으로 돈 챙겨". SBS. https://news.naver. com/main/read.nhn?mode=LSD&mid=sec&sid1=102&oid=055&aid=0000182447

김유정. 2014. "무선데이터 트래픽 절반 동영상". 디지털타임즈. http://m.dt.co.kr/contents. html?article_no=2014020402019931759001

김재훈. 2021. "이스포츠 20년史 Part 2 … 한국 이스포츠의 아이콘 'LCK'". 한스경제. http:// www.sporbiz.co.kr/news/articleView.html?idxno=523659

나무위키. 2022a. "스타크래프트 방송권 분쟁". https://namu.wiki/w/%EC%8A%A4%ED%83 %80%ED%81%AC%EB%9E%98%ED%94%84%ED%8A%B8%20%EB%B0%A9%EC%86%A1 %EA%B6%8C%20%EB%B6%84%EC%9F%81(검색: 2022.2)

_____. 2022b. "아프리카tv". https://namu.wiki/w/%EC%95%84%ED%94%84%EB%A6%A C%EC%B9%B4TV(검색: 2022.2)

_____. 2022c. "이상혁". https://namu.wiki/w/%EC%9D%B4%EC%83%81%ED%98%81(검색: 2022.2)

_____. 2022d. "'이스포츠 승부조작 사건". https://namu.wiki/w/%EC%8A%A4%ED%83%8 0%ED%81%AC%EB%9E%98%ED%94%84%ED%8A%B8%20%EC%8A%B9%EB%B6%80%E C%A1%B0%EC%9E%91%20%EC%82%AC%EA%B1%B4(검색: 2022.2)

남윤성. 2010. "검찰, 불법 베팅 사이트 수사 나선다". 데일리e스포츠. http://www.daily esports.com/view.php?ud=201004121336150025009

Asteria. 2021. "TOP 10 PC방 게임 점유율 순위 변화[2011-2021]". Youtube. https://www. youtube.com/watch?v=sqKCN_GjUzQ

오의덕. 2010. 100% "공공재는 아니지만 … 이스포츠 저작권 관련 공청회 열려". 인벤. https://m.inven.co.kr/webzine/wznews.php?idx=30960

이종식. 2010 "유명 게이머들 '스타크' 승부조작 가담". https://news.naver.com/main/read. nhn?mode=LSD&mid=sec&sid1=102&oid=020&aid=0002129420

이현수·박종진. 2021. "CJ ENM, OGN 매각 재추진 … 오피지지 우선협상대상자 선정". 전자신 문. https://www.etnews.com/20211220000164

정윤희. 2012. "LG, LTE 전국망 개통 … 데이터 용량 '격전지'". ZDNet Korea. https://zdnet. co.kr/view/?no=20120329102557

채새롬. 2020(2.18). "'페이커' 이상혁, T1 경영 참여한다 … 3년 재계약". 연합뉴스. https://w ww.yna.co.kr/view/AKR20200218135800017

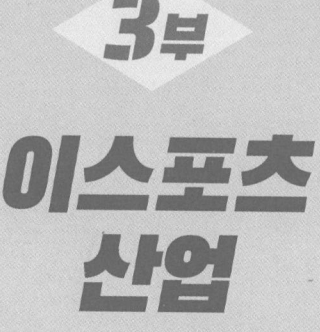

3부

이스포츠
산업

◆

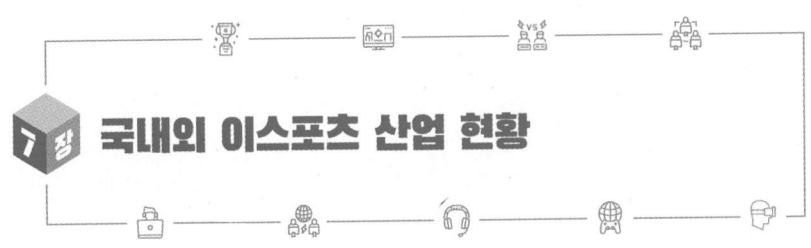

7장 국내외 이스포츠 산업 현황

이스포츠 산업은 가장 빠르게 성장하고 있는 산업 중 하나이다. 게임 산업의 발전과 더불어 통신기술의 발전, 스마트폰, 태블릿 PC 등 모바일 기기의 발전 등이 이스포츠 산업 발전의 배경이다. 이스포츠 산업은 이스포츠 대회와 경기 관람에서 파생하는 다양한 산업으로 스트리밍 서비스, 빅데이터, AR·VR 기술 등 디지털 기술과 융합하며 미래 성장산업으로 인식되고 있다. 이 장에서는 국내외 이스포츠 산업 현황을 살펴본다. 또한 글로벌 이스포츠 산업에서 한국이 차지하는 위상과 입지를 알아본다.

1. 글로벌 이스포츠 팬덤 및 시청자 규모

전 세계 인구는 78억 명(2021년 기준)으로 추산되며 이 중 온라인 사용 인구는 46억 명으로 59%를 차지한다. 글로벌 이스포츠 조사기관 뉴주Newzoo는 〈표 7-1〉과 같이 세계 인구의 25%, 온라인 인구의 41%인 18억 9천만 명이 이스포츠를 인지하고 있고, 세계 인구의 8.4%, 온라인 인구의 14.3%인 6억 6

<표 7-1> 글로벌 이스포츠 산업 규모

구분	명, 달러	세계 인구 대비 비율	온라인 인구 대비 비율
세계 인구	77억 5천만 명	-	-
세계 온라인 인구	45억 6천만 명	59%	-
이스포츠 인지 인구(awareness)	18억 9천만 명	25%	41%
게임 라이브 스트리밍 시청자	6억 6천만 명	8.4%	14.3%
이스포츠 열성 팬(enthusiasts)	2억 2천만 명	2.8%	4.8%
글로벌 이스포츠 매출 (esports revenue)	9억 5천만 달러 (1조 2천억 원)	-	-
열성팬 1인당 연간 글로벌 이스포츠 매출 (annual revenue/enthusiast)	4.4달러 (5400원)	-	-

주: 이스포츠 인지 인구(이스포츠를 들어본 적이 있는 사람), 열성 팬(1달간 한 번 이상 이스포츠 콘텐츠를 시청한 경험이 있는 사람), 게임 라이브 스트리밍 시청자(지난 6개월간 라이브 스트리밍된 이스포츠 경기 영향을 한 번이라도 시청해본 경험이 있는 사람).
자료: Newzoo(2021).

<그림 7-1> 글로벌 이스포츠 시청자 규모

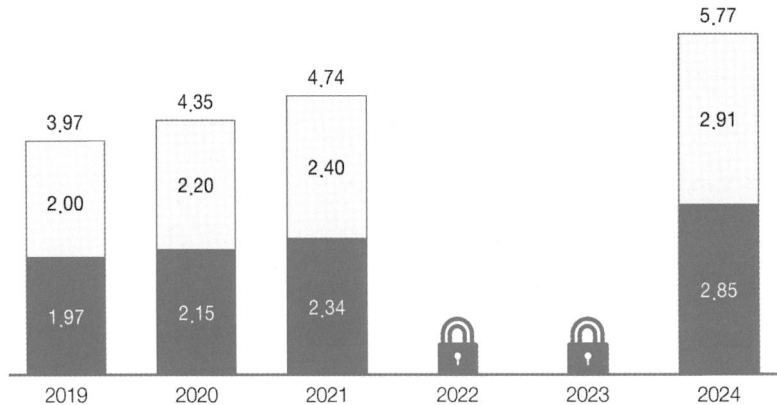

(단위: 억 명)

□ 간헐적 시청자(Occational Viewers)
■ 열성 시청자(Esports Enthusiasts)

연평균 성장률 +7.7%
(2019~2024)

주: 간헐적 시청자(이스포츠 콘텐츠를 한 달 1회 미만으로 시청하는 사람), 열성 시청자(이스포츠 콘텐츠를 한 달에 1회 이상 시청하는 사람).
자료: Newzoo(2021).

<표 7-2> 팬 규모에 따른 글로벌 톱 10 스포츠

순위	스포츠	팬 규모 추산	주요 지역
1	축구	40억 명	전 세계
2	크리켓	25억 명	영국, 영연방
3	하키	20억 명	유럽, 아프리카, 아시아, 호주
4	테니스	10억 명	전 세계
5	배구	9억 명	서유럽, 북아메리카
6	탁구	8억 7500만 명	전 세계
7	농구	8억 2500만 명	전 세계
8	야구	5억 명	미국, 카리브 제도, 일본
9	럭비	4억 7500만 명	영국, 영연방
10	골프	4억 5천만 명	서유럽, 동아시아, 북아메리카

자료: World Atlas(2020); Roundhill Investments(2020).

천만 명이 게임 라이브 스트리밍을 시청하며, 세계 인구의 2.8%, 온라인 인구의 4.8%를 차지하는 2억 2천만 명이 이스포츠의 열성 팬이라고 보고했다(Newzoo, 2021).

〈그림 7-1〉은 이스포츠 시청자 규모를 보여 준다. 전 세계적으로 이스포츠 시청자는 2021년 기준 약 4억 7천만 명으로 추산되며, 이 중 거의 절반에 가까운 약 2억 3천만 명은 이스포츠를 반드시 챙겨 보는 열성 시청자로 이 수치는 2024년 약 2억 8천만 명을 넘어설 것으로 예측되어 2019~2024년 연평균 성장률Compound Annual Growth Rate: CAGR 7.7%를 기록할 것으로 전망된다(Newzoo, 2021). 이스포츠 시청은 정보통신기술이 발전하고 모바일 게임이 확산되면서, 라틴 아메리카, 중동, 아프리카, 그리고 동남아시아 지역까지 글로벌 트렌드로 자리 잡았다. 특히 어린 연령층이 비디오 게임을 소비하면서 성장함에 따라 이스포츠 시청자 수는 앞으로도 지속적으로 성장해 갈 것으로 보인다.

〈표 7-2〉는 전통 스포츠 팬 규모에 따른 글로벌 톱 10 스포츠를 보여 준다. 전 세계 축구 팬이 40억 명으로 추산되며 가장 강력한 팬덤을 가지고 있는 스

포츠로 나타났다. 〈그림 7-1〉의 2021년 기준 이스포츠 시청자 규모인 약 4억 7천만 명을 이스포츠 팬 규모라고 본다면, 〈표 7-2〉에 제시된 세계 럭비 팬과 골프 팬 규모의 중간 정도로 볼 수 있다.

2. 글로벌 이스포츠 산업 규모

〈그림 7-2〉는 이스포츠 산업의 글로벌 매출 추이를 보여 준다. 글로벌 이스포츠 산업은 2021년 기준 10억 8천만 달러(약 1조 3천억 원)의 매출을 올렸고, 2024년까지 약 16억 달러(약 2조 7천억 원) 규모로 성장하리라 예측된다. 2019~2024년 연평균 성장률은 11.1%로 추산된다.

〈그림 7-3〉은 이스포츠 산업의 주요 매출원을 보여 준다. 이스포츠 산업 매출 중 가장 큰 비중을 차지하는 부문은 스폰서십이고, 그 뒤로 미디어 중계권media rights, 퍼블리셔 수수료publisher fee, 머천다이즈·티켓merchandise & tickets, 디지털digital, 스트리밍streaming 순이다.

여기서 퍼블리셔 수수료는 제3의 이벤트 주최자Third Party Event Organizer: TPO가 이스포츠 이벤트를 개최하기 위해 지적 재산권Intellectual Property: IP을 소유한 게임사에게 지불하는 수수료이고, 디지털 수익은 이스포츠 선수 혹은 팀을 응원하기 위해 판매되는 게임 내 아이템 수익을 기반으로 하는 매출이며, 스트리밍 수익은 이스포츠와 관련된 다양한 콘텐츠를 스트리밍하면서 발생하는 수익을 의미한다.

이스포츠 시장을 지역별로 살펴보면 아시아 태평양APAC, 북미, 유럽이 시청자 및 수익 측면에서 상위 3대 시장을 형성하고 있다. 뉴주에 따르면 아시아 태평양 이스포츠 시장의 시청률 비중은 2017년 51%에서 2019년 57%까지 상승해 전 세계 이스포츠 시청률의 절반 이상을 차지하고 있다. 한편 컨설팅 회계법인 PwC에 따르면 북미는 2022년 이스포츠 수익이 3억 달러(약 3900억 원),

〈그림 7-2〉 글로벌 이스포츠 매출 규모

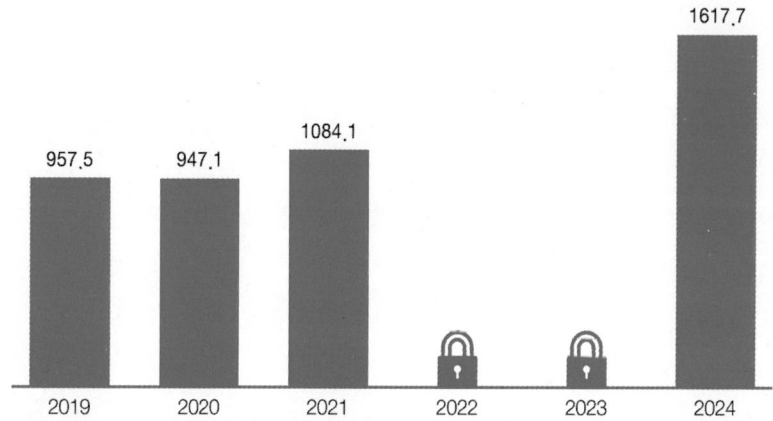

(단위: 백만 달러)

연평균 성장률 +11.1%
(2019~2024)

자료: Newzoo(2021).

〈그림 7-3〉 2021년 글로벌 이스포츠 매출원

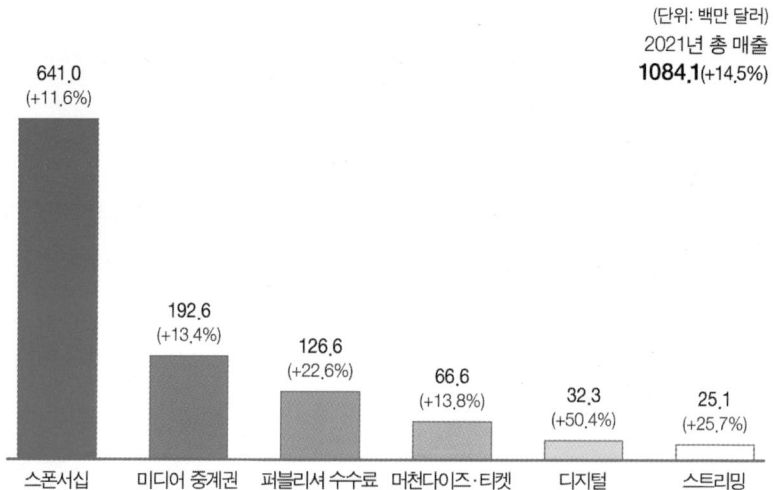

(단위: 백만 달러)
2021년 총 매출
1084.1(+14.5%)

주: ( ) 전년 대비 증감률.
자료: Newzoo(2021).

유럽은 1억 3800만 달러(약 1800억 원)에 이를 것으로 예상된다(Insider Intelligence, 2021). 글로벌 3대 시장인 아시아 태평양, 북미, 유럽 이외의 지역에서도 이스포츠 산업의 성장률은 가파르다. 가장 빠르게 성장하는 지역 중 하나는 라틴 아메리카로, PwC의 추정에 따르면 2019년 이스포츠 수익이 1800만 달러(약 233억 원)에 도달한 후 2023년에는 4200만 달러(약 544억 원)로 급증할 것으로 예상된다(Insider Intelligence, 2021). 향후 모바일 게임 시장이 빠르게 확대됨에 따라 모바일 게임 기반의 이스포츠 산업이 급성장할 것으로 예상되고 있는 가운데, 특히 중국은 모바일 게임 시장의 강국으로 전 세계 이스포츠 업계의 주목을 받고 있다.

3. 글로벌 이스포츠 팀 가치

〈표 7-3〉은 《포브스Forbes》가 평가한 이스포츠와 전통 스포츠 팀 가치이다. 이스포츠의 경우 2020년 기준 TSM이 4억 1천만 달러(약 5304억 원), Cloud9이 3억 5천만 달러(약 4527억 원), Team Liquid가 3억 1천만 달러(약 4012억 원)에 이르는 가치로 평가되며 상위에 랭크되어 있으며, 10위를 기록한 T1의 팀 가치는 1억 5천만 달러(약 1940억 원)인 것으로 나타났다(Settimi, 2020). 한편 전통 스포츠 구단 순위의 경우, 가장 가치가 높은 구단은 NFLNational Football Leauge의 댈러스카우보이즈로 구단 가치가 이스포츠 TSM 대비 13.8배에 이르는 57억 달러(약 7조 3752억 원)에 이르는 것으로 나타났다. 아직 이스포츠 팀 가치가 전통 스포츠 구단에 미치지 못한다고 볼 수 있지만, 동시에 이스포츠 팀의 미래 성장가능성이 충분하다는 의미이기도 한다.

〈그림 7-4〉는 주요 이스포츠 팀들이 북미 4대 메이저 스포츠 리그(MLB, NFL, NBA, NHL)와 테크놀로지 기업보다 높은 13.8의 매출계수Revenue Multiple를 적용받고 있음을 보여 준다. 이는 시장에서 평가받는 이스포츠 구단

〈표 7-3〉 2020년 ≪포브스≫가 평가한 가장 가치 있는 10대 이스포츠 및 전통 스포츠 팀

순위	이스포츠 팀	팀 가치 (백만 달러)	매출 (백만 달러)	스포츠 팀	팀 가치 (백만 달러)
1	TSM	410	45	Dallas Cowboys(NFL)	5,700
2	Cloud9	350	30	New York Yankees(MLB)	5,250
3	Team Liquid	310	28	New York Nicks(NBA)	5,000
4	FaZe Clan	305	40	Barcelona(La Liga)	4,760
5	100 Thieves	190	16	Real Madrid(La Liga)	4,750
6	Gen.G	185	14	Golden State Warriors(NBA)	4,700
7	Enthusiast Gaming	180	95	LA Lakers(NBA)	4,600
8	G2 Esports	175	19	New England Patriots(NFL)	4,400
9	NRG Esports	155	20	New York Giants(NFL)	4,300
10	T1	150	15	Bayern Munich(Bundesliga)	4,210

주: 이스포츠 팀은 2020년 기준, 스포츠팀은 2021년 기준 순위임.
자료: Settimi(2020); Ozanian(2021).

〈그림 7-4〉 전통 스포츠 리그와 비교한 이스포츠 팀의 매출계수

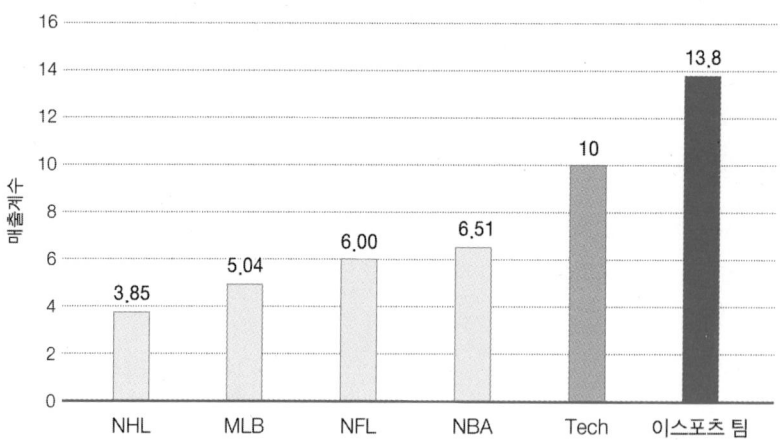

자료: Champman(2019).

가치가 총 매출 대비 13.8배라는 의미이다(Champman, 2019). 이스포츠가 NFT와 블록체인 등 미래 혁신기술과 맞닿아 있는 분야라는 점에서 높은 미래 성장가능성을 반영하고 있다는 것을 시사하고, 구단 가치가 10억 달러(약 1조 3천 억 원)를 넘어서는 이스포츠 팀도 빠른 시일 내에 나올 것으로 전망된다(Champman, 2018a).

4. 국내 이스포츠 산업 규모

국내 이스포츠 산업 규모는 〈그림 7-5〉에 제시된 바와 같이 2020년 기준 1204억 원을 기록했다. 이는 전년 대비 13.9% 감소한 수치로, 2015년 이후 꾸준히 성장해 오던 산업 규모가 2020년 초 창궐한 코로나 팬데믹으로 각종 행사와 경기가 취소되고, 무관중으로 대회가 진행되었던 것이 주 원인으로 분석된다.

국내에서는 뉴주와는 다르게 〈그림 7-6〉 왼쪽과 같이 이스포츠 산업 규모를 상금 규모, 게임단 예산, 방송분야 매출, 스트리밍으로 나누어 조사한다. 2020년 게임단 예산은 전년 대비 14.1% 증가했으며, 전체 산업 규모 중에서도 43.9%로 가장 큰 비중을 차지하는 것으로 나타났다. 스트리밍 역시 전년 대비 12.3% 증가했으며, 전체 산업 규모 중 26.1%로 두 번째로 큰 비중을 차지했다. 방송분야 매출은 228억 원으로 전년 대비 50.6% 감소했는데 앞서 기술한 대로 2020년 초 창궐한 코로나 팬데믹에 따른 각종 이벤트 취소의 결과로 보인다.

한편 한국콘텐츠진흥원은 〈그림 7-6〉 오른쪽과 같이 국내 이스포츠 산업을 보다 정확하게 분석하기 위해 종목사 추가 투자 분야와 종목사 매출 분야를 추가한 이스포츠 확장 산업규모를 2021년부터 추산하고 있다. 종목사 추가 투자 분야는 게임사 주도의 방송·대회 개최, 선수·게임단 투자, 인프라

<그림 7-5> 국내 이스포츠 산업의 매출 규모 추이

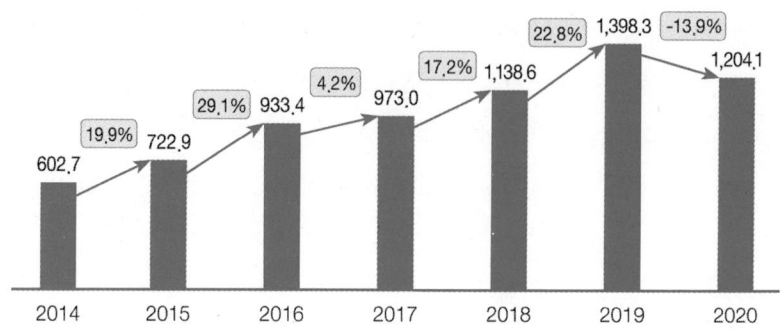

자료: 한국콘텐츠진흥원(2021a).

<그림 7-6> 국내 이스포츠 산업 및 확장산업 규모(2020년)

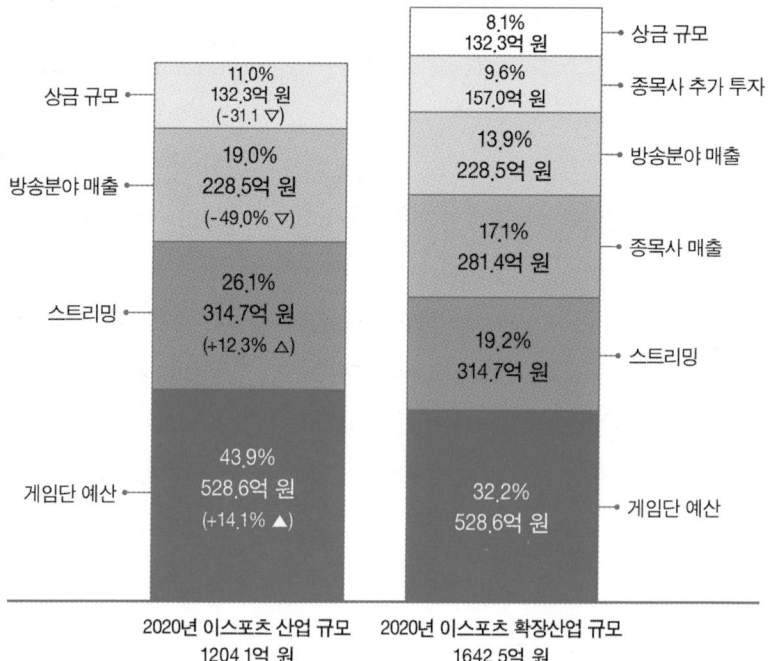

자료: 한국콘텐츠진흥원(2021a).

구축, 기술 및 인력지원 비용을 포함하고 있으며, 종목사 매출 분야는 중계권과 스폰서십 항목을 포함하고 있다.

국내 이스포츠 산업을 보다 구체적으로 들여다보면, 국내에서 한국 자본으로 개최하고 있는 이스포츠 대회는 2020년 총 168개로 전년 대비 60개 증가했다. 반면 상금 규모는 전년 대비 30.7% 감소한 132.9억 원으로 집계되었는데 이는 아마추어를 대상으로 하는 소규모 대회가 증가한 반면, 상금 규모가 큰 주요 대회들은 코로나 팬데믹의 영향으로 취소 또는 연기되었기 때문이다.

〈표 7-4〉는 2021년까지 국내에서 운영되고 있는 이스포츠 경기장을 보여주는데 민간 경기장 8개소와 지자체가 운영하는 이스포츠 전용 경기장 5개소의 위치와 관람석 규모 등의 정보를 보여 준다.

〈표 7-5〉는 2021년 기준 국내 이스포츠 구단과 프로선수 현황을 보여 준

〈표 7-4〉 전국 이스포츠 경기장 현황

명칭	위치	운영 주체	면적(m²)	관람석 수(석)
LoL PARK	서울(종로구)	라이엇 게임즈	5,280	400
아프리카 콜로세움	서울(송파구)	아프리카TV	1,983	550
프릭업 스튜디오	서울(강남구)	아프리카TV	495	300
VSG 아레나	서울(강남구)	액토즈소프트	158	100
인벤 아레나	성남(경기도)	인벤	-	120
나이스게임TV 스튜디오	서울(구로구)	나이스게임TV	-	관람석 없음
레벨업 스튜디오	서울(금천구)	빅픽처인터렉티브	-	-
V.SPACE	서울	VSPN	1,652	300
부산 이스포츠 경기장	부산	지자체	2,739	330(주), 144(보조)
대전 이스포츠 경기장	대전	지자체	2,927	500(주), 110(보조)
광주 이스포츠 경기장	광주(전라)	지자체	4,290	1,005(주), 160(보조)
경기 이스포츠 경기장	성남(경기도)	지자체	-	400(주), 50(보조)
진주 이스포츠 경기장	진주시(경남)	지자체	3,372	700(주), 500(보조)

주: 주경기장은 (주), 보조 경기장은 (보조), 경기·진주는 건설 중 또는 건설 예정.
자료: 한국콘텐츠진흥원(2021a).

〈표 7-5〉 국내 이스포츠 구단, 팀, 프로선수 현황

구분	LoL	배틀그라운드	오버워치	카트라이더	발로란트	기타
선수 수(명)	91명	58명	56명	41명	38명	130명
팀 수(팀)	10개 팀	12개 팀	12개 팀	9개 팀	11개 팀	32개 팀

주: 전체 49개 구단, 86개 팀, 프로선수 414명.
자료: 한국콘텐츠진흥원(2021a).

다. 이스포츠 구단은 하나의 브랜드 아래 여러 종목의 이스포츠 팀을 운영하는 조직으로 국내에서는 '다종목 이스포츠 팀'으로도 불리고 해외에서는 '이스포츠 조직esports organization'이라고 불린다. 국내에는 총 49개의 이스포츠 구단이 존재하며 그중 42.9%는 소규모이거나 아마추어 형태인 것으로 알려져 있다. 총 49개 구단을 종목별로 살펴보면 전체 86개 팀으로 구성되어 있다. 세부적으로 배틀그라운드와 오버워치에서 각각 12개 팀, 발로란트에서 11개 팀, LoLLeague of Legends에서 10개 팀이 운영 되고 있다(한국콘텐츠진흥원, 2021a). 프로선수는 LoL에 총 91명으로 가장 많은 프로선수가 등록되어 있고, 그다음으로 배틀그라운드 58명, 오버워치 56명, 카트라이더 41명, 발로란트 38명 순이다. 프로선수들의 연령 분포는 20~21세가 36.3%로 가장 많고, 그다음으로 17~19세(26.4%), 22~24세(24.2%), 25세 이상(13.2%)이다(한국콘텐츠진흥원, 2021a).

국내 이스포츠 시청자의 특징을 살펴보면 이스포츠 시청 빈도는 월 1회 이하가 26.1%로 가장 높았고, 그다음으로 주 1~2회(19.7%), 월 2~3회(18.1%), 시청하지 않음(18.0%) 순이었다. 평균 시청시간은 1시간(주중 57.9%, 주말 47.5%)과 2시간(주중 19.0%, 주말 24.6%)이 가장 높았다. 이스포츠 시청 플랫폼은 유튜브가 80.1%로 가장 높았고, 그다음으로 트위치(35.5%), 네이버(21.5%), 아프리카TV(18.8%) 순으로 대다수의 시청자가 OTT 플랫폼을 사용하는 것으로 나타났다.

5. 한국 이스포츠의 글로벌 위상

1) 한국 이스포츠의 경기력 위상

한국은 이스포츠 글로벌 종주국으로의 국제적 위상을 가지고 있다. 여기에는 비디오 게임이 스포츠화되어 이스포츠 산업으로 자리 잡기 시작한 1990년대 후반부터 하나의 산업으로 우뚝 성장한 현재에 이르기까지 각종 대회에서 한국 선수들이 보여 준 세계 최고수준의 경기력이 큰 몫을 했다. 1988년 서울올림픽부터 2021년 도쿄올림픽까지 올림픽 9회 연속 단체전 금메달을 따낸 한국 여자 양궁의 위상과 비슷한 느낌이다.

한국 이스포츠의 경기력은 2000년부터 2010년대 초반까지 세계적으로 가장 규모가 컸던 이스포츠 대회인 WCGWorld Cyber Games에 출전한 한국 선수들의 성적에 잘 반영되어 있다. 이 대회는 2000년부터 2013년까지 삼성전자가 후원해 개최한 국제 이스포츠 대회로 올림픽 형식을 본따 국가 대항전으로 치러졌으며 1~3위에게는 금·은·동메달을 수여했다. 2008년 개최된 대회에는 총 78개국에서 800명의 선수가 출전했으며 WCG 사상 가장 큰 규모로 기록되어 있다. 삼성전자 후원이 중단된 2014년부터는 대회가 열리지 않았으나, 2017년 삼성이 소유한 WCG의 상표권trademark이 한국의 게임 퍼블리셔 스마일게이트Smilegate에 이전되면서 2019년부터 대회를 재개해 현재에 이르고 있다. 2022년에는 2015년 설립된 이스포츠 전문 기업인 빅픽처인터렉티브가 스마일게이트로부터 WCG를 인수하며 글로벌 이스포츠 기업으로 도약을 꾀하고 있다(디스이즈게임, 2022). 한국은 2010년부터 2019년까지 개최된 총 20회의 WCG에서 14회 종합 우승을 차지했고, 준우승 3회, 종합 3위 2회를 차지하며 압도적인 경기력을 선보였다. 특히 2000년에서 2013년까지 정식종목이었던 스타크래프트와 스타크래프트2에서는 한 번도 우승을 빼앗긴 적이 없다.

최근 글로벌 리그와 토너먼트가 잘 진행되고 있는 LoL과 오버워치 종목에서도 한국 선수들의 압도적인 기량을 확인 할 수 있다.

LoL 월드 챔피언십의 경우 한국이 참가하지 않은 2011년 초대 대회를 제외한 2012년부터 2021년까지 총 11회의 대회 중 한국 팀은 우승 6회, 준우승 5회, 3위는 네 차례를 차지했다. 총 9회 선정한 MVP 중 한국 선수는 여섯 번이나 선정되며 세계적인 기량을 입증해 왔다.

이처럼 한국 선수들의 기량이 세계적으로 인정받고 관심을 끌고 있다는 사실은 LCKLeague of Legends Champions Korea 스트리밍 방송의 글로벌 뷰어십 분석에도 잘 나타나 있다.

〈그림 7-7〉은 2019 LCK 스프링·서머 온라인 스트리밍 뷰어십 지료인데, 전체 순방문자Unique Visitor: UV의 82%가 한국 이외의 나라에서 발생한 것으로 나타났으며, 평균 동시 접속자Average Concurrent User: ACU 수와 최대 동시 접속자Peak Concurrent User: PCU 수의 경우도 해외 시청자가 각각 76%와 79%로 나타나 LCK에 대한 글로벌 수요가 상상 이상인 것을 확인할 수 있다 (LCK 자체 자료). 일반적으로 국가별 스포츠 리그의 경우 대부분의 뷰어십이

〈그림 7-7〉 2019 LCK 스프링·서머 스플릿 온라인 스트리밍 해외 시청자 비율

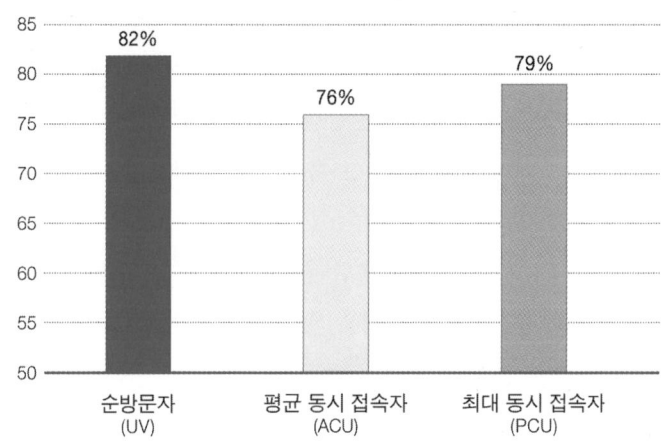

자국민에게서 나오는 것을 감안한다면 LCK의 글로벌 뷰어십 비율은 매우 인상적이다.

액티비전 블리자드에서 운영하는 1인칭 슈팅게임First-Person Shooting: FPS 오버워치 리그Overwatch League: OWL의 각 팀별 선수단 구성에서도 한국 선수들의 국제적 위상을 확인할 수 있다. OWL은 전통적인 미국식 프로 스포츠 리그 방식인 지역연고 시스템을 도입하고 있다. 또한 리그 범위를 특정 국가에 한정하지 않고 전 세계 20개 도시를 연고도시로 지정하여 태평양 컨퍼런스PAC와 대서양 컨퍼런스ATL로 구성된 양대 리그를 운영하고 있고 해마다 올스타 대회도 개최하고 있다.

서울을 연고지로 하는 '서울 다이너스티Seoul Dynasty'도 OWL에 참여하고 있다. 2021년 기준으로 전체 20개 팀 가운데 단 하나의 팀만이 한국을 연고지로 하고 있다는 점에서 존재감이 상대적으로 낮은 것으로 볼 수도 있으나, 각 팀의 선수단 구성을 살펴보면 전체 선수 중 거의 절반에 가까운 선수가 한국 출신임을 확인할 수 있다. 〈표 7-6〉에 제시된 바와 같이 2021년 OWL 팀들은 1명에서 12명으로 구성된 로스터를 운영하고 있는데, 오버워치 공식 웹사이트에 의하면 전체 20개 팀 총 137명의 로스터 등록 선수active roster members 중 55%에 해당하는 76명이 한국 출신(한국 국적 또는 한국 교포)으로 확인되었다.

그뿐만 아니라 2019년에 있었던 OWL 올스타 게임2019 Overwatch League All-Star Games에 출전한 총 36명의 선수 중 67%에 달하는 24명이 한국 출신이었다. 2020년 OWL 올스타 게임에서는 총 44명의 출전 선수 중 24명(54%)이 한국 출신이었다.

〈표 7-7〉은 2021년까지 집계된 국가별 이스포츠 상금 순위이다. 한국은 누적 9800만 달러(약 1269억 원)의 상금을 확보해 미국과 중국에 이어 3위를 차지하고 있다. 하지만 한국 선수단 규모를 고려했을 때 1인당 수상금은 미국의 2.8배이고, 중국과의 격차가 크지 않은 것을 확인할 수 있다. 한국과 중

〈표 7-6〉 OWL의 한국 출신 선수 비중(2022년 2월 기준)

오버워치 팀	한국 출신 선수(명)	전체 로스터 규모(명)
Shanghai Dragons	8	9
Philadelphia Fusion	3	7
San Francisco Shock	8	12
Paris Eternal	0	7
Guangzhou Charge	6	7
Florida Mayhem	6	6
New York Excelsior	5	5
LA Valiant	0	1
LA Gladiators	2	6
Hangzhou Spark	2	5
Seoul Dynasty	9	9
Atlanta Reign	3	6
Dallas Fuel	8	8
Chengdu Hunters	0	11
Toronto Defiant	2	4
Houston Outlaws	2	7
London Spitfire	1	6
Vancouver Titans	0	6
Washington, DC Justice	8	8
Boston Uprising	3	7
총계	76	137

자료: Overwatchleague.com

〈표 7-7〉 2021년 국가별 이스포츠 획득상금 순위

순위	국가	총 상금(달러)	선수 수(명)	1인당 획득상금(달러)
1	미국	160,822,368.61	18,821	8,544.84
2	중국	124,988,556.87	4,730	26,424.64
3	한국	98,045,109.92	4,060	24,149.04
4	스웨덴	39,562,550.23	2,639	14,991.49
5	덴마크	38,692,143.62	1,616	23,943.16
6	프랑스	32,125,862.72	4,071	7,891.39
7	러시아	29,881,458.37	3,807	7,849.08
8	캐나다	29,099,842.97	2,913	9,989.65
9	독일	28,510,776.04	4,581	6,223.70
10	핀란드	26,009,073.65	1,607	16,184.86

자료: https://www.esportsearnings.com/countries

국의 인구 차이를 감안한다면 한국 선수들의 기량이 압도적임을 알 수 있다.

2) 한국 이스포츠 산업규모 수준

경기력 측면에서 한국 선수들이 세계적으로 인정받고 있는 반면, 산업규모 측면에서 한국 이스포츠 산업은 글로벌 시장의 지배적 위치를 차지하지 못하고 있다. 〈그림 7-8〉 오른쪽을 보면 2019년 글로벌 이스포츠 산업에서 한국이 차지하는 비중은 16.5%인 것으로 나타났다. 이 수치는 2018년 대비 1.4%포인트 증가한 수치이나 2020년에는 14.6%로 감소했다. 한국 선수들의 세계 최고 경기력과 비교한다면 한국 이스포츠의 산업 규모는 글로벌 리더십을 충분히 발휘하고 있다고 보기 어렵다. 한국 이스포츠의 산업 규모가 지속적으로 성장하고 있지만 이에 비해 중국 등 해외 이스포츠 산업의 성장 속도가 더 빠르다.

이처럼 한국 선수들의 경기력 대비 산업규모가 상대적으로 미약한 데는 몇 가지 이유가 있다.

첫째, 국내에는 글로벌 시장에서 막강한 영향력을 행사하는 대회 주최기관과 팀이 많지 않다. 이스포츠 산업은 이스포츠 경기와 경기를 구성하는 대회, 그리고 대회에 참가하는 팀으로부터 파생한다. 따라서 한국 이스포츠 산업의 국제 경쟁력은 한국에서 매출을 발생시킬 수 있는 대회 주최자와 이스포츠 팀의 국제 경쟁력에서 나온다. 한국콘텐츠진흥원의 게임백서(한국콘텐츠진흥원, 2021b)에 의하면 이스포츠 산업의 주요 구성요소는 인터넷·스트리밍 매출, 방송 매출, 대회 상금, 게임단 예산으로 구성되어 있다(〈그림 7-6〉 왼쪽 참고). 인터넷·스트리밍과 방송 매출은 대회와 게임단의 경쟁력에 종속되는 요인이다. 인기 있고 규모가 큰 대회가 개최되면 이를 중계하는 인터넷·스트리밍과 방송 매출이 함께 증가하기 때문이다. 결국 이스포츠 산업의 경쟁력을 견인할 수 있는 핵심 요소는 영향력 있는 대회와 대회 주최기관, 그리고

〈그림 7-8〉 글로벌 시장 대비 한국 이스포츠 시장의 규모

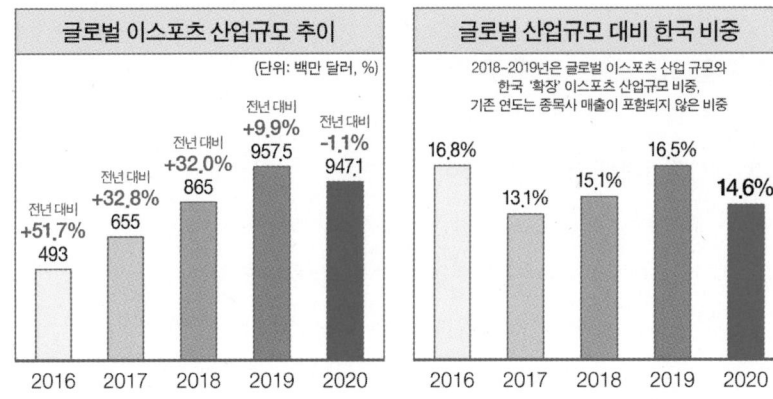

주: 글로벌 이스포츠 산업규모 수치는 〈그림 7-2〉에 제시된 뉴주의 수치와 차이가 있음.
자료: 한국콘텐츠진흥원(2021a).

〈그림 7-9〉 2022년 기준 총 상금 규모에 따른 역대 이스포츠 대회 순위

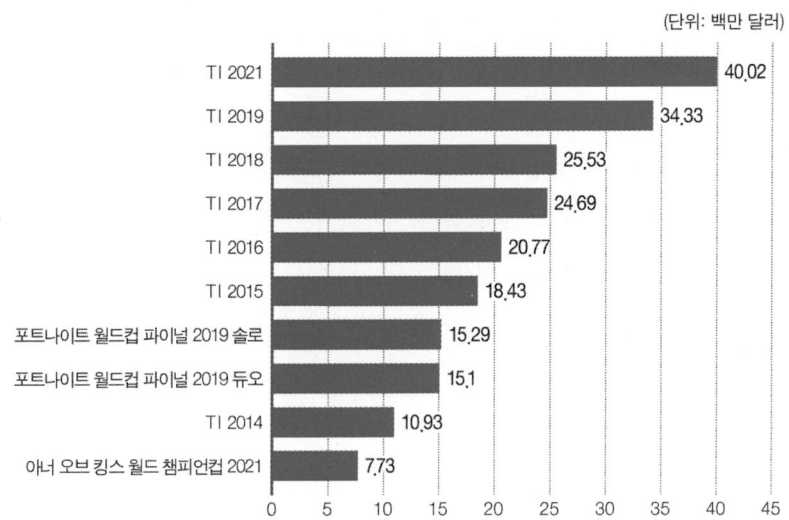

자료: https://www.esportsearnings.com/tournaments

프로 팀이다. 따라서 한국의 글로벌 이스포츠 경쟁력을 키우기 위해서는 전세계 이스포츠 팬들의 이목을 사로잡을 수 있는 대회와, 이를 개최할 수 있는 이벤트 주최 기관, 그리고 대회에 참여하는 명문 이스포츠 팀을 다수 확보해야 할 것이다.

〈그림 7-9〉를 보면 상금규모 기준 역대 Top10 이스포츠 대회 중 한국 게임사 또는 이벤트 주최사가 개최한 대회는 없다. 디 인터내셔널The International: TI은 미국 게임사 밸브가 해마다 개최하는 도타2 대회이며, 2011년 첫 대회부터 2019년 대회까지 총 아홉 번의 대회 중 여섯 번을 미국 시애틀에서 개최했다. 포트나이트 월드컵은 미국 에픽 게임즈Epic Games가 개최하는 대회로 2019년에 첫 번째 월드컵을 뉴욕 US오픈 테니스 대회로 유명한 아서 애시 스타디움Arthur Ashe Stadium에서 개최했다(Perez, 2019).

〈표 7-3〉에 제시된 바와 같이 ≪포브스≫에서 발표한 2020년 글로벌 톱10 이스포츠 팀에 랭크된 한국 팀은 T1(10위)이 유일하다. 하지만 T1은 한국 SK텔레콤과 미국 컴캐스트가 공동 출자하여 2019년 출범한 별도 법인으로 온전한 한국 팀으로 볼 수도 없다(강일용, 2019). 한국 이스포츠 산업 규모를 키우기 위해서는 국제 경쟁력이 있는 전문 대회 주최사와 글로벌 팬덤을 가지고 있는 프로 팀 육성이 필수적이다. 한편 〈표 7-3〉의 젠지Gen.G는 미국 캘리포니아에 본사를 두고 서울과 중국 상하이에 지사를 운영하는 다국적 기업으로 일부 한국 기업으로 볼 여지도 있다.

둘째, 이스포츠 콘텐츠를 국제적으로 유통시킬 수 있는 온라인 플랫폼이 없다는 것도 한국 이스포츠 시장의 성장 저해요소이다. 이스포츠 콘텐츠의 미디어 유통은 OTT 플랫폼이 대세이다. OTT는 디지털과 온라인 속성을 내재적으로 가지고 있는 이스포츠 콘텐츠 유통에 최적화된 플랫폼이다.

전 세계적으로 이스포츠 콘텐츠 미디어 유통은 트위치와 유튜브가 2강 체제를 굳건히 지키고 있다. 한국 LCK와 같은 인기 콘텐츠도 미디어 유통은 글로벌 플랫폼인 트위치와 유튜브를 이용한다. 따라서 미디어 유통을 통한 수익이 발생한다 하더라도 그 수익이 한국 기업으로 온전히 귀속되기보다는 글로벌 플랫폼으로 상당 부분 흘러가고, 따라서 이스포츠 콘텐츠 유통을 통한 한국 이스포츠 산업 기여도는 제한적일 수밖에 없다. 한국의 토종 플랫폼으로 아프리카TV가 있지만 국제적 위상과 시장점유율 측면에서 트위치와 유튜브에 비할 바가 아니다. 향후 한국의 이스포츠 시장 확대를 위해서는 국제적으로 이스포츠 콘텐츠 수요를 견인할 수 있는 한국 이스포츠 OTT 플랫폼이 필요하다. 트위치나 유튜브 등 글로벌 플랫폼과 직접적인 경쟁을 해야 하므로 결코 쉬운 일은 아니겠지만, 한국 선수들의 이스포츠 국제 경기력을 활용해 한국 팀과 선수들에 대한 글로벌 팬덤을 극대화한다면 불가능하지 않다.

셋째, 한국 이스포츠 핵심 이해관계자들의 국제화 전략이 보다 치밀해질 필요가 있다. 이스포츠는 태생적으로 국제적인 특징을 가지고 있다. 전통 스포츠 산업이 국가별·지역별로 구획되어 발전하는 것과 달리 주요 이스포츠 대회는 대부분 글로벌 시장 전체를 대상으로 개최된다. 따라서 대회 주최사와 프로 팀이 한국에 존재한다 하더라도 내수 시장만을 타깃으로 삼는 전략은 이스포츠의 글로벌 잠재력을 충분히 활용하는 방식이 아니다. 한국 리그에 참여하는 한국의 프로 팀이지만 국제적 팬덤을 구축할 수 있는 글로벌 전략을 적극적으로 펼쳐야 한다. EPLEnglish Football League의 맨체스터 유나이티드 팀 연 매출의 절반 이상이 영국 밖에서 발생한다. 한국의 이스포츠 팀들도 국내 시장을 넘어 해외 시장에서 큰 수익을 내겠다는 적극적인 자세와 글로벌 마인드가 필요하다.

참고문헌

강일용. 2019. "SKT-컴캐스트 손잡고 'T1' 브랜드로 이스포츠 시장 개척 나서". IT 동아. https://it.donga.com/28767

디스이즈게임. 2022. "빅픽처인터렉티브, 스마일게이트로부터 WCG 인수". https://m.thisisgame.com/webzine/game/nboard/225/?n=140780

한국콘텐츠진흥원. 2021a. 『2021 이스포츠 실태조사』.

_____. 2021b. 『2021 대한민국 게임백서』.

Champman, Josh. 2018a. "Esports: $1B teams?(NBA in the 1980s)." Konvoy Ventures. https://medium.com/konvoy/esports-1b-teams-nba-in-the-1980s-71e66c23cfe6

_____. 2018b. "Esports Teams: Valued as Tech Companies." Konvoy Ventures. https://medium.com/konvoy/esports-teams-valued-as-tech-companies-79d134a3e00d

_____. 2019. "Esports Teams: Valued as Tech Companies." Hackermoon.com. https://hackernoon.com/esports-teams-valued-as-tech-companies-a2df287e02ee

Esportsearnings.com. 2021. "Highest Earnings By Country." https://www.esportsearnings.com/countries

Insider Intelligence. 2021. "Esports Ecosystem in 2022: Key industry companies, viewership growth trends, and market revenue statsa." https://www.insiderintelligence.com/insights/esports-ecosystem-market-report/

Newzoo. 2020. "Global Esports Market Report. Newzoo." https://newzoo.com/insights/trend-reports/newzoo-global-esports-market-report-2020-light-version/

_____. 2021. "Newzoo's Global Esports & Live Streaming Market Report 2021." https://newzoo.com/insights/trend-reports/newzoos-global-esports-live-streaming-market-report-2021-free-version

Ozanian, Mike. 2021. "World's Most Valuable Sports Teams 2021." Forbes. https://www.forbes.com/sites/mikeozanian/2021/05/07/worlds-most-valuable-sports-teams-2021/?sh=445cd62a3e9e

Perez, Matt. 2019. "Fortnite' World Cup: By The Numbers." Forbes. https://www.forbes.com/sites/mattperez/2019/07/26/fortnite-world-cup-by-the-numbers/?sh=59ea460f6be0

Roundhillinvestments. 2020. "Esports Viewership vs. sports in 2020." Roundhillinvestments.com. https://www.roundhillinvestments.com/research/esports/esports-viewership-vs-sports

Settimi, Christina. 2020. "The Most Valuable Esports Companies 2020." Forbes. https://www.forbes.com/sites/christinasettimi/2020/12/05/the-most-valuable-esports-companies-2020/?sh=38f9a1a773d0

Statista. 2021. "Mobile gaming market in the United States—statistics & facts." Statista.com. https://www.statista.com/topics/1906/mobile-gaming/#dossierKeyfigures

_____. 2022a. "Number of smartphone subscriptions worldwide from 2016 to 2022." Statista.com. https://www.statista.com/statistics/330695/number-of-smartphone-users-worldwide

_____. 2022b. "Leading eSports Tournaments Worldwide as of January 2022." Statista.com (Ranked by Overall Pirze Pool. Statista). https://www.statista.com/statistics/51794 0/leading-esports-tournamets-worldwide-by-prize-pool

World Atlas. 2020. "The Most Popular Sports In The World." Worldatlas.com. https://www.worldatlas.com/articles/what-are-the-most-popular-sports-in-the-world.html

8장 글로벌 이스포츠 리그와 토너먼트

이스포츠 이벤트는 전통 스포츠의 리그와 토너먼트 형식을 적용해 다양한 형태로 발전해 왔다. 각종 대회 및 이벤트의 형식은 경기의 공정성을 담보해야 할 뿐만 아니라 경제성을 고려해야 하고, 팬들의 흥미요소와 사회적 트렌드를 반영해 다양한 이해집단에게 매력적인 이벤트로 기획되어야 한다. 이 장에서는 이스포츠 이벤트의 형식과 관련해 리그, 토너먼트, 승강제 시스템, 프랜차이즈 시스템 등 다양한 이스포츠 이벤트와 관련된 개념을 살펴보고 대표적인 이스포츠 리그와 토너먼트 운영 사례를 알아보고자 한다.

1. 스포츠와 이스포츠의 대전 방식

1) 리그와 토너먼트

이스포츠의 경기 진행 방식은 전통 스포츠의 경기 진행 시스템을 적용해 발전해 왔다. 이 때문에 '리그'와 '토너먼트'라는 용어를 이스포츠에서도 쉽게 접할 수 있다. 이스포츠의 경기 진행 방식은 종목마다 상이하므로 종목별 리그와 토너먼트 대회 형식을 정확히 이해하기 위해서는 올바른 용어의 이해가 필요하다.

리그란 경기를 하는 스포츠 팀의 집단을 의미한다. 한국프로야구Korea Baseball Organization: KBO는 10개의 프로야구 팀으로 구성되어 있는 리그이며, 북미프로야구Major League Baseball: MLB는 총 30개 팀으로 구성된 리그이다. 이렇게 특정 프로 스포츠 안에서 경쟁하는 팀들의 집단을 리그라 한다. 한편 한국에서는 '리그전'이라는 용어도 사용하는데, 이는 여러 팀들의 집합체인 리그 내에서 우승 팀을 가리기 위해 경기를 하는 방식, 즉 '리그의 대전 방식'을 의미한다. 일반적으로 우리가 알고 있는 리그의 대전 방식은 '시즌'이라 불리는 일정 기간 리그에 속해 있는 모든 팀이 서로 한 번 이상 동수의 경기를 치러 가장 많이 이긴 팀 또는 가장 많은 승점을 획득한 팀이 우승하는 방식이고 이를 흔히 리그전이라 부른다.

토너먼트는 적어도 세 팀 또는 세 선수가 참여하는 스포츠 대회를 의미한다. 즉, 세 팀 이상이 출전하는 '모든' 대회가 토너먼트인 것이다. 토너먼트

〈그림 8-1〉 토너먼트의 종류

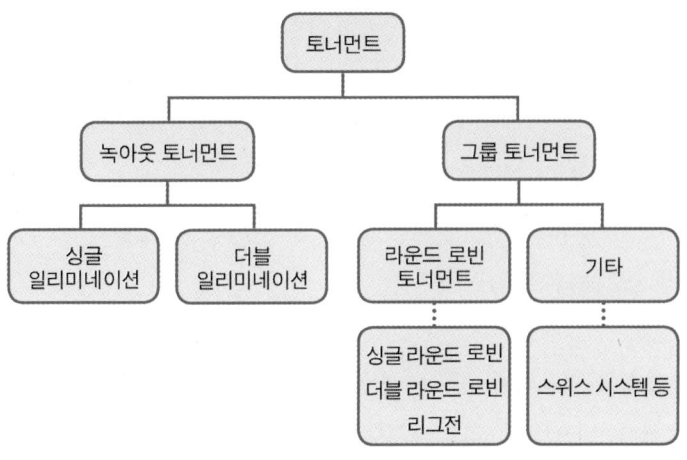

는 〈그림 8-1〉과 같이 녹아웃 토너먼트knock-out tournament와 그룹 토너먼트 group tournament로 구분된다.

녹아웃 토너먼트는 중세유럽 기사들의 무예대결 방식에서 유래한 것으로 한국에서는 승자전勝者戰이라고 부르기도 한다. 녹아웃 토너먼트에서는 사전에 확정된 대진표에 따라 경기를 거듭할 때마다 승자는 다음 경기에 진출하고 패자는 탈락하거나 패자 부활전에 진출하는 방식으로 대회가 진행되며 최후에 남은 두 선수 또는 두 팀이 우승을 놓고 겨룬다.

녹아웃 토너먼트에 참여하는 팀과 선수들이 순위를 결정하는 방법은 다양하다. 8팀이 참가하는 토너먼트는 추첨을 통해 시드 배정을 해서 '8강전 → 4강전 → 결승전'으로 이어지는 3경기를 이기면 우승한다. 이 방식에서는 1패만 해도 탈락하므로 싱글 일리미네이션 토너먼트single-elimination tournament라 한다. 반면 1패를 하더라도 패자 부활전으로 한 번 더 경기를 치를 수 있고, 2패를 하면 최종 탈락하는 방식을 더블 일리미네이션 토너먼트double-elimination tournament라 한다. 더블 일리미네이션 토너먼트에서는 1패를 하더라도 남은 경기를 모두 이기면 우승할 수 있다. 싱글 일리미네이션 토너먼트에서 발생하는 대진의 우연성으로 인한 불공정성을 줄일 수 있는 방식이 더블 일리미네이션 토너먼트이다.

그룹 토너먼트는 토너먼트에 참여하는 모든 팀 또는 선수가 일반적으로 같은 수의 경기를 치르는데 이를 라운드 로빈 토너먼트round robin tournament라 한다. 다른 팀과 1경기를 치르는 방식을 싱글 라운드 로빈 토너먼트single round robin tournament라 하고, 2경기를 치르면 더블 라운드 로빈 토너먼트 double round robin tournament라 한다.

라운드 로빈 토너먼트는 참가 팀이 동수의 경기를 치르는 방식이므로 앞서 설명한 리그전은 본질적으로 라운드 로빈 토너먼트의 한 사례로 볼 수 있다. 영국 EPLEnglish Football League은 20개 팀으로 구성된 리그로서 각 팀이 상대 팀과 홈 앤 어웨이Home and Away 방식으로 2경기씩 치르는 더블 라운드 로빈 토너먼트를 채택하고 있다. 한국 KBO도 10개 팀으로 구성된 리그로서 한 시즌에 각 팀과 16차전까지 치르는 라운드 로빈 토너먼트를 채택하고 있다.

한편 이벤트별로 다양한 토너먼트 형식이 혼용되기도 한다. FIFA 월드컵의 경우 총 64개국이 출전해 16개 조로 나누어 예선을 거친 후 16강을 추려낸다. 이때 4개국으로 구성된 조별 예선전에서는 각 팀이 같은 조에 속한 나머지 3팀과 1경기씩을 치러 조별 순위를 결정하는 싱글 라운드 로빈 토너먼트를 채택하고, 16강부터는 1패를 하면 탈락하는 싱글 일리미네이션 녹아웃 토너먼트를 채택한다. 이스포츠에서 경기운영 방식을 설명할 때는 주로 '싱글 라운드 로빈' 혹은 '더블 일리미네이션' 등으로 간략하게 표현한다.

2) 승강제 리그와 프랜차이즈 리그 시스템

앞서 리그는 스포츠 팀의 집단이라고 했는데 하나의 리그가 독립적으로 운영되는 경우도 있지만 전통 스포츠에서는 복수의 리그가 수준별로 중층화되어 위계적으로 연계 운영되는 경우가 많다. 북미 MLB는 메이저리그가 최상위 리그로 30개 팀으로 구성되어 있으며, 차상위 리그인 트리플A도 30개 팀으로 구성되어 있다. 영국 프로축구는 최상위 리그가 EPL이고 차상위 리그는 EFLEnglish Football League이다. 이처럼 위계적으로 연계된 복수 리그를 운영하는 방식을 '리그 시스템'이라 하며 여기에는 일반적으로 '승강제promotion and relegation'와 '프랜차이즈franchise' 2가지 방식이 있다. 승강제 리그와 프랜차이즈 리그 모두 대체적으로 라운드 로빈 토너먼트 방식을 채택한다.

승강제 리그에서는 한 시즌이 끝난 후 상위 리그의 하위 팀과 차상위 리그의 상위 팀이 서로 강등되고 승격되어 리그의 팀 구성이 매 시즌 소폭 변화한다. 이 같은 승강제 리그 시스템은 팬들에게는 상위 리그와 하위 리그에 속해 있는 팀들의 강등과 승격으로 시즌 관람의 박진감이 더해진다는 장점이 있다. 우승 팀을 가리는 상위 팀들 간의 경쟁만큼이나 강등권 하위 팀들의 경쟁도 흥미를 유발하기 때문이다. 팬들의 입장에서는 잘하는 팀이 상위 리그로 승격되고 못하는 팀은 하위 리그로 강등되는 승강제 시스템이 보다 공정하게 느껴진다. 전통 스포츠에서는 EPL과 같은 축구 리그가 대체로 승강제 시스템을 채택하고 있다.

반면 프랜차이즈 시스템은 상위 리그와 하위 리그 간의 팀 이동이 없다. 한번 상위 리그에 포함된 팀들은 성적과 관계없이 지속적으로 해당 리그에 유지된다. 프랜차이즈 리그 시스템은 매년 같은 팀이 최상위 리그에 참여하므로 강등 위험이 없어서 투자자 유치 및 장기적 지원을 가능하게 한다는 장점이 있다. 팀 구단주 입장에서도 프랜차이즈 리그는 보다 중장기적 안목을 가지고 공격적인 투자로 팀을 재건할 수 있는 여건을 제공한다. 프랜차이즈 리그는 일반적으로 하위 리그인 마이너리그 시스템을 가지고 있는데, 최상위 리그에 속해 있는 팀들이 각각 마이너리그 팀을 운영한다. MLB, NFLNational Football Leauge 등 미국 프로 스포츠 리그는 대부분 프랜차이즈 시스템을 채택한다.

3) 개방형 토너먼트와 폐쇄형 토너먼트 시스템

전통 스포츠 리그를 설명하는 용어로 개방형 리그open league와 폐쇄형 리그closed league가 있다. 이 용어들은 승강제 리그와 프랜차이즈 리그를 구분하는 개념이다. 승강제 리그의 경우 해마다 상위 리그에 새롭게 승격해 진입할 수 있는 창구가 열려 있어 개방형 리그로 불리는 반면, 폐쇄형 리그는 프랜차이즈 리그 시스템으로 팀 성적과 관계없이 상위 리그로의 진입이 불가능한 리그를 의미한다.

이스포츠 토너먼트에서도 개방형 시스템open system과 폐쇄형 시스템closed system이라는 용어가 있는데, 이는 앞서 설명한 전통 스포츠에서의 개방형 리그와 폐쇄형 리그와는 조금 다른 개념이다. 이스포츠 토너먼트는 게임사가 지적 재산권Intellectual Property: IP을 소유하기 때문에 게임사의 승인 없이는 대회를 개최할 수 없고, 이러한 이스포츠의 특징을 반영하는 뜻으로 개방형 리그와 폐쇄형 리그라는 용어를 사용한다.

이스포츠에서 개방형 시스템은 토너먼트 개최를 위한 게임사의 승인을 확보하는 데 어려움이 없어 누구든지 제3의 이벤트 주최자Third Party Event Organizer: TPO 자격으로 대회 개최가 가능하다. 때문에 다양한 TPO가 저마다 이스포츠 대회를 기획하고 참가자를 받아 대회를 개최한다. 사실상 누구든 토너먼트 개최가 가능하므로 크고 작은 대회가 연중 쉼 없이 개최된다. 이렇다 보니 프로, 아마추어, 세미프로 등 다양한 수준의 참가자를 대상으로 하는 각종 토너먼트가 개최되고 자연스럽게 정상급 실력을 갖추지 못한 아마추어 선수들이나 세미프로 선수들에게도 대회에 참여할 수 있는 기회가 많이 제공된다. 또한 상대적으로 전력이 약한 팀과 선수들은 개방형 시스템의 다양한 대회에 출전해 경험과 실력을 쌓을 수 있다. 코로나 팬데믹 시기에도 중하위권 팀 등급인 3티어와 4티어 선수들이 참가할 수 있는 다양한 온라인 대회가 존재했다는 점이 바로 이 오픈 시스템의 장점이라 할 수 있다. 게임사는 일반적으로 상금 또는 상금과 운영비를 지원하며, 시장 상황에 맞춰 대회가 운영되기 때문에 다양한 사업자의 시장 진입을 촉진하는 효과가 있다.

다양한 실험적 포맷이 시도될 수 있다는 것도 개방형 시스템의 장점이다. 배틀그라운드 이스포츠의 경우 최상위 대회를 포함해 지역 리그 대회들은 슈퍼룰이라고 불리는 포인트 합산 시스템을 사용하지만, TPO 대회인 스매시컵에서는 일정 점수에 도달한 팀들 중 가장 먼저 치킨을 획득한 팀이 우승하는 로컬룰을 적용하고 있다. 전문적인 프로덕션 역량을 갖춘 TPO들이 대회를 운영하기 때문에 연출적인 측면에서도 다양한 색깔을 보여 주기에 용이하다.

하지만 게임사가 대회를 직접 통제하지 않기 때문에 대회 품질이 수준 이하로 떨어질 우려도 있다. 일례로 슬로베니아에서 개최된 게이밍 파라다이스Gaming Paradise 대회의 경우 PC도 제대로 준비되지 않아 정상적인 대회 운영이 불가능했다. 이러한 문제는 게임사가 어느 정도 개입하고 규제를 했다면 해결되었을 것이다.

빈번한 대회 개최는 어떤 선수들에게는 대회 참여의 기회가 확대된다는 장점이 될 수 있지만 또 다른 선수들에게는 잦은 경기 출전으로 피로도를 높인다는 지적도 있다. 개방형 시스템을 적용하는 대표 종목인 CS:GO Counter-Strike:Global Offensive의 프로선수 루카스 로젠더Lukas 'gla1ve' Rossander 와 안드레아스 호이스레트Andreas 'Xyp9x' Højsleth는 지나치게 잦은 대회 일정으로 번아웃을 호소했다. 코로나 팬데믹 기간에도 불구하고 이 선수들의 일정은 크고 작은 온라인 대회들로 가득 차 있으며 대다수 대회들의 결과가 선수 랭킹 시스템에 영향을 미치기 때문에 선수들은 대회를 포기할 수 가 없는 상황이다. 팀들의 입장에서는 미디어와 팬들에게 노출될 수 있는 작은 기회도 놓치고 싶지 않기 때문에 게임 개발사가 주요 대회의 숫자를 제한하지 않는 개방형 시스템의 피로도 이슈는 지속될 것으로 보인다.

한편, 폐쇄형 토너먼트 시스템은 지적 재산권 소유권자인 게임사가 직접 리그와 토너먼트를 개최하는 시스템을 의미한다. 예외적 대회가 아니라면 게임사 이외의 TPO가 프로대회를 개최할 여지가 없다. 폐쇄형 시스템의 대표적인 사례는 라이엇 게임즈의 LoLLeague of Legends이다. LoL 글로벌 4대 리그 중 하나인 LCKLeague of Legends Champions Korea는 라이엇 게임즈가 리그와 경기장, 온라인 스트리밍 방송까지 직접 운영한다. 1부 리그인 LCK의 모든 팀들이 2부 리그 팀을 운영함으로써 유망주를 발굴하고 육성할 수 있는 시스템을 정착시킨 것도 라이엇 게임즈의 프랜차이즈 리그 규정에 의한 것이다. 일반 아마추어 선수들과 동호인들을 위한 LoL 대회는 한국이스포츠협회 Korea e-Sports Association: KeSPA 또는 여러 지자체에서 개최하는 경우가 있으나 이러한 경우에도 라이엇 게임즈는 대회 승인만 해주는 것이 아니라 대체로 함께 경기를 운영하고 통제한다.

이렇듯 폐쇄형 시스템은 게임사의 통제가 크기 때문에 게임사가 직접 모든 대회의 품질을 조절할 수 있다는 장점이 있다. 게임사가 모든 지역 대회까지도 감독하기 때문이다. 과거 LoL 유럽 리그The European League of Legends Championship Series의 시청률이 떨어졌을 때, 라이엇 게임즈는 새로운 콘셉트를 개발하고 LECLeague of Legends European Championship라는 새로운 브랜드로 재탄생시켰다. LEC는 새로운 형식과 진행으로 리그의 품질을 크게 향상시켰다. 이러한 변화는 게임사가 리그 운영을 직접 통제하고 관리할 때 가능한 변화이다. 또한 앞서 개방형 토너먼트 시스템의 경우는 지나치게 촘촘한 대회 일정으로 탑티어 선수들의 피로도가 과도하게 높아질 수 있다는 문제점이 지적된 바 있는데, 폐쇄형 시스템에서는 게임사가 메이저 대회의 모든 스케줄을 통제하기 때문에 상대적으로 그런 문제에서 자유롭다. 하지만 최근에는 프랜차이즈 리그들도 긴 스케줄과 스트리밍 의무 조항 등으로 장기 시즌을 소화하기 때문에 엄밀히 말해 선수 피로도 문제는 리그 시스템 자체에서 기인한다기보다는 리그 운영과정에서 조율해야 할 이슈라 할 수 있다.

폐쇄형 토너먼트의 장점은 게임사가 브랜드를 관리할 수 있다는 것인데, 이는 역으로 게임사가 브랜드 관리를 소홀히 할 경우 리그의 품질 하락으로 이어질 수도 있다는 것을 의미한다. 게임사가 관리하는 대회 외에는 다른 대회가 존재하지 않기 때문에, 즉 경쟁이 존재하지 않으므로 게임사가 대회와 방송 품질의 향상 필요성을 느끼지 못하거나 관련된 노력을 게을리할 수 있는 것이다. 이러한 이유로 같은 폐쇄형 토너먼트 시스템을 적용하는 LoL과 오버워치를 비교해 보았을 때, LoL 리그는 브랜드 관리가 잘 되고 있다는 평가를 받는 반면 출범 초기 높은 수준의 브랜드 관리로 관심을 모은 오버워치 리그Overwatch League: OWL는 최근 운영 측면에서 다소 부족하다는 평가를 받기도 한다.

또한 팀과 게임사의 초기 비용 부담이 크고 게임사에 대한 재무적 의존도가 높다는 것 또한 폐쇄형 시스템의 단점이다. 폐쇄형 시스템은 일반적으로 가입비를 받고 독점적 지위를 보장하며 리그 수익을 게임사와 가입 팀이 나누는 방식인데, 리그 수익이 기대에 미치지 못할 경우 팀들의 운영 부담이 커질 수 있다. 수익 확보를 위해 유튜브에 독점 중계권을 팔았다가 전체 뷰어십에 큰 타격을 받은 오버워치 리그의 경우 현재 참가 팀들이 총 4억 달러 (약 5200억 원) 가량의 가입금을 내지 못하고 있는 상태로 알려져 있다. LoL 지역 리그 중 최고 수준의 뷰어십을 자랑하는 LCK도 프랜차이즈 이후 수익 공유가 당초 기대치에 미치지 못해 팀들의 불만이 있는 것으로 알려지고 있다. 하지만 폐쇄형 시스템의 가장 큰 장점은 팬덤을 안정적으로 관리할 수 있다는 것이다. 대형 팀들과 함께 스토리텔링의 연속성을 이어 갈 수 있기에 재무적 안정성만 확보된다면 폐쇄형 시스템은 꾸준한 성장을 도모할 수 있다.

폐쇄형 토너먼트를 운영할 것인지, 개방형 토너먼트를 적용할 것인지는 전적으로 게임사가 결정할 문제이다. 따라서 게임사의 속성과 경영 철학에 따라 온전히 폐쇄형 시스템을 적용할 수도, 완전히 개방형 시스템으로 운영할 수도 있으며, 양극단의 중간 지점으로 주요 대회는 게임사가 직접 운영하지만 그 밖의 중소 대회는 TPO에게 권한을 넘기는 경우도 있다. 예컨대 라이엇 게임즈의 LoL은 프로대회로 TPO를 전혀 허용하지 않는다. 반면 크래프톤의 배틀그라운드처럼 직접 개최와 TPO 운영을 병행하는 경우도 있다. 밸브는 최상위 대회에 상금 지원을 아끼지 않으면서도 대회 운영은 TPO에게 일임하는 등 TPO를 적극 장려하는 정책을 펼친다. 이스포츠 생태계는 다양한 형태로 성장 중이고 종목마다 환경이 다르기 때문에 어떤 방식이 정답이라고 단언하기는 어렵다. 다만 각 종목은 상호 간 벤치마킹하면서 서로의 장점을 흡수하는 방식으로 지속적으로 진화하고 있다.

2. 이스포츠 리그와 토너먼트 운영 사례

이스포츠의 대회 방식은 전통 스포츠의 리그와 토너먼트 방식을 그대로 적용하거나 응용하여 다양한 방식으로 발전하고 있다. 대표적인 사례로 승강제 시스템을 적용했던 초창기 LoL 리그, 프랜차이즈 시스템을 적용하는 OWL과 현재의 LoL 리그, 그 밖에 CS:GO, 하스스톤, 배틀그라운드, 스타크래프트2 등 다양한 이스포츠 리그를 소개한다.

1) 초창기 LoL 리그: 승강제 리그 시스템

이스포츠에서 승강제 리그는 초창기 LoL 리그에 적용되었으나 현재는 거의 자취를 감춘 방식이다. 한국 리그 LCK의 경우, 2021년 프랜차이즈 시스템으로 전환되기 전까지 승강제 리그 시스템을 적용했다.

LCK는 2012년에 'LoL 더 챔피언스'라는 타이틀로 출범해 온게임넷OnGameNet: OGN으로 중계되었다. 초기에는 라이엇 게임즈, OGN, KeSPA 세 기관이 협의하여 대회를 운영했다. LoL 더 챔피언스는 최초의 LoL 지역 리그로 LoL 월드 챔피언십이 열리는 가을을 제외한 스프링, 서머, 윈터 3회의 스플릿을 운영했다. 북미 리그 LCSLeague of Legends Championship Series, 유럽 리그 LEC와 같은 대륙 리그가 출범하기 전인 2012년 스프링과 서머 스플릿은 해외 팀을 초청해 16강 체제로 운영되었고, 그 이후로는 국내 팀으로만 운영되어 왔다. 대회 진행은 현재 LoL 월드 챔피언십과 유사하게 라운드 로빈 형식의 그룹 스테이지와 녹아웃 방식의 플레이오프 스테이지로 나눠져 진행되었다. 방송사 중심으로 운영되었던 대회인 만큼 방송 스케줄에 맞춰야 했기 때문에 타 지역 대회에 비해 경기 수가 적은 것이 특징이었다.

LoL 더 챔피언스는 2015년 리그를 개편해 대회명을 LCK로 전환하고 대전 형식을 그룹별 진행이 아니라 하나의 리그 내 모든 팀이 경기를 하는 싱글 리그single league로 전환했다. 또한 LCK와 하위 리그인 LCK CKChallengers Korea 간 승강제를 도입하여 2021년까지 승강제 시스템으로 진행되어 왔다. 2019년 스프링 스플릿부터는 라이엇 게임즈가 직접 주최하기 시작했다. 대회도 라이엇이 직접 운영하는 롤파크에서 진행되었고, 중계 또한 라이엇이 스트리밍 서비스를 이용하여 직접 관리하면서 케이블 TV 중계도 중단되었다. 통상적으로 승강전은 상위 리그인 LCK의 10개 팀과 하위 리그인 LCK CK의 8개 팀이 각 리그를 진행하고, 시즌 결과에 따라 LCK의 하위 2팀이 강등되고, LCK CK의 상위 2팀은 LCK로 승격되는 형식을 취했다. 승강제를 적용하는 유럽 프로축구 리그의 운영 방식과 같다.

승강제 리그는 이스포츠 팬들에게 환대를 받았지만 투자자나 구단주에게는 매력적이지만은 않은 형식이다. 투자차들의 입장에서는 해당 리그가 승강제 시스템을 적용하고 있다면 투자 팀의 강등 리스크를 고려하지 않을 수 없다. 투자 성공에 대한 불확실성이 증가하는 것이다. 미국의 LCS는 이처럼 주요 팀들이 하위 리그로 강등될 수 있다는 승강제의 한계점을 지적하며 2016년 11월 라이엇 게임즈에 공식적으로 불만을 제기 하기도 했다. 이들이 제시한 승강제의 대표적인 문제점은 리그 기간 내 선수들과 지도자의 고용 불안정성, 저임금, 취약한 팬덤, 스폰서십 약화, 재정난이었다. 이 모든 문제점들은 궁극적으로 선수와 지도자들의 고용 불안정성과 깊이 연관되어 있다 (Billy, 2016). 승강제 리그에서 투자자와 '스폰서는 선수 혹은 팀 자체가 상위 리그에서 강등될 수 있다는 불안정성 때문에 투자에 소극적인 태도를 취할 수 있다. 따라서 구단주는 선수들에게, 스폰서들은 팀에 적극적으로 투자하기가 어려워지고, 특히 하위 리그로 강등될 가능성이 높은 팀들은 재정난에 매우 취약해지는 구조인 것이다.

실례로 LCS의 경우 2016년 2개 신생 팀이 대규모 투자를 받고 탄생했다. NGR eSports와 Echo Fox이다. NGR eSports는 NBANational Basketball Association 소속 새크라멘토 킹스의 구단주인 앤디 밀러가 창단한 이스포츠 팀으로, NBA 슈퍼스타 샤킬 오닐, MLB 스타 알렉스 로드리게스와 지미 롤린스의 투자를 받아 유명세를 얻었다. Echo Fox 역시 LA 레이커스 출신 농구선수였던 릭 폭스가 창단하며 큰 관심을 받았다. 그러나 거대한 투자를 받은 두 팀 모두 강등 위기를 겪었고, 결국 NGR eSports는 리그에서 강등되며 많은 투자자를 잃었다. 이런 시련을 극복하기 위해 LCS는 2018년 승강제 리그 형식을 프랜차이즈 리그 형식으로 전환했는데, 그후 NBA의 클리블랜드 캐벌리어스, 골든 스테이트 워리어스, 휴스턴 로케츠로부터 큰 투자를 받았다 (George and Sherrick, 2020). 승강제 시스템의 투자 불확실성이 해소되면서 투자가 확대된 것으로 볼 수 있다.

승강제 리그의 또 다른 단점은 하위 리그 팀들이 팬덤을 형성하기 어렵다는 것이다. 일반적으로 전통 스포츠는 하위 팀이라 하더라도 지역연고가 있기 때문에 지역 팬덤이 형성된다. 하지만 이스포츠는 지역연고제를 적용하는 경우가 드물어 팀 성적 이외에는 팬들이 팀과 정서적 연대를 쌓기 어려운 구조이다. 이 때문에 성적이 낮은 팀들은 팬덤을 형성하기가 매우 어렵고, 심지어 팬이라 할지라도 하위 리그 팀들은 이름조차 기억 못하는 경우도 많다. 2017년 미국의 소셜 뉴스 사이트 레딧에서 LCS 팀 10개를 대상으로 설문조사를 했는데, 그중 절반 이상이 Team Solomid(26%)와 Cloud9(24%)을 가장 좋아하는 팀으로 꼽았다. 이 두 팀은 가장 좋은 성적을 내는 팀이기도 하다 (George and Sherrick, 2020). 팬들의 입장에서는 지역연고처럼 특정 유대관계 없이는 하위 리그에 속한 팀들의 경기를 볼 확률이 매우 적고 이는 투자자나 스폰서의 투자를 제한하게 만드는 효과가 있다.

앞서 기술했듯이 초창기 LoL의 모든 리그는 승강제 시스템이었으나, LCS, LEC, LPLLeague of Legends Pro League이 2018년과 2019년에, 그리고 LCK가 2021년에 프랜차이즈 리그로 전환해 세계 4대 리그가 모두 프랜차이즈 시스템이 되었다. 유럽 축구처럼 100년 이상의 오랜 역사를 가지고 지역사회로부터 발전해 온 것이 아니라 처음부터 하나의 산업으로 발전해 온 이스포츠로서는 스폰서와 투자자 유치에 친화적인 프랜차이즈 시스템으로의 전환이 불가피한 선택이었을 것이다.

2) 오버워치 리그와 LoL 리그: 프랜차이즈 리그 시스템

프랜차이즈 리그 시스템은 매년 팀들에게 리그 내에 보장된 자리를 제공하기 때문에 새로운 투자자 유입이 용이하고, 기존 투자자는 투자 팀에 장기적으로 지원할 수 있다. 또한 구단주가 보다 공격적으로 팀을 재건하고 팀에 투자할 수 있는 기회를 제공한다. 프랜차이즈 리그는 하위 리그인 마이너리그 시스템을 가지고 있는데, 최상위 리그에 속한 팀들이 각 팀의 마이너리그 팀을 운영한다. 액티비전 블리자드가 운영하는 오버워치 리그가 프랜차이즈 시스템을 적용하는 대표적 사례이다. 오버워치 리그는 상위 리그로 '오버워치 리그'를, 하위 리그로 '오버워치 컨텐더스Overwatch Contenders', '오버워치 컨텐더스 트라이얼Overwatch Contenders Trials', '오버워치 오픈 디비전Over-watch Open Division'을 두고 있다. 미국 프로야구 MLB 시스템과 비교한다면 오버워치 리그는 메이저리그, 오버워치 컨텐더스 리그와 오버워치 컨텐더스 트라이얼 리그는 마이너리그, 오버워치 오픈 디비전은 아마추어 대회라고 생각할 수 있다. 오버워치 리그의 운영 방식은 MLB 시스템과 매우 유사한데, 모든 오버워치 팀은 오버워치 리그와 오버워치 컨텐더스 리그에 선수를 보유하고 운영하거나, 오버워치 컨텐더스 리그를 운영하는 구단주로부터 오버워치 리그로 진출할 선수를 영입할 수 있다. 이때 이적료가 발생할 수 있으며, 오버워치 컨텐더스 리그 구단은 이적료 수익을 오버워치 리그 구단으로부터 받을 수 있다.

프랜차이즈 리그의 큰 장점은 안정성이다. 액티비전 블리자드는 오버워치 리그 각 팀들에게 소속 선수들의 당장의 처우뿐만 아니라 향후 장기적인 복지까지도 지원하기를 권장한다. 이를 위해 블리자드는 2017년 선수 관련 계

• 시즌 1 (2018)

북미	유럽	아시아
보스턴 업라이징 플로리다 메이헴 휴스턴 아웃로즈 뉴욕 엑셀시어 필라델피아 퓨전 댈러스 퓨얼 LA 글래디에이터즈 LA 발리언트 샌프란시스코 쇼크	런던 스핏파이어	서울 다이너스티 상하이 드래곤즈

• 시즌 2 (2019~현재)

북미	유럽	아시아
토론토 디파이언스 워싱턴 저스티스 애틀랜타 레인 밴쿠버 타이탄즈	파리 이터널	광저우 자지 청두 헌터즈 항저우 스파크

약조건을 발표했고, 거기에 최소연봉 5만 달러(약 6500만 원), 의료보험, 퇴직 연금 등을 포함시켰다. 이는 상당히 파격적인 조건으로 프랜차이즈 리그가 선수에게 제공할 수 있는 경제적 안정성을 보여 주는 좋은 사례이다. 이처럼 선수들의 경제적 안정성을 보장하기 위해서는 소속 팀의 경제적 안정성이 필수적인데, 오버워치는 보다 많은 투자자를 유치하기 위한 방안으로 전통 스포츠의 지역연고 개념을 이스포츠에 도입했다. 오버워치 리그는 〈표 8-1〉과 같이 리그 첫 시즌이었던 2018년 아시아, 유럽, 북미의 주요 도시를 대표하는 총 12팀이 참가했고, 2019년부터는 8팀이 추가되어 현재 20팀이 리그에 참가한다.

오버워치 리그는 특히 전통 스포츠 구단주들의 관심을 많이 받았다. NHL National Hockey League 필라델피아 플라이어스Philadelphia Flyers를 소유한 컴캐스트 스펙타코어Comcast Spectacor, NFL 뉴잉글랜드 패트리어츠의 구단주

로버트 크래프트Robert Kraft, 로스앤젤레스 램스Los Angeles Rams 구단주 스탄 크론케Stan Kroenke, MLB 뉴욕 메츠New York Mets의 구단주 프레드 윌펀 Fred Wilpon 등이 투자자로 참여해 관심을 끌었다. 2019년에는 월드 테니스 팀 워싱턴 캐슬스Washington Kastles의 구단주 마크 인Mark Ein, NHL 밴쿠버 커넉스Vancouver Canucks의 소유 그룹인 콕스 엔터프라이즈Cox Enterprises가 합류했다. 첫 시즌에 참가한 팀들은 2천만 달러(약 24억 원), 두 번째 시즌부터 참가한 팀들은 3천만~6천만 달러(약 36억~70억 원)의 프랜차이즈 비용 투자를 약속한 것으로 알려졌다. 전 스포츠 팀 구단주들의 이 같은 투자 배경에는 지역연고제가 큰 역할을 한 것으로 알려졌다(ESPN, 2018).

오버워치 리그가 지역연고제를 도입한 또 다른 배경에는 지속 가능한 팬덤 구축이 있다. 오버워치 리그는 출범 당시 12개 연고도시를 시작으로 현재는 총 20개의 연고도시를 지정해 팬들과 정서적으로 연계할 수 있는 접점을 만들고자 노력하고 있다(〈표 8-1〉 참고). 오버워치 리그 연고제에서의 연고도시들은 한 국가 내의 도시들이 아니라 글로벌 국제 도시들로 이루어져 있다. 전통 스포츠의 경우는 국가 단위로 구분된 지리적 영토 안에서 지역연고 도시를 지정한다. 하지만 오버워치 리그는 이스포츠의 글로벌 특성을 반영해 전 세계를 무대로 오버워치 연고도시를 지정했다. 한국에는 '서울 다이너스티', 중국에는 '상하이 드래곤즈', 영국에는 '런던 스핏파이어', 미국에는 '뉴욕 엑셀시어,' '샌프란시스코 쇼크,' 'LA 글래디에이터즈' 등의 팀이 있다. 오버워치 리그의 표적 시장이 어느 특정 국가에 한정되지 않고 전 세계를 타깃으로 삼고 있음을 반영하는 전략이다. 액티비전 블리자드는 지역연고를 바탕으로 투자자 확보와 팬덤 형성뿐 아니라 머천다이징 판매 등 다각적인 전략을 모색하고 있다.

LoL 리그도 프랜차이즈 시스템을 도입하고 있는 대표적 사례이다. 앞서 기술했듯이 LoL은 유럽 축구를 본따 승강제 리그로 시작했지만 2018년 중국 리그 LPL, 북미 리그 LCS, 2019년 유럽 리그 LEC, 마지막으로 2021년 한국 리그 LCK가 프랜차이즈 시스템으로 전환되면서 모든 메이저 LoL 챔피언스 리그가 승강제에서 프랜차이즈 시스템으로 전환되었다. 2020년 라이엇 게임 즈 코리아는 리그의 프랜차이즈 전환을 위해 구단을 공개 모집했는데 리그 가입비가 100억 원에 달했는데도 10팀 모집에 총 21개 구단이 지원했다. 지 원 팀 중에는 미국 스타트업 기업과 노르웨이 이스포츠 기업도 포함되어 있 어 한국 리그 LCK에 대한 높은 국제적 관심을 보여 주었다.

3) 카운터 스트라이크:글로벌 오펜시브Counter-Strike:Global Offensive: CS:GO

밸브의 CS:GO는 개방형 시스템을 채택해 다양한 TPO가 대회를 주최할 수 있도록 허용한다. 때문에 카운터 스트라이크는 연중 크고 작은 대회가 쉼 없이 개최된다. PGA 투어 골프 대회와 ATP 투어 테니스 대회가 연중 무수히 개최되는 이른바 서킷 방식circuit system을 채택하는 것과 유사하다. 대회 기 간은 짧게는 하루이틀에서 길게는 수 주일이면 종료되어 상대적으로 짧다. 토너먼트 운영 방식도 대회와 TPO의 수만큼 다양하다.

2020년 이후 코로나 팬데믹 상황에서도 연간 140여 개의 크고 작은 카운 터 스트라이크 대회가 열렸다. 이처럼 많은 대회가 열리므로 대회 주최사 간 경쟁은 자연히 심화된다. 대회 주최사들은 큰 상금을 걸거나, 선수들에게 좋 은 대우를 제공하거나, 방송중계 품질을 높이는 방법으로 유명 팀의 참가율 을 높이기 위해 노력하고 전략적으로 연초에 대회를 일찍 개최하기도 한다.

카운터 스트라이크 대회는 상금 규모와 출전 선수들의 수준에 따라 S, A, B, C 티어로 나뉜다. 이 대회들을 2021년 기준 상금순으로 살펴보면 PGL Major Stockholm(200만 달러), CS:GO Major Championship Fall(100만 달러), ESL One Cologne 2021(100만 달러), ESL Pro League(100만 달러), IEM Katowice (100만 달러), BLAST Premier(100만 달러) 등이 대표적이다(Geeks, 2022). 이처

럼 카운터 스트라이크 대회는 연중 각기 다른 토너먼트가 끊임없이 개최되고 있다.

카운터 스트라이크 대회 중 가장 대표적인 '메이저' 대회는 게임사 밸브가 직접 후원하는데 상금 규모도 가장 크고 수백 팀이 예선에 참가하기 때문에 팀의 명성을 쌓을 수 있는 가장 권위 있는 대회이다. 일반적으로 메이저 대회는 연 2회 개최되고, 최종본선 진출이 하나의 별도 대회와 견주어질 만큼 난이도가 높다. 2021년도부터 메이저 대회는 크게 3개 스테이지로 나눠서 진행되었다. 가장 먼저 열리는 챌린저스 스테이지에서는 유럽, 북미, 남미, 러시아계 독립국가연합, 아시아, 오세아니아 지역 예선의 상위 16팀 중 8팀을 가린다. 레전드 스테이지에서는 챌린저스 스테이지에서 올라온 상위 8팀과 이전 대회 상위 8팀을 더한 총 16팀이 최종 챔피언스 스테이지로 진출할 8팀을 가린다. 챌린저스 스테이지와 레전드 스테이지에서는 '스위스 시스템'으로 경기가 진행된다. 이 시스템은 공평하지만 참가 팀 숫자가 증가하면 경기가 무한대로 늘어나는 라운드 로빈 형식과 경기 결과에 대진 운이 크게 작용하는 녹아웃 제도를 보완한 것이다. 간단히 말해 전적이 같은 팀끼리 대결하는 방식으로, 동일 팀과는 다시 경기하지 않는다. 이렇게 가려진 레전드 스테이지의 상위 8팀은 챔피언스 스테이지로 진출하는데 이때부터는 싱글 일리미네이션 토너먼트 형식으로 승자를 가린다.

앞서 기술했듯이 연중 카운터 스트라이크 대회가 많이 개최될 수 있는 이유는 지적 재산권 소유주인 밸브가 다양한 TPO에 카운터 스트라이크 이벤트 개최를 승인해 주는 개방형 시스템을 채택하기 때문이다. 앞서 언급된 카운터 스트라이크 대회 중 거의 모든 대회가 TPO 주최이다.

밸브는 까다로운 기준으로 연중 개최되는 대회 수를 철저히 통제할 수도 있지만 그런 전략을 사용하지 않는다. 때문에 카운터 스트라이크 대회는 연중 난립하는 비체계성과 촘촘한 대회 일정으로 플레이어들에게 높은 피로도를 가져다준다. 일례로 2016년 열린 프리미어 카운터 스트라이크 LAN 토너먼트Premier Counter-Strike LAN tournaments는 1년 중 214일간 대회가 진행되었다(Gonzales, 2017). 다수의 팀 코치들과 선수들이 이에 대해 불만을 표출하면서도 특정 대회에만 출전할 경우 랭킹 관리에 불이익을 받을 수 있다고 판단해 다소 무리가 따른다 하더라도 최대한 많은 토너먼트에 참여하고자 노력하는 상황이다. 또한 지나치게 대회가 많기 때문에 랭크를 관리하기 어렵고 프로진출 루트가 명확하지 않다는 지적도 있다. 한편 수많은 토너먼트가 존재하기 때문에 소수의 주요 대회들만 높은 시청률을 기록하고, 나머지 다수의 대회는 시청률이나 흥행 면에서 저조할 수밖에 없다. 시청자 혹은 팬 입장에서는 수많은 대회가 난립하기 때문에 메이저 대회가 어떤 것인지 혼란스러울 수 있고 각 대회의 규칙이나 형식을 이해하기 어려울 수 있다.

반면 상대적으로 짧은 이벤트가 연중 무수히 개최되므로 팀 투자자 혹은 매니저의 입장에서는 팀 관리와 이벤트 운영 비용이 경제적이라는 장점이 있다. 긴 시즌 동안 지속적인 투자를 해야 하는 프랜차이즈 리그 시스템에 비해 비교적 짧은 기간에 치러지는 토너먼트 대회 또는 여기 출전하는 팀에 대한 지원에 집중할 수 있으므로 투자 리스크가 적고, 투자 성과를 즉각적으로 확인할 수 있기 때문이다.

4) 하스스톤

액티비전 블리자드의 하스스톤은 팬들의 혼란과 선수들의 피로도를 낮추기 위해 메이저 대회는 직접 개최하고 소규모 대회는 제한된 협력 기관만이 블리자드의 승인을 받고 개최하는 방식이다.

액티비전 블리자드가 직접 개최하는 주요 대회는 '하스스톤 마스터즈'와 '하스스톤월드 챔피언십'이 있다. 하스스톤 마스터즈는 마스터즈 예선전, 마스터즈 투어, 그랜드 마스터즈, 총 3단계로 구성된다. 최하위 리그인 하스스톤 마스터즈 예선전은 하스스톤 플레이어라면 누구나 참여할 수 있다. 블리자드 플랫폼인 배틀파이Battlefy에서 온라인으로 대회가 진행되며 싱글 일리미네이션 토너먼트 룰인 3전 2선승제로 진행된다. 마스터즈 예선 기간에는 매주 약 30개의 토너먼트가 진행된다.

마스터즈 예선 우승자는 상위 리그인 마스터즈 투어 출전권을 얻는다. 승률 기록이 높은 선수들 또한 상위 리그 초청권을 받는다. 상위 리그인 마스터즈 투어는 초청받은 마스터즈 예선전 승자들이 참가하는 대회로 북미, 아시아 태평양, 유럽 3개 지역에서 개최된다. 각 토너먼트별로 총 상금 25만 달러가 걸려 있고 300여 명의 선수가 출전한다. 경기는 5전 3선승제로 진행되고 승수와 순위에 따라 마스터즈 투어 포인트가 차등 지급된다. 1라운드와 2라운드는 스위스 라운드 방식으로, 플레이오프인 16강부터는 싱글 일리미네이션 토너먼트 방식으로 진행된다.

2022년에 개편된 하스스톤 그랜드 마스터즈의 경우 북미, 아시아 태평양, 유럽으로 구성된 3개 지역에 16명의 선수가 참가한다. 그랜드 마스터즈는 시즌 1과 시즌 2로 구성되어 있으며, 시즌 2는 '라스트 콜'이라는 별칭을 가지고 있다. 그랜드 마스터즈는 두 차례의 8주 시즌으로 구성되어 있고, 2020년의 경우 시즌 1은 4월 중순부터 2개월간, 시즌 2는 8월 중순부터 2개월간 진행되었다. 시즌 동안 경기는 더블 일리미네이션 방식으로 진행되고 각 주차 성적에 따라 포인트가 차등 지급된다. 7주차 일정 종료 후 누적 포인트 상위 8명이 8주차 플레이오프 토너먼트에 진출해 우승자를 가린다. 한편, 액티비전 블리자드는 2022년이 그랜드 마스터즈 대회의 마지막 해가 될 것이라고 발표했다. '라스트 콜'에는 〈그림 8-2〉과 같이 마스터즈 시즌 1 지역별 투어의 4위 이내 선수들 총 12명과 마스터즈 투어 포인트를 가장 많이 획득한 선수 4명으로 구성된 총 16명이 참가한다.

2022년 하스스톤 월드 챔피언십에는 〈그림 8-3〉과 같이 총 16명의 선수가 출전할 수 있다. 그랜드 마스터즈의 각 시즌 챔피언십을 통해 8명의 선수들이 초청되며, 중국에서 별도로 진행되는 하스스톤 대회인 골드 시리즈에서 4

〈그림 8-2〉 하스톤 그랜드 마스터즈 시즌 2 출전선수 선발을 위한 라스트 콜 방식

〈그림 8-3〉 하스톤 그랜드 마스터즈 월드 챔피언십 출전자 구성

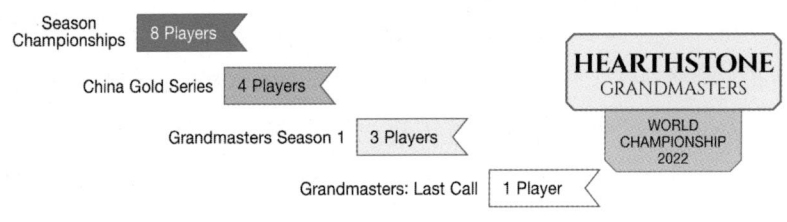

팀이 초청된다. 그랜드 마스터즈 시즌 1에서 북미, 유럽, 아시아 각 지역별 우승자 3명이 월드 챔피언십으로 직행하고, 상술한 라스트 콜 대회에서 1명이 월드 챔피언십에 출전할 수 있다. 우승 팀에게는 상금 50만 달러가 주어진다.

하스톤 토너먼트 형식은 카운터 스트라이크 형식의 대회에 비해 몇 가지 장점이 있다. 첫째, 하스톤 마스터즈 투어는 두 달간 휴지기가 있기 때문에 선수들의 피로도가 상대적으로 낮다. 카운터 스트라이크의 경우 매 2주 혹은 3주마다 큰 대회를 치러야 하기 때문에 선수들의 피로도는 훨씬 높을 수밖에 없다. 또한 하스톤 마스터즈 투어는 지역이 나뉘어져 서로 다른 장소에서 대회가 진행되기 때문에 선수들의 이동 거리가 상대적으로 줄어든

다. 2019년 북미 지역은 미국 라스베이거스에서, 아시아 태평양 지역은 대한민국 서울, 유럽 지역은 루마니아 부쿠레슈티에서 각각 대회가 개최되었다. 또한 2020년 코로나 팬데믹으로 인해 전면 온라인 대회로 개편되었다. 이에 따라 선수들의 이동 부담도 대폭 줄었다. 하스스톤의 가장 큰 장점은 온라인으로 대회를 진행해도 선수들의 경기력에 큰 지장이 없다는 것이다. 카운터 스트라이크, 오버워치 같은 1인칭 슈팅게임First-Person Shooting: FPS은 선수들이 장비를 통해 게임 캐릭터를 조작할 때 발생하는 네트워크 지연 시간이 경기력에 매우 큰 영향을 준다. 반면 하스스톤 대회는 이러한 지연 시간에 따른 문제가 없다. 카드게임의 특성상 네트워크 지연에 따른 시차와 이에 따른 선수들의 미세한 조작의 차이가 경기 결과에 미치는 영향이 없기 때문이다.

프로선수가 되는 길도 카운터 스트라이크에 비해 훨씬 간결하다. 하스스톤은 개인 경기이기 때문에 선수들은 팀을 구성해야 할 필요가 없다. 따라서 개인 스케줄에 따라 보다 자유롭게 투어 출전 스케줄을 조정할 수 있다. 하스스톤의 팬들 역시 대회 스케줄이 일정하고, 매년 최고 선수가 단 1명 선발되기 때문에 대회 관련 정보와 누가 가장 뛰어난 선수인지를 명확히 알 수 있다. 카운터 스트라이크는 주요 대회가 여러 개이기 때문에 어느 팀이 최고 팀인지 명확하게 판단하기 어렵다.

5) 배틀그라운드PUBG: Battlegrounds

크래프톤의 배틀그라운드는 여러 이스포츠 토너먼트 포맷을 다양하게 시도한 케이스라고 할 수 있다. 특히 배틀로얄 장르로서는 첫 이스포츠 시도였기 때문에 그 과정에서 여러 시행착오를 겪기도 했다. 출시 당시 글로벌 센세이션을 일으켰던 배틀그라운드 이스포츠는 초기에는 지역 리그를 추구했다. 이는 LoL 이스포츠의 현재 모습과 유사한데 주요 지역에 장기 시즌의 지역 리그를 운영하고 각 지역 최강 팀들이 모여 월드 챔피언십을 벌이는 방식이었다.

하지만 배틀로얄 장르의 특성상 매치마다 최소 16개 팀이 필요하다는 점, 옵저빙의 어려움, 잦은 포인트 시스템 변경 등으로 배틀그라운드 이스포츠는 초기의 열기를 이어 가지 못했고, 지역별 고정 리그 전략을 현재의 펍지 글로벌 챔피언십PUBG Global Championship: PGC, 펍지 콘티넨탈 시리즈PUBG Continental Series: PCS 등 국제대회와 연간 50회 이상의 TPO 주최 대회를 개최하는 방식으로 전환했다.

배틀그라운드 이스포츠는 4대 메이저 권역별[ASIA(한국·중국·일본·대만), APAC(동남아시아·호주), EMEA(유럽·중동·아프리카), AMERICAS(북미·남미)]로 퀄리파이어 대회를 열고 해당 성적을 바탕으로 광역 대회인 PCS를 연 2회 개최한다. PCS는 2020년 시작되어 2020년 3회(PCS 1~3), 2021년 2회(PCS 4~5) 열렸으며, 2022년 2회(PCS 6~7) 예정이다(〈그림 8-4〉 참고). 연도와 상관없이 PCS 대회 회차를 누적시키는 방식인데 이는 WWEWorld Wrestling Entertainment의 레슬매니아를 연상시킨다. 그리고 PCS를 포함한 연간 포인트를 기준으로 32개 팀을 선발해 연말에 PGC를 치르는 시스템이다.

〈그림 8-4〉 배틀그라운드 이스포츠 2022년 대회 일정

이와 별개로 2022년 6월에는 2019년에 큰 화제를 모았던 국가 대항전 형식의 펍지 네이션스 컵PUBG Nations Cup: PNC을 부활시켜 다른 대회와 차별화를 꾀하고 있다. 국산 게임으로는 유일하게 글로벌 이스포츠를 운영한다고 할 수 있는 배틀그라운드 이스포츠는 출시 초기에는 엄청난 인기를 모았지만 배틀로얄 장르의 게임을 기반으로는 처음 시도하는 이스포츠 대회 운영이었기에 여러 시행착오를 피하지 못했고 현재는 최초에 구상했던 지역 상설 리그와는 다른 모습으로 운영되고 있다. 하지만 2021년 우수 팀 초청 형식의 펍지 글로벌 인비테이셔널.SPUBG Global Invitational.S: PGI.S이 오랜만에 상당한 인기를 끌었고 'Road to PGC'라는 흐름 아래 시즌 포맷이 점차 정착하는 모습을 보이고 있다.

향후 배틀그라운드 이스포츠의 미래는 유사 장르 이스포츠인 에이펙스 레전드에 비해 얼마나 차별성을 보여 줄지, 이스포츠 팬덤을 이끄는 명문 팀들과 계속 파트너십을 유지할 수 있을지, LoL에 이어 2인자로 성장한 중국 지역 배틀그라운드 이스포츠가 최근 들어 거세진 중국 내 게임 산업에 대한 압박을 뚫고 계속 순항할 수 있을지, 다른 이스포츠와 차별화되는 국가 대항전 포맷이 자리 잡을 수 있을지 등에 달려 있을 것이다.

6) 스타크래프트1 & 스타크래프트2

(1) 스타크래프트 리마스터(SCR, 이하 스타크래프트1)

스타크래프트의 주요 대회는 대부분 액티비전 블리자드가 제3의 방송사나 운영사와의 파트너십, 라이선스 판매를 통해 진행하고 있다.

스타크래프트1의 가장 중요한 대회는 ASLAfreecaTV Starcraft League이다. ASL은 국내에서 진행되며 아프리카TV가 주최 및 주관한다. 국내에서 스타크래프트 공식 대회가 자취를 감춘 후 2015년에 아프리카TV 주도로 '대국민 스타리그'가 부활했으며 이 대회의 명칭이 ASL로 바뀌며 지금까지 명맥을 유지해 오고 있다. ASL은 1년에 2~3회 시즌을 진행하며, 2022년 기준 시즌 13을 치르고 있다. 총 상금은 시즌 13 기준 8천만 원이고, 1위 선수가 3천만 원, 준우승자가 1천만 원을 받는다.

이 외에도 스타크래프트1은 커뮤니티와 스트리머 이벤트를 통해 자생적인 이스포츠 생태계를 구축하고 있다. 최근 유명 스타크래프트1 프로게이머들과 아프리카TV BJBroadcasting Jockey들을 중심으로 진행된 '스타크래프트 대학대전'이 대표적인 예시로, 대학대전은 개막전 시청자 수 17만 명을 기록하는 등 스타크래프트1의 여전한 존재감을 과시하기도 했다. 이처럼 스타크래프트는 '한국의 민속놀이'라는 애칭에 걸맞게 20년이 넘는 긴 시간 동안 여러 형태로 변화를 거듭하며 이스포츠로서의 생명을 이어 가고 있다.

(2) 스타크래프트2

스타크래프트2의 대회 운영방식은 2020년을 기점으로 구분된다. 2012년부터 2019년까지는 액티비전 블리자드가 직접 운영하는 '월드 챔피언십World Championship: WCS'과 한국에서 독자적으로 운영하는 'GSLGlobal StarCraft II League'를 중심으로 시즌이 진행되었다. 이에 따라 2019년까지는 매년 11월 블리자드의 플래그십 이벤트인 블리즈컨에서 WCS를 통해 세계 최강의 선수를 가리는 무대가 펼쳐졌다.

하지만 2020년 액티비전 블리자드가 운영 방식을 TPO 제작 위탁으로 변경하면서 리그 포맷에도 큰 변화가 찾아왔다. WCS 체제가 사라지고 대회 운영권을 TPO인 ESLElectronic Sports Leauge에게 넘기면서 'ESL 프로 투어 StarCraft II'라는 이름으로 연간 대회구조가 변경된 것이다. 블리자드에서는 2020년부터 3년간 매년 120만 달러의 상금을 지원하고 있으며, 추가 조인트 펀딩 등을 통해 대회 상금규모를 확대하고 있다.

ESL 프로 투어는 아래와 같이 3가지 단계의 대회로 구성된다.

- ESL Open Cups(풀뿌리 대회): 주간 대회. 총 15포인트, 100달러의 상금을 걸고 매주 진행되는 소규모 온라인 대회.
- Masters(지역대회): 정규 대회. 우승자는 해당 시즌의 Masters Championship 티어 대회에 직행. 기존의 WCS 서킷, GSL 정규 시즌의 위치.
- Masters Championship(국제대회): 최상위 대회. 한 해 동안 획득한 포인트가 가장 많은 선수들로 출전자 구성. 기존 WCS Global Finals의 위치. 이상 두 대회와 한국에서 진행되는 GSL 대회에서 많은 포인트를 거둔 선수들을 초청해 진행. 각 지역별 쿼터를 지정해 36강 브래킷 생성.

한편, 별도로 한국에서 진행되는 GSL 대회가 있다. GSL 성적에 따라 포인트를 지급하며, 상위 선수들은 Masters Championship으로 직행하게 된다.

이와 같이 스타크래프트2의 시즌 포맷은 ESL 프로 투어와 GSL을 거쳐 총 상금 50만 달러 규모의 글로벌 최상위 대회Masters Championship인 IEM Katowice에서 마무리되는 구조이다. 당분간 액티비전 블리자드의 스타크래프트2 이스포츠는 이와 같이 TPO 주관 형식으로 운영될 것으로 전망되지만 최근 마이크로소프트의 블리자드 인수에 따라 향후 블리자드 보유 IP들의 이스포츠 대회가 어떻게 변화할지에도 관심이 모아지고 있다.

7) 주요 게임별 이벤트 운영모델 비교

〈표 8-2〉는 주요 게임별 이벤트 운영 모델을 비교한다. LoL, 오버워치, 도타2, CS:GO, 배틀그라운드, 레인보우6, 에이펙스 레전드를 중심으로 이벤트 참가 방식, 선발 방식, 리그 구조 및 운영 방식, 주요 참가 팀 및 시청 지표상 유사점과 차이점을 보여 준다. 모든 종목에 적용되는 표준화된 형식이 존재하기보다는 각 종목별 특성과 여건에 최적화된 이벤트 운영 방식을 사용하고 있는 것을 알 수 있다.

<표 8-2> 주요 게임별 이벤트 운영 모델

· 요약

대회명	LoL	오버워치	도타2
참가 방식	프랜차이즈	프랜차이즈	오픈
선발 방식	-	-	연간 포인트
리그 구조	리그 → 최상위 대회	리그 → 최상위 대회	리그 → 최상위 대회
운영 방식	직영	준 직영	준 TPO
주요 참가 팀	TSM, TL, Cloud9, 100 Theives, Fnatic, G2, Gen.G	NRG, Sentinels, Cloud9, Gen.G, Envy, Enthusiast Gaming	TSM, TL, NAVI, Vrtus.pro, Fnatic
주요 시청지표 (PCV, 탑티어 기준, 자료: eschart)	4M (Worlds 2021)	0.13M (2021 Playoffs)	2.7M (TI 10)
특이 사항		최상위/하부 리그 100% 분리	대회 티어별 상금 부담 조건

· 세부 내용

		LoL	오버워치	도타2
구조	Top	글로벌 레벨 - Worlds (Mid-season Invi, Allstar)	오버워치 리그/월드컵 (국가 대항전)	TI
	2nd	메이저 지역 리그 (LCK, LCS, LEC, LPL)	오버워치 컨텐더스	Majors
	3rd	마이너 지역 리그 (CBLOL*, LCL, LCO*, LJL*, LLA, PCS, TCL*, VCS) ※ 프랜차이즈 지역	오버워치 컨텐더스 트라이얼 (하위: 오픈 디비전)	Regional League (WEU, EEU, CN, SEA, NA, SA)
선발 방식	Top	Worlds - 메이저 지역 리그 (3개 시드, 2개 지역에 추가 시드 부여) + 마이너 지역 리그 (1개 시드 + 마이너 리그 중 2개 지역에 추가 시드 부여)	프랜차이즈	연간 포인트 기준 12위까지 진출 + 지역별 리그 팀 중 6~8팀 선발
	2nd	프랜차이즈	트라이얼 통해 승강전 진행	포인트제 (지역별 상위 팀)
	3rd	프랜차이즈 + 리그 병행	오픈디비전 통해 컨텐더스 트라이얼로 진입	오픈 퀄리파이어
운영 주체 ('22년 기준)	Top	라이엇	블리자드	밸브
	2nd	라이엇	블리자드 (호주, 중국, 유럽, 북미) + 지역 TPO (한국 WDG)	TPO
	3rd	라이엇 + 일부 지역 TPO (오세아니아, 일본, 퍼시픽)	블리자드 (호주, 중국, 유럽, 북미) + 지역 TPO (한국 WDG)	TPO (Europe:DreamHack, CIS:ESL, China:Perfect World, SEA:PGL, NA:BTS, SA:OGA)
비고			최상위 리그 vs. 프로 지망생 대회 (유리 천장이 존재)	3rd 파티 S급 규모의 대회들이 많음 (OGA, ESL 등)
				메이저는 최소 100만 달러, 마이너는 최소 30만 달러 주최사가 부담/그만큼 밸브가 부담

주: TPO (Third Party Event Organizer); 2022년 3월 기준.

대회명	CS:GO	배틀그라운드	레인보우6	에이펙스 레전드
참가 방식	오픈	오픈	오픈	오픈
선발 방식	연간 포인트	연간 포인트	연간 포인트 (랭킹)	연간 포인트 (랭킹)
리그 구조	리그 → 최상위 대회	리그 → 최상위 대회	리그 → 최상위 대회	리그 → 최상위 대회
운영 방식	TPO	직영 + TPO	준 TPO	직영
주요 참가 팀	FaZe, Fnatic, Virtus.pro, TL, FURIA	FaZe, TL, Gen.G, DK, Afreeca, NAVI, Virtus.pro	NAVI, Vrtus.pro, TSM, FaZe, TL, DK, Fnatic	Navi, 100 Thieves, FURIA, TSM, TL, Cloud9
주요 시청지표 (PCV, 탑티어 기준, 자료: eschart)	2.7M (Major 2021)	0.2M (PGC 2021)	0.3M (Invitational 2021)	0.25M (Championship NA)
특이 사항		• 적극적 직영 주도하에 TPO 협업 구도 • 유일하게 국가 대항전 운영	파트너가 없는 지역만 직영	

		CS:GO	배틀그라운드	레인보우6	에이펙스 레전드
구조	Top	Major	PGC, PNC	Invitational	ALGS 챔피언십
	2nd	지역 예선 (American RMR, APAC RMR, European RMR A/B)	PCS (4대 광역 리그 - ASIA, APAC, AMERICAS, EMEA)	지역 최상위 리그 (NAL 2020, EU League 2020)	ALGS 플레이오프
	3rd	퀄리파이어 (지역 예선별 퀄리)	PCL, PWS, PCS Qualifier (중국 리그인 PCL은 실질적으로는 2nd 티어 규모)	지역별 챌린저스 리그	ALGS 리저널 프로리그 (← 챌린저 서킷), 북미, EMEA, APAC 북부/남부, 남미
선발 방식	Top	연간 포인트 기준 16개 팀	연간 포인트 기준 32개 팀	연간 포인트 기준	연간 성적 기준 상위 40개 팀
	2nd	지역별 퀄리파이어	지역별 퀄리파이어	챌린저스 리그 상위 2개 팀과 지역 리그 하위 팀 간 승강전	리그 상위 10개 팀 플레이오프 진출
	3rd	오픈 퀄리파이어	오픈 퀄리파이어	오픈 퀄리 (3개 대회 합산한 성적 통해 리그 합류)	각 지역 상위 40개 팀
운영 주체 ('22년 기준)	Top	PGL	크래프톤 + TPO	ESL	EA/Respawn
	2nd	PGL	크래프톤 + TPO (바나나컬쳐, 스타래더, FPS타일랜드)	TPO + UBISOFT (남미)	EA/Respawn
	3rd	PGL (중국은 Perfect World)	TPO	TPO + UBISOFT (남미)	EA/Respawn
비고		3rd 파티 리그가 별도 존재 (BLAST PREMIER)			

참고문헌

Billy, J. 2016(November 12). "LCS Owners Send Riot List of Concerns and Proposals." https://dotesports.com/league-of-legends/news/lcs-owners-send-riot-list-of-concerns-and-proposals-10983

ESPN. 2018. "How Blizzard convinced sports billionaires to buy into the Overwatch League." https://www.espn.com/esports/story/_/id/24203693/how-blizzard-convinced-robert-kraft-other-billionaires-buy-overwatch-league

Geeks. 2022(Jan 2022). "Top CSGO Tournaments in 2022." Geeks.bet. https://geeks.bet/tournaments/top-csgo-tournaments

George, J. and B. Sherrick. 2020. "Competition Formats in Esports." Understanding Esports: An Introduction to the Global Phenomenon(pp.45~56).

Gonzales, D. 2017(April 27). "Burnout in CS:GO in 2016." https://www.thescoreesports.com/news/13434-burnout-in-cs:go-in-2016

이스포츠 비즈니스 모델

이스포츠 산업의 성장과 함께 이스포츠 시장에 뛰어드는 이들의 면면도 다양해졌다. 소규모 후원을 받는 클럽 이벤트로 시작한 이스포츠는 이제 거대 게임사와 프로 팀, 온라인 플랫폼과 스폰서, 미디어 등이 복잡하게 얽힌 커다란 생태계로 진화했다. 이들은 각자의 영역에서 이스포츠를 통해 부가가치를 창출하고 사업 무대를 확장시켜 나가고 있다. 이 장에서는 이스포츠의 비즈니스 모델을 이벤트 주최자, 참가자, 기여자로 분류해 어떤 방식으로 수익성을 추구하는지 설명하고자 한다.

1. 이스포츠 비즈니스 모델의 핵심 주체

이스포츠 생태계에는 다양한 주체가 다방면으로 사업을 전개한다. 이스포츠 비즈니스 모델을 분류하는 방법에는 여러 가지가 있지만 그중 효율적인 방법은 이스포츠 생태계에 참여하는 핵심 주체별로 비즈니스 모델을 살펴보는 것이다.

분류	비즈니스 주체	세부 내용
퍼스트 파티	주최자	이벤트 주최 기관
세컨드 파티	참가자	이벤트 참여 팀과 선수
서드 파티	기여자	미디어, 스폰서, 광고주 등

〈표 9-1〉에 제시된 바와 같이 이스포츠 생태계를 이루는 주체는 '퍼스트 파티First Party', '세컨드 파티Second Party', '서드 파티Third Party' 3가지로 분류된다(한국콘텐츠진흥원, 2020). 퍼스트 파티는 이른바 주최자Organizer로 이스포츠 이벤트를 개최하고 운영하는 그룹이다. 세컨드 파티는 참가자Player들로 이스포츠 이벤트에 직접 참가하는 팀과 선수들이다. 서드 파티는 이스포츠 생태계에 직간접적으로 참여하는 기여자Contributors들의 총칭이며 퍼스트 파티와 세컨드 파티를 제외한 모든 그룹을 망라한다.

국가의 3요소를 주권, 국민, 영토라고 하는 것처럼 이스포츠 생태계 또한 지적 재산권Intellectual Property: IP을 보유하고 있는 퍼스트 파티(주권), 실제 이스포츠 이벤트에 참여하는 선수들의 집합인 세컨드 파티(국민), 이스포츠 의 세계를 확장하고 각각의 영역에서 시장을 활성화하는 서드 파티(영토)의 3 주체로 구분할 수 있는 것이다.

2. 퍼스트 파티 비즈니스 모델

1) 퍼스트 파티의 개념과 구성

퍼스트 파티, 즉 주최자는 대회를 기획, 주최, 운영하는 주체다. 주최자는 게임사(지적 재산권 홀더), 방송사, 전문 프로덕션, 정부 및 공공 기관, 플랫폼, 개인 등으로 다양하다. 퍼스트 파티에서 가장 중요한 플레이어는 원천 지적 재산권을 보유한 게임사와 해당 지적 재산권을 활용해 이벤트를 주최하고 운영하며 콘텐츠를 제작하는 프로덕션, 또는 제3의 이벤트 주최자Third Party Event Organizer: TPO가 있고, 이들을 중심으로 다양한 사업자들이 이스포츠 이벤트의 주최자로서 비즈니스 생태계를 구성하고 있다.

하지만 이 중에서도 이스포츠의 역사를 만들어 왔으며, 오늘날까지도 이스포츠 이벤트 및 콘텐츠 제작에서 가장 중요한 역할을 하는 이들은 프로덕션 기능을 갖춘 전문 주최자들이라고 할 수 있다.

2) 이벤트 운영 및 콘텐츠 제작 주체에 따른 이벤트 운영 모델

퍼스트 파티가 이스포츠 이벤트를 기획하고 주최하며 관련 미디어 콘텐츠를 제작해 팬들에게 유통하는 방식은 이벤트 주최 및 운영을 누가 하는지와 미디어 콘텐츠 제작을 누가 하는지에 따라 〈표 9-2〉와 같이 4가지 모델로 구분할 수 있다.

첫 번째 모델(게임사 주최+게임사 제작)은 게임의 지적 재산권 소유주인 게임사가 직접 이스포츠 이벤트를 기획 및 주최하며 경기 중계방송 등 관련된 모든 미디어 콘텐츠의 제작과 유통을 담당한다. 이 방식을 채택하는 이스포츠로는 액티비전 블리자드의 오버워치와 라이엇 게임즈의 LoLLeague of Legends이 대표적이다. 오버워치는 콘텐츠 제작 시 최상위 리그인 오버워치 리그

〈표 9-2〉 이벤트 운영 및 콘텐츠 제작 주체에 따른 이벤트 운영 모델

이벤트 주최·운영 / 콘텐츠 제작	게임사	TPO
게임사	① 게임사 주최+게임사 제작	-
프로덕션	② 게임사 주최+프로덕션 제작 ③ 게임사와 프로덕션 공동 투자	-
프로덕션 기능이 있는 TPO	-	④ 프로덕션 기능이 있는 TPO 주최 및 제작

Overwatch League: OWL는 게임사가 직접 제작하지만 하부 리그인 오버워치 컨텐더스는 외주 업체와 공동 투자한다. LoL도 전 세계 모든 지역의 콘텐츠를 직접 제작하지는 않으며, 마이너 지역의 경우 해당 지역의 게임 배급사인 퍼블리셔에게 제작을 위탁하기도 한다.

게임사가 이벤트 주최와 미디어 제작을 모두 하는 방식은 이스포츠 브랜드 관리가 용이하고 규정 적용, 선수 이적 등을 통합적으로 운용할 수 있다는 장점이 있는 반면, 초기 투자부담이 크고 다양한 형태의 이벤트에 유연하게 대처하기 어렵다는 단점도 있다. 따라서 이스포츠 도입 초부터 자체 제작을 하는 경우는 많지 않으며, 자사의 이스포츠가 일정 수준 이상 안정화되고 예측 가능한 연간 운영모델이 확보되었을 때 자체 제작으로 전환하는 경우가 일반적이다. 한국 LCKLeague of Legends Champions Korea가 2018년까지는 게임 전문채널인 온게임넷OnGameNet: OGN과 SPOTV 등을 TPO로 활용하여 외주 운영하다가 2019년부터 자체 제작으로 전환했던 사례가 대표적이다.

두 번째 모델(게임사 주최+프로덕션 제작)은 이벤트의 기획 및 주최는 게임사가 하되 관련 미디어 콘텐츠 제작과 유통은 외주 프로덕션을 이용하는 방식이다. 게임사가 비용 일체를 지원하고 외주 프로덕션이 콘텐츠를 제작한다. 도타2의 최상위 대회인 디 인터내셔널The International: TI과 펍지 글로벌 챔피언십PUBG Global Championship: PGC, 펍지 차이나 리그PUBG China League: PCL가 대표적 사례이다. OWL도 2022년부터는 외주제작 비중을 늘리고 있는 것으로 알려져 있다. 게임사 입장에서는 큰 틀의 전략적 방향성을 설정하고 일부 주요 이벤트들은 자신들이 원하는 형태로 컨트롤할 수 있다는 장점이 있고, 프로덕션은 비용 부담 없이 안정적인 수익을 올릴 수 있다는 장점이 있다. 프로덕션은 일반적으로 자체 투자를 하지 않고 게임사가 지원하는 비용에 맞추어 서비스를 제공하지만, 차기 계약에 유리한 고지를 선점하는 전략적인 차원에서 장비 등 일부 투자를 하는 경우도 있다.

세 번째 모델(게임사와 프로덕션 공동 투자)은 게임사와 프로덕션이 공동 투자해 수익을 배분하는 방식이다. 주로 중국에서 활용되는 방식으로 중국의 대표적 게임사인 텐센트와 전문 제작사인 VSPN이 공동 투자하여 운영 중인 KPL(왕자영요)과 PEL(배틀그라운드)이 대표적이다. 게임사는 안정적으로 콘텐츠를 제작할 수 있다는 장점이 있고, 프로덕션은 공동 투자이기 때문에 입찰 경쟁에 참여하는 리스크에서 자유롭고 프로덕션 브랜드를 지속적으로 성장시켜 나갈 수 있다는 장점이 있다. 하지만 게임사가 비용 일체를 지불하는 두 번째 모델과 비교하면 프로덕션이 투자하는 금액도 상당하므로 충분한 수익성을 만들어 내지 못할 경우 손실로 이어질 수 있는 리스크가 있다. 특히 오프라인 이벤트가 어려워진 코로나 팬데믹 이후 상대적으로 재정적 기반이 강한 게임사에 비해 공동 투자했던 프로덕션의 재정적 어려움이 가중되고 있는 상황이다.

네 번째 모델(TPO 주최 및 제작)은 TPO가 지적 재산권 홀더인 게임사로부터 라이선스를 위임받아 이벤트를 개최하고 관련된 미디어 콘텐츠의 제작과 유통을 책임지는 방식이다. 게임사는 주로 상금과 최소한의 운영비 정도만 지원하고 이벤트 개최와 미디어 제작·유통의 책임과 권한을 모두 TPO가 가져간다. 따라서 이런 경우에는 TPO가 방송 제작과 송출을 하는 프로덕션 능력을 보유해야 가능하다. 한국 이스포츠의 성장을 이끈 게임 전문채널 OGN의 스타리그가 대표적이며, ESLElectronic Sports League, PGLProfessional Gamers League, 스타래더Starladder 등 서구권 TPO들이 선호하는 형태이다. TPO가 90~100% 자체 투자하고 대부분의 수익을 가져간다. TPO에는 전문 콘텐츠 제작사, 미디어 플랫폼, 쇼핑 사이트 등 다양한 사업 주체가 포함된다. 코로나 팬데믹 이후 오프라인 이벤트의 위축으로 TPO 방식이 감소하는 추세지만 이런 추세가 코로나 극복 이후에도 이어질지는 미지수이다.

〈표 9-3〉은 이스포츠 이벤트 주최자, 즉 퍼스트 파티별 상금 규모와 주요 방송정보를 보여 준다. ESL과 같은 TPO, 라이엇 게임즈와 같은 게임사, 트위치와 같은 플랫폼 사업자, 레드불과 같은 에너지 드링크 기업 등 다양한 영역

에서 이스포츠의 퍼스트 파티로 참여하고 있다는 것을 알 수 있다.

〈표 9-3〉 퍼스트파티 상금 규모 및 방송 정보(2022년 2월 기준)

퍼스트 파티	주요 종목	총 상금(달러)	피크 뷰어	시청 시간	방송 시간	대회 수
ESL	LoL, 도타2, CS:GO	65,025,860	1,205,103	986,729,012	28,781	974
라이엇 게임즈	LoL	49,063,873	4,018,728	2,494,012,839	33,708	774
가레나	프리파이어, LoL	19,338,471	5,415,990	533,791,020	14,965	510
블리자드	하스톤, 오버워치	57,410,945	1,497,263	438,742,349	16,256	427
트위치	도타2, 스타2	19,165,670	2,258,396	196,593,025	2,792	419
텐센트	화평정영, 왕자영요	37,387,262	3,801,998	515,995,873	17,277	341
드림핵	배틀그라운드 모바일, 도타2	17,933,439	551,558	286,600,758	8,769	316
레드불	LoL, 도타2	1,005,464	899,855	28,863,342	3,025	310
유비소프트	레인보우6	16,401,033	1,463,528	141,884,171	9,851	285
크래프톤	배틀그라운드, 배틀그라운드 모바일	38,212,182	3,801,998	320,923,710	10,314	278

자료: Esports Charts(https://escharts.com/organizers).

3) 대표적인 TPO와 전문 프로덕션 현황과 향후 사업전망

대표적인 TPO로는 자체 프로덕션 기능이 있는 ESL, PGL, 스타래더가 있고, 그 밖에 전문 프로덕션으로는 VSPN이 유명하다.

ESL은 TPO의 대표 주자로 세계에서 가장 큰 규모의 이스포츠 제작 기능을 가지고 있는 이벤트 주최 기업이다. 모던타임스그룹Modern Times Group: MTG의 자회사였으나 최근 이스포츠 플랫폼 페이스잇FACEIT과 함께 사우디아라비아 국부펀드PIF 계열로 15억 달러(약 1조 8천억 원)에 매각되었다. 2010년대 중반 전 세계 지사 확장을 전개했으나 사실상 실패했으며, 현재는 독일 쾰른 본사와 미국 지사 정도에서 글로벌 사업을 유지하고 있다. IEMIntel Extreme Masters 월드 투어의 전담 운영사이며, 사실상 매출 대부분이 해당 프로젝트에서 나오고 있으나 코로나 팬데믹으로 2020년 이후 어려움을 겪고 있다. 전 세계 어떤 지역에서도 대회를 개최할 수 있다는 것을 강점으로 홍보하고 있으나 사실상 유럽 이외의 지역에서는 로컬 프로덕션을 고용해 외주를 주고 브랜드만 빌려주는 형식을 취하고 있다. 예컨대 필리핀에서 대회를 하면 ESL 직원을 파견 후 현지 제작사인 MET와 이벤트 개최 및 콘텐츠 제작·유통을 진행한다. 한편 ESL은 CS:GOCounter-Strike:Global Offensive 프로 팀의 연합 조직, 즉 연맹격인 세계이스포츠협회World eSports Association: WESA의 메인 TPO이기도 하다. 이를 기반으로 ESL 프로리그를 개최해 오고 있는데, 이벤트 이름에 ESL 브랜드를 강조하는 전략으로 게임사 밸브와 마찰이 잦다. 2010년대 중반 이후 적자가 누적되어 모기업 MTG로부터 압박을 받던 상황에서 사우디아라비아 국부펀드로 거액의 합병이 성사되어 향후 움직임이 주목된다.

PGL은 유럽 기반의 TPO로 무리한 확장보다는 효율에 집중하는 사업 전략을 통해 안정적인 흑자 경영을 이어가는 사업자이다. 밸브, EA 스포츠, 슈퍼셀 등 주요 게임사로부터 다수의 외주 대회를 위탁 운영 중이다. 특히 밸브의 양대 지적 재산권인 도타2와 CS:GO의 메이저 대회를 수년 째 위탁 운영 중이다. 2016년부터 TI와 도타2 메이저(현재는 도타2 프로 서킷)를 독점 운영하고 있고, 연 2회의 CS:GO 메이저 중 최소 1회 대회를 운영한다. 한편 PGL은 밸브의 중국 퍼블리셔인 퍼펙트 월드Perfect World의 이벤트 주최사이기도 하다. ESL과는 상반된 전략으로 자주 비교된다. ESL은 조직 규모가 크고 체계적인 반면, PGL은 대표의 의사결정이 절대적이다. 또한 ESL은 어떤 대회든 최대한 맡아 진행하고 주어진 예산 내에서 가능한 서비스를 제공하는 반면, PGL은 스스로 책정한 가이드라인과 일치하는 경우에만 입찰에 참여한다. 따라서 PGL이 진행하는 연간 대회 수는 제한적이다.

스타래더는 동유럽(우크라이나) 기반의 TPO로 ESL, PGL과는 달리 자체 브랜드 대회에 집중해 오고 있다. 중국 IMBA와의 독점 계약을 통해 공동 브랜드 스타시리즈 앤 아이리그Starseries & i-League를 설립하여 도타2, CS:GO, 배틀그라운드 이벤트를 운영해 왔다. 도타2 메이저가 도타2 프로 서킷으로 바뀌면서 타 프로덕션과의 경쟁에서 밀려나 현재는 배틀그라운드 외 다른 지적 재산권 확보에 어려움을 겪고 있다. 스테이지 디자인과 운영 효율성에서 강점을 가지고 있어 전체 운영은 아니더라도 메이저 대회의 부분 프로덕션을 맡는 경우도 있다. VSPN은 2022년 우크라이나-러시아 전쟁 발발 이후에도 주요 인력을 독일 베를린으로 옮겨 사업을 지속하고 있다.

VSPN은 중국 최대 이스포츠 프로덕션으로 텐센트와의 우호적 관계를 바탕으로 중국 내 주요 이스포츠 프로덕션 사업을 전개 중이다. 주요 지적 재산권은 왕자영요와 화평정영으로 대회 개최, 콘텐츠 제작뿐만 아니라 마케팅과 경기장 운영까지 종합적으로 다룬다는 점이 특징이다. 한국의 위영광, 원석중 등 OGN 출신 주요 인력이 모여 창업한 바나나컬쳐게이밍을 2020년 인수했다. 코로나 이전에는 안정적인 수익을 거두었으나 코로나 이후 적자 상태이며, 2022년 홍콩증시 상장을 목표로 준비 중이다.

이스포츠 TPO들의 사업적 현황과 전망은 어떨까? 초창기부터 이스포츠 산업을 주도해 온 TPO와 프로덕션들이지만 현재 비즈니스 환경은 프로덕션들에게 우호적이지 않다.

첫째, 지적 재산권 홀더, 즉 게임사의 파워가 갈수록 커지고 있다. 이스포츠 산업에서 게임사의 권한은 절대적이며, TPO와 프로덕션은 지적 재산권 라이선스 확보 없이는 사실상 어떠한 사업도 불가능하다. 그런데 게임사는 각자의 사업 방향이 다르기 때문에 TPO와 프로덕션 차원에서는 원하는 게임 지적 재산권을 통한 독자적인 전략 전개에 어려움이 있을 수 있다. 예를 들어 게임사 중 크래프톤이나 블리자드는 일부 대회를 TPO를 통해 개최하지만 초청 팀 구성과 대회 일정 등에 제약이 상당하고 TPO 자체 브랜드를 사용하지 못하는 경우도 많다. TPO가 자신들의 브랜드를 활용할 수 있는 게임은 사실상 밸브의 도타2와 CS:GO가 유일하다.

셋째, 2020년 초 창궐한 코로나 팬데믹 이후 글로벌 이스포츠 이벤트 개최 기회가 감소했다. 특히 밸브는 라이엇 게임즈와는 달리 전 세계 지역별 이스포츠 대회를 직접 개최하지 않기 때문에 밸브 게임의 TPO는 글로벌 프로덕션을 전제로 이루어져야 한다. 하지만 코로나로 글로벌 이벤트가 감소함에 따라 TPO와 프로덕션들은 제한된 형태의 외주 대행 외에는 사업적으로 어려움을 겪고 있다.

마지막으로 스트리밍의 플랫폼 파워가 커지는 것 또한 TPO와 프로덕션들의 향후 전망을 어둡게 만든다. 2010년대 중반까지는 일반적으로 프로덕션이 지적 재산권 홀더로부터 라이선스를 취득해 콘텐츠를 제작한 후 플랫폼에 독점 판매하는 구조였으나, 최근에는 대형 온라인 플랫폼들이 대두하기 시작하면서 이런 구조에 변화가 나타나고 있다. 글로벌 게임 스트리밍의 최강자인 트위치를 필두로 대부분의 중국 플랫폼들은 자신들이 직접 지적 재산권을 취득해 이벤트를 개최하고 전문 프로덕션을 고용해 콘텐츠를 제작하고 유통한다. 즉, 플랫폼이 스스로 TPO가 되어 전문 프로덕션을 고용하는 형태로의 반전이 이루어지고 있는데, 프로덕션들 내에서도 이런 변화가 지적 재산권을 확보하기 위해 다른 프로덕션과 경쟁하는 것보다 안정적이라고 판단하는 기류마저 감지되고 있다. 국내에 온라인 플랫폼이 없던 시절에는 게임 전문채널 OGN이 이벤트 개최 및 콘텐츠 제작·유통을 모두 담당했지만 추후 온라인 플랫폼으로 대체되어 가는 추세도 같은 맥락에서 이해할 수 있다.

4) 퍼스트 파티의 수익 모델

퍼스트 파티의 중심에 위치하는 것은 역시 원천 지적 재산권을 보유하고 있는 게임사다. 하지만 게임사가 직접 모든 게임을 배급하지 않고 퍼블리셔를 활용하듯이, 퍼스트 파티가 직접 모든 이스포츠를 운영하는 것은 아니며 TPO, 전문 프로덕션, 공공 기관 등에 권리를 위임해 이스포츠 이벤트를 개최하는 것이 일반적이다. 직접 지적 재산권을 소유하고 있는 종목사를 비롯해 종목사로부터 지적 재산권에 대한 권리를 위임받은 퍼스트 파티의 주요 비즈니스 비즈니스 모델은 아래와 같다.

(1) 중계권 판매

가장 대표적인 퍼스트 파티의 비즈니스 모델은 이스포츠 이벤트의 미디어 중계권을 판매하는 것이다. 퍼스트 파티는 이스포츠 대회 또는 리그를 제작하고 해당 콘텐츠를 플랫폼에 판매해 수익을 올린다. 이는 일반적인 스포츠 중계권 계약과 유사한 형태지만 전통 스포츠 중계권 판매는 TV와 온라인 등 다양한 매체에 걸쳐 있는 반면, 이스포츠 중계권 판매는 트위치나 유튜브 등 게임 전문 온라인 플랫폼에 집중된다.

〈그림 9-1〉은 뉴주가 조사한 글로벌 이스포츠 시장의 매출 규모와 중계권 매출 비중을 보여 준다. 이스포츠 중계권 시장은 2017년 9300만 달러(약 1200억 원)에서 2021년 3억 9600만 달러(약 5104억 원)로 4년 만에 4배 가까이 성장했고, 이스포츠 시장 총 매출 비중은 2017년 14%에서 2021년 24%로 증가했다. 2016~2021년 5년간 중계권 매출의 연평균 성장률Compound Annual Growth Rate: CAGR은 49.8%로 이스포츠 전체 매출 성장률 27.4% 대비 2배 가까운 성장률을 보였다.

액티비전 블리자드의 글로벌 프랜차이즈 리그인 OWL은 2017년 출범하면서 트위치와 2년간 9천만 달러(약 1160억 원)의 스트리밍권 계약을 맺었다 (Dave, 2017). 글로벌 이스포츠 미디어 중계권 시장은 2018년 기준 전체 중계권 매출의 44%를 차지하는 북미 지역이 선도하고 있지만, 2021년 LPLLeague of Legends Pro League 계약 등 중국을 중심으로 하는 아시아 지역의 중계권 시장도 빠르게 성장하는 추세이다.

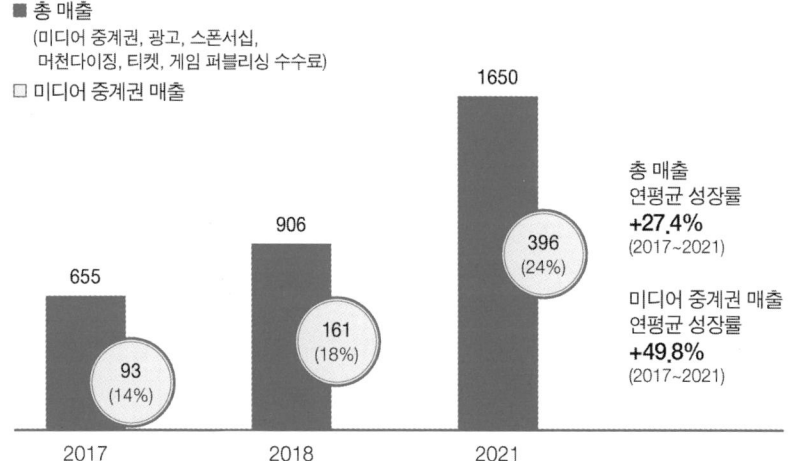

〈그림 9-1〉 글로벌 이스포츠 산업 총 매출규모 대비 미디어 중계권 매출 비중(2017~2021)

(단위: 백만 달러)

■ 총 매출
(미디어 중계권, 광고, 스폰서십,
머천다이징, 티켓, 게임 퍼블리싱 수수료)
□ 미디어 중계권 매출

1650

906

655

396
(24%)

161
(18%)

93
(14%)

2017   2018   2021

총 매출
연평균 성장률
+27.4%
(2017~2021)

미디어 중계권 매출
연평균 성장률
+49.8%
(2017~2021)

자료: Newzoo(2018).

(2) 리그 스폰서십

이스포츠 시장에서 매출 비중이 가장 큰 것은 스폰서십이다. 2020년 뉴주 보고서(2020 Global Esports Market Report Newzoo)에 따르면 2020년 이스포츠 시장 전체 매출액은 약 11억 달러이며, 이 중 스폰서십은 6억 3700만 달러로 전체 매출 대비 약 58%를 차지하고 있다. ≪포브스≫ 역시 이스포츠 시장에서 스폰서십과 광고 매출의 비중을 약 58%로 평가했다(Champman, 2019).

이스포츠 이벤트의 스폰서십은 퍼스트 파티 비즈니스 모델에서 매우 중요하다. 글로벌 이스포츠 이벤트의 최정점인 LoL 월드 챔피언십의 2021년 글로벌 스폰서는 마스터 카드, 메르세데스 벤츠, OPPO, Bose, 스포티파이 등으로 금융, 자동차, IT 기업 등 전 방위에 걸친 화려한 라인업을 자랑한다.

초기 게이밍 기어 위주의 현금 또는 현물 스폰서십이 점차 고도화되는 추세이다. 시계 브랜드인 태그 호이어는 버추얼 분데스리가와 스폰서십 계약을 맺고 있는데, 전통 스포츠 산업에서 시계 브랜드와 축구가 오랜 기간 파트너십을 유지하고 있음을 떠올려 본다면 태그 호이어의 스폰서십은 매우 자연스러운 흐름이라고 할 수 있다.

동일 업종에서도 스폰서의 니즈에 따라 스폰서십 형태는 매우 다양하다. 예컨대 같은 자동차 브랜드지만 기아KIA가 유럽 시장을 공략하기 위해 유럽 리그 LECLeague of Legends European Championship를 후원하는 반면, BMW는 T1, FPX, G2 등 인기 팀 위주의 스폰서십을 진행하고 있다. 또한 메르세데스 벤츠는 LoL 월드 챔피언십과 같은 이벤트는 물론 SK Gaming 등 팀 스폰서십 계약도 맺으며 퍼스트 파티와 세컨드 파티 양쪽에 스폰서십을 진행하고 있다. 기아 또한 LEC와의 성공적인 스폰서십 이후 한국 LCK의 담원과 네이밍 스폰서를 체결하며 이스포츠 스폰서십 전략을 고도화하고 있다.

마스터 카드가 LoL의 종목사인 라이엇 게임즈와 맺은 스폰서십 계약을 살펴보면 이스포츠 스폰서십의 보다 구체적인 형태를 확인할 수 있다. 마스터 카드는 라이엇 게임즈가 주관하는 연간 3개의 국제대회(MSI, 올스타전, 월드 챔피언십)에 대해 메인 스폰서 권리를 가지며, 10개국에서 프로모션 권리, 스킨 등 다양한 아이템 및 상품, 오프닝 세리머니와 VIP 라운지의 네이밍 권리를 보유하게 된다(Nielsen, 2019). 이를 통해 마스터 카드는 라이브 중계에서의 브랜드 노출, 다양한 프로모션 아이템을 통한 마케팅 활동, 오프라인 공간에서 팬들과의 만남 등 이스포츠 팬들과 다양한 접점을 형성하며 스폰서십 효과를 기대할 수 있다.

닐슨 이스포츠의 상무이사 니콜 파이크는 "이스포츠 시장에 진출하는 스폰서들은 어떤 분야의 브랜드이건 이스포츠 팬들의 습관과 기호를 알기 위해 노력해야 한다"고 언급하며 스폰서들이 더욱더 정교하게 타깃을 설정해 이스포츠 시장으로 진입할 것을 예고했다(Nielsen, 2019). 〈그림 9-2〉는 주요 이스포츠 리그별 핵심 스폰서 기업이 광범위한 사업군에 걸쳐 포진해 있음을 보여 준다.

〈그림 9-2〉 이스포츠 리그별 스폰서 브랜드 제품 카테고리

	의류	하드웨어	주변 기기	자동차	텔레콤	금융	식음료	게이밍 가구	음악	주유	전자	화장품	SNS	일용 소비재 (FMCG)
LPL	NIKE	ALIENWARE	Open	Mercedes-Benz	Open	Open		DXRACER	Open	Open	REDMAGIC	L'OREAL MEN EXPERT	HUPU	Open
LEC	Foot Locker	ALIENWARE	logitech G	KIA	Open	mastercard	Red Bull	DXRACER	Open		Open	Open	Open	Open
LEAGUE OF LEGENDS	NATIONS	ALIENWARE	Open	Open	Open	mastercard StateFarm	Jersey Mike's	SECRET LAB	Open	Open	Open	Open	Open	Open
OVERWATCH LEAGUE	FANATICS	intel OMEN	Open	TOYOTA	T · ·	StateFarm	SOUR PATCH Coca-Cola	Open	Spotify	Open	Open	Open	Open	Open
KPL	Hla jeans	Open	Open	上海大众汽车	Open	Open	统一企业	Open	Open	Open	vivo	Open	Open	5

주: 2019년 LPL, LEC, LCS, OWL, KPL 스폰서십 기준.
자료: Newzoo(2019).

(3) 빅데이터 제공

게임 내 모든 요소를 데이터로 변환할 수 있는 이스포츠의 장점은 데이터 산업의 성장으로 이어지고 있다. 퍼스트 파티, 그중에서도 지적 재산권을 보유한 종목사들은 자사의 이스포츠 데이터에 대한 접근권과 사용권을 데이터 전문 업체에 판매하고, 데이터 전문 업체는 확보한 데이터를 가공해 프로 팀, 미디어, 베팅 업체(북메이커) 등에 다시 판매한다.

대표적인 데이터 전문 업체 베이즈Bayes는 CS:Go, LoL 이스포츠의 데이터 사용권을 받아 이를 베팅 업체 또는 프로 팀 등에 가공 판매하는 방식으로 수익을 올리고 있다. 〈그림 9-3〉은 베이즈의 사업 모델을 보여 준다. 베이즈의 데이터 센터인 BEDEX로 게임사와 이벤트 주최자가 제공하는 데이터를 수집해 고객 수요에 맞는 데이터 재가공 과정을 거쳐 서비스 제공자, 비즈니스 파트너, 일반 소비자에게 맞춤형 데이터를 제공하는 방식이다.

퍼스트 파티는 주로 데이터 전문 업체의 수익을 공유받는 로열티 방식으로 수익을 올린다. 데이터 판매를 통한 수익 규모가 퍼스트 파티의 이스포츠 매출에서 차지하는 비중은 아직까지 크지 않지만, 사회 전반의 데이터 산업 발전에 발맞추어 지속 성장할 것으로 기대된다.

〈그림 9-3〉 라이엇 게임즈와 데이터 제공 독점 협약을 맺은 베이즈의 데이터 사업 모델

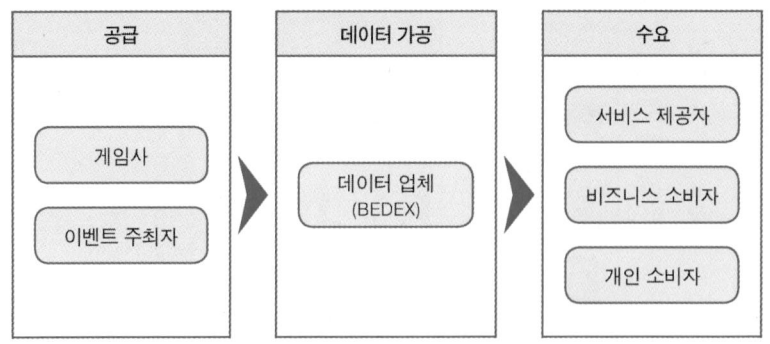

자료: Bayes(2020).

또한 데이터 기반 고객 서비스가 고도화될수록 팬들의 참여와 몰입도가 올라가고, 이는 해당 이스포츠에 대한 충성도를 높이는 효과가 있기 때문에 데이터 시장의 가치는 장기적인 관점에서 즉시적으로 눈에 보이는 매출액 이상의 가치가 있다고 할 수 있다.

(4) 콘텐츠 제작 광고수익

지적 재산권 권리를 가진 리그를 운영하는 퍼스트 파티들은 다양한 콘텐츠를 제작하고 조회 수에 따라 온라인 플랫폼으로부터 광고 수익을 배분받는다. 적게는 수천 회, 많게는 수천만 회에 이르는 경기 풀 영상, 하이라이트, 매드 무비, 인터뷰 등의 콘텐츠 제작을 통해 광고 수익을 창출하고, 동시에 리그 스폰서와의 협상에서 더 유리한 고지를 점할 수 있게 된다. 특히 게임사는 트위치와 유튜브 등 메이저 OTT 플랫폼에 자신들이 직접 운영하는 온드 채널Owned Channel을 운영하며 주기적인 영상 업로드를 통해 수익을 창출한다. 한편 게임 개발사들은 일반적으로 게임 채널과 이스포츠 채널을 별도로 운영하지만 필요에 따라 두 채널을 적절히 병행 사용함으로써 마케팅 효과를 극대화하기도 한다.

(5) 티켓과 굿즈 판매

경기장 티켓과 굿즈 판매 또한 리그 주최자인 퍼스트 파티의 주요 매출원 중 하나다. 국내에서 가장 인기 있는 이스포츠 리그 LCK가 열리는 롤파크의 좌석 점유율은 대략 90% 수준이다. 이를 토대로 산술해 보면 연간 3억 6천만 원(400석 기준 90%×연간 관중 입장 경기일 100일×경기당 입장료 1만 원) 정도의 매출이 발생한다는 것을 추정할 수 있다. 하지만 프로야구의 연간 입장료 수익이 100억 원에 달하고 전체 매출에서 20% 비중이라는 것을 감안한다면 이스포츠 시장에서 입장료 수익의 비중은 매우 적다고 할 수 있다. 코로나 팬데믹 이후 무관중 경기가 증가하면서 입장료 수익이 감소했지만 2022년부터 관중 입장이 허용되면서 입장료 수익이 회복될 것으로 기대한다. LCK 2022 스프링 시즌 개막전에는 만석에 가까운 입장객이 롤파크를 찾았다.

이스포츠 리그 지적 재산권을 활용한 굿즈 판매의 경우 독자적인 상품을 제작해 출시하기도 하지만 스폰서와의 컬래버레이션을 통한 제작과 판매가 더 일반적이다. 주로 의류나 게이밍 기어를 중심으로 컬래버레이션 상품 판매가 이루어지고 있으며, 퍼스트 파티 기준에서 볼 때 전체 매출에서 차지하는 비중은 높지 않다.

(6) 인게임 아이템 연계 크라우드 펀딩

크라우드 펀딩은 이스포츠를 다른 전통 스포츠와 구분하는 중요한 키워드 중 하나이다. 팬들에게 인게임 아이템 등 상품을 판매한 후 해당 수익의 일부를 다시 상금으로 공유하는 크라우드 펀딩을 통해 퍼스트 파티, 그중에서도 종목사는 높은 매출, 팬들의 참여, 프로 팀 수익 확대라는 3가지 효과를 동시에 거두고 있다.

〈그림 9-4〉 2011~2021년 도타2 TI 챔피언십 상금 규모

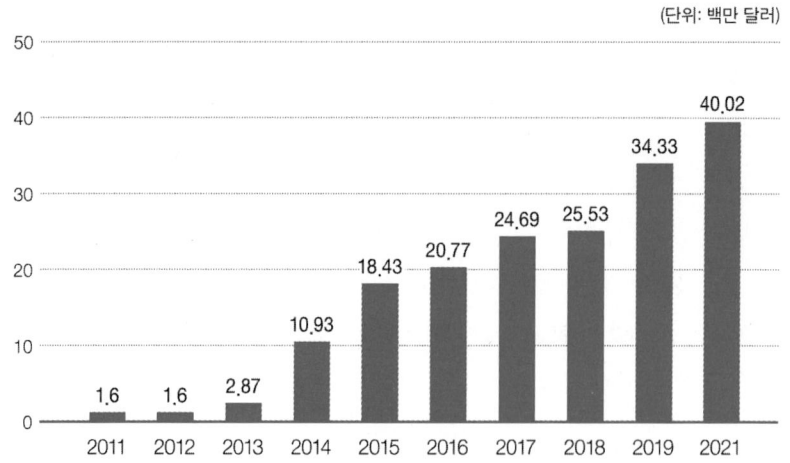

(단위: 백만 달러)

자료: https://www.esportsearnings.com/tournaments

크라우드 펀딩을 가장 잘 활용하고 있는 이스포츠 종목은 도타2인데, 모든 이스포츠 이벤트를 통틀어 상금 영역에서만큼은 도타2의 위상이 절대적이다 (Allen, 2017). 〈그림 9-4〉에 제시된 바와 같이 도타2는 매년 상금규모 기록을 경신하고 있는데 2021년에 4천만 달러를 넘어섰다. 이 금액은 같은 해 개최된 PGA 투어 골프 대회 중 가장 큰 마스터스 토너먼트Masters Tournament의 총상금 1100만 달러(Harrington, 2021)의 4배에 육박한다. 도타2는 인게임 아이템과 크라우드 펀딩을 연계해 이스포츠가 얼마나 큰 시너지를 낼 수 있는지 보여 주는 대표적인 사례이다.

3. 세컨드 파티 비즈니스 모델

1) 세컨드 파티의 개념과 구성

이스포츠 산업 생태계를 이루는 두 번째 주체는 세컨드 파티로 실제 이스포츠 리그와 이벤트에 참여하는 팀과 선수를 의미한다. 이스포츠 산업의 초창기 세컨드 파티는 유망한 선수들이 모여 팀을 구성하고 스폰서가 붙는 이른바 '클랜' 형태가 일반적이었다. 최근에는 투자를 통해 자본력을 갖추고 여러 종목의 팀을 보유한 다종목 이스포츠 구단이 등장하는 추세이며, 이와 같은 다종목 구단을 해외에서는 이스포츠 조직Esports Organization이라 부른다. 이스포츠 산업의 핵심이라고 할 수 있는 프로선수, 그중에서도 '스타'를 보유한 팀은 상금, 중계권료 배당, 스폰서십, 스트리밍, 자체 콘텐츠 사업 등 다양한 방식으로 부가가치를 창출한다.

2) 세컨드 파티의 수익 모델

(1) 상금

이스포츠 참가 팀들의 가장 전통적인 수익 모델은 역시 상금이다. 상금은 이스포츠 초창기부터 현재까지 팀들의 대표 수익원이며 도타2와 같이 상금 규모가 큰 종목에서는 특히 그러하다. 퍼스트 파티들은 메이저급 대회에 거액의 상금을 내걸어 대회 이미지를 제고하고 최고 수준 팀들의 참여를 유도하는 한편, TPO에게는 이스포츠 지적 재산권 사용권과 함께 전액 또는 일정 비율의 상금을 지원하며 다양한 이스포츠 토너먼트와 리그를 운영한다. 〈표 9-4〉는 억대 팀별 상금 랭킹을 보여 준다. Team Liquid는 북미 LoL 리그인 LCSLeague of Legends Championship Series 팀을 포함해 총 17개 종목의 이스포츠 팀을 보유한 다종목 이스포츠 구단으로 참가 대회 수와 누적 획득 상금이 가장 높다.

이스포츠 리그에서 상금이 차지하는 비중은 해당 이스포츠의 리그와 토너먼트 운영 방식에 따라 다른데 그 추세는 대체로 전통 스포츠와 유사하다. 〈표 9-5〉는 종목별 톱 10 상금 랭킹을 보여 주는데 상대적으로 시즌이 긴 리그를 운영하는 LoL, 오버워치 등의 종목은 상금 비중이 팀 전체 매출에 비해 상대적으로 낮은 반면, 단기 토너먼트 또는 위클리 이벤트 중심의 대회 형식인 도타2와 같은 종목은 팀 수익에서 상금 비중이 상대적으로 높다. 이는 야구나 축구처럼 장기 레이스를 펼치는 종목의 상금 비중이 테니스나 골프와 같은 단기 이벤트 종목에 비해 낮은 것과 유사하다.

앞서 언급한 크라우드 펀딩을 통해 메이저 이스포츠 대회의 상금은 증가하는 추세이다. 배틀그라운드의 글로벌 이벤트인 2021 PGI.S의 경우 기본 상금은 230만 달러(약 30억 원)였지만 크라우드 펀딩을 더한 최종 상금은 기본 상금의 2.5배에 이르는 700만 달러(약 90억 원)에 이르렀다. 이처럼 배틀그라운드 이스포츠는 2021년 한 해에만 크라우드 펀딩 1천만 달러(약 130억 원)

를 포함해 총 1500만 달러(약 193억 원)에 이르는 상금을 집행했다.

〈표 9-4〉팀별 톱 10 상금 랭킹

순위	팀	누적 획득 상금(달러)	총 참가 대회 수
1	Team Liquid	38,662,564	2,157
2	OG	35,727,823	127
3	Evil Geniuses	25,624,757	908
4	Team Spirit	19,937,522	164
5	Virtus.Pro	18,246,325	571
6	Natus Vincere	17,938,869	585
7	Fnatic	17,532,385	995
8	Team Secret	16,278,297	314
9	PSG Esports	15,747,632	97
10	Vici Gaming	15,231,826	297

자료: Esports Earnings(2022a).

〈표 9-5〉종목별 톱 10 상금 랭킹

순위	종목	역대 상금 총합(달러)	누적 대회 수	누적 참가자 수
1	도타2	280,180,096	1,605	4,209
2	CS:GO	131,046,704	6,110	14,737
3	포트나이트	111,339,316	750	4,931
4	LoL	90,355,461	2,675	8,061
5	펜타스톰	44,681,469	97	976
6	배틀그라운드	43,064,917	390	3,052
7	스타크래프트2	36,796,082	6,370	2,117
8	오버워치	32,745,162	772	3,641
9	배틀그라운드 모바일	32,104,533	81	1,886
10	하스스톤	27,407,595	975	2,735

자료: Esports Earnings(2022b).

(2) 지원금

규모가 큰 이스포츠 리그는 퍼스트 파티이자 지적 재산권 홀더인 게임사가 팀들에게 운영 지원금을 지급하는 경우가 많다. 이는 선수들의 최소연봉을 보장해 선수와 팀들에게 안정적인 경영 여건을 제공하고 훈련에 몰두할 수 있게 하며 승부조작의 위험을 방지하기 위해서다. 한국 리그 LCK는 2020년까지 매년 모든 팀에 지원금을 지급하면서 1부 선수들의 최소연봉을 2천만 원으로 규정해 왔고 2021년 프랜차이즈 출범 이후에는 최소연봉을 6천만 원으로 상향했다. 배틀그라운드, 레인보우6 등 다른 리그들도 팀들에게 지원금을 지급하고 있으며 그 방식은 리그별로 조금씩 다르다.

(3) 중계권료 수익 공유

프랜차이즈 형태의 프로리그가 자리 잡고 있는 북미 프로 스포츠와 승강제 시스템을 적용하는 유럽 프로축구처럼 이스포츠 또한 종목에 따라 프랜차이즈 또는 승강제 시스템이 혼재되어 발전해 왔다. 최근에는 LoL, 오버워치 등 일정 수준 이상의 팬과 자본력이 있는 팀들을 확보한 리그가 프랜차이즈 리그로 전환하는 것이 트렌드이다. 프랜차이즈에 참여한 팀들은 리그 가입비를 지불하는 대신 리그 수익을 공유받는데 그중 비중이 가장 큰 것은 중계권 판매 수익과 리그 스폰서십 수익의 공유이다. 일례로 2021년 스트리밍 플랫폼인 후야Huya가 중국 1부 리그 LPL과 2부 리그 LDL의 독점 중계권을 위해 라이엇 게임즈의 중국 내 이스포츠 운영사인 TJ 스포츠와 5년간 3억 1천만 달러(약 4천억 원) 규모의 계약을 체결했는데 계약 금액 중 일정 비율이 프랜차이즈 참가 팀들에게 배분되었다(Chen, 2021). 한국의 LCK도 마찬가지로 2021년 프랜차이즈 시스템으로 전환한 이후 연간 중계권료 수익의 일정 비율을 팀들과 공유하고 있다.

(4) 스폰서십

앞서 기술했듯이 스폰서십은 퍼스트 파티 이벤트 주최자의 중요한 수익원인 동시에 이스포츠 이벤트에 참여하는 팀과 선수들의 주요 수익원이기도 하다. 즉, 이스포츠 스폰서십은 리그 레벨, 팀 레벨, 개인선수 레벨에서 모두 가능하다. 현재 프로 팀들의 수익 중 비중이 가장 큰 것은 스폰서십이다. 프로 스포츠에서 가장 중요한 '스타' 자원을 보유한 팀들은 다양한 스폰서십 계약을 통해 수익을 올리고 팀 가치 제고를 기대한다. 스폰서십은 크게 이스포츠와 직접 연계된 사업군의 브랜드들인 엔데믹endemic 브랜드와 이스포츠 상품 또는 서비스와 직접적으로 연결되지 않는 브랜드인 넌엔데믹non-endemic 브랜드로 나눌 수 있다. 대표적인 엔데믹 브랜드에는 인텔, 레이저, 에일리언웨어, 로지텍 등의 제조업체와 후야, 빌리빌리, 아프리카 등의 스트리밍 플랫폼 기업이 이스포츠 팀과 선수 스폰서십에 적극적이다. 최근에는 넌엔데믹 브랜드의 스폰서십이 증가하는 추세인데 메르세데스 벤츠, BMW, 혼다, 아디다스, 레드불, 질레트, 맥도날드 등이 대표적이다. 이스포츠 주요 소비층인 MZ세대를 타깃으로 하는 음료, 의류 브랜드를 필두로 최근에는 자동차, 금융 기업으로까지 스폰서 기업의 범위가 확장되는 모습이다.

북미 리그 LCS의 TSM이 역대급 투자를 유치해 큰 화제였다. TSM은 홍콩 기반의 암호화폐 거래소 FTX와 10년간 2억 1천만 달러(약 2300억 원)를 지원받는 스폰서십 계약을 체결했는데 이는 이스포츠 팀들이 지금까지 체결한 스폰서십 계약 중 최대 규모이다(박태균, 2021). 이 계약은 미래 이스포츠 산업이 암호화폐와 연계해 성장해 나갈 수 있다는 기대를 반영한 것으로 이해된다.

한편 이스포츠 스폰서십이 국가별로 다른 양상을 보이는 것도 흥미롭다. 〈표 9-6〉은 제품군에 따른 한중일 3개국 이스포츠 팬들이 지각하는 스폰서 적합도 순위이다. 엔데믹 브랜드 기준으로 이스포츠에 가장 적합한 업종이 무엇이냐는 질문에 중국에서는 게이밍 기어·액세서리 등 게임에 직접 활용되는 제품군이 1위로 꼽힌 반면, 일본에서는 콘솔 제조사가 1위를 차지했고 게이밍 기어 브랜드는 가장 낮은 순위로 꼽혔다. 한국에서는 미디어 회사들이 1위에 올랐는데 이스포츠 산업을 게임 전문채널 등 미디어 업계가 주도해 온 역사가 반영된 것으로 보인다. 넌엔데믹 브랜드의 적합성 조사에서도 한중일은 다른 양상을 보였는데 한국에서는 인터넷 서비스 브랜드, 일본에서는

〈표 9-6〉 제품군에 따른 한중일 이스포츠 팬들이 지각하는 스폰서 적합도 순위

구분	제품군	한국	중국	일본
엔데믹 브랜드	게이밍 액세서리	4	1	5
	콘솔 제조사	2	2	1
	게이밍 미디어	1	3	2
	PC 게이밍 하드웨어 브랜드	4	3	3
	게임 퍼블리셔·개발사	2	3	3
넌엔데믹 브랜드	테크놀로지 브랜드	4	1	2
	인터넷 서비스 업체	1	2	2
	에너지 드링크	2	3	1
	모바일 서비스 제공자	3	4	6
	탄산음료 제조사	6	5	4

주: 총 19제품군 중에서 상위 5개 제품군만 기술.
자료: Nielsen(2018).

에너지 드링크 브랜드, 중국에서는 테크놀로지 브랜드가 각각 1위를 차지했다. 이처럼 이스포츠 스폰서십은 지역별·산업별 현황에 따라 다양하게 분화하는 모습을 보인다.

(5) 독점 스트리밍 플랫폼 계약

이스포츠 팀들은 다른 전통 스포츠에서는 찾아보기 어려운 스트리밍 플랫폼 수익이 있다.

스트리밍 플랫폼들은 자사 플랫폼의 트래픽 유치 및 브랜딩을 위해 프로 이스포츠 팀들과 연간 스트리밍 계약을 체결한다. 스트리밍 플랫폼은 프로 팀들에게 계약된 금액을 지불하고 프로 팀들은 매주 일정 시간 해당 플랫폼을 통해 주요 선수들이 스트리밍 방송을 한다. 계약에 따라서 팀과 선수들은 스트리밍 플랫폼의 로고가 부착된 유니폼을 입고 스트리밍하기도 한다.

많은 이스포츠에서 프로게이머와 스트리머의 경계가 모호한 편으로 LoL과 OWL의 유명 프로선수들이 스트리머로 활동하는 모습은 낯설지 않다. 특

히 중국의 도유Doyu나 후야 같은 주요 스트리밍 플랫폼은 경쟁적으로 후원
팀 확보에 나서고 있는데, 이들 플랫폼은 구독자 확보를 기대하고 팀들은 안
정적인 수익과 글로벌 팬덤 확장을 도모한다. 2020년 T1은 트위치와 독점 스
트리밍 계약을 체결했는데 T1의 간판 스타이자 이스포츠 아이콘인 페이커는
2017년 트위치에서 첫 스트리밍을 시작했고(Asuncion, 2020), 2022년 5월 기
준으로 380만 명의 팔로어를 보유하고 있다.

(6) 이적료

이스포츠 팀들의 이적료 수익은 전통 스포츠의 이적료 수익과 같은 방식
으로 이루어진다. 보유 선수를 타 구단으로 이적시킬 때 이적료 수입이 발생
하는데 이는 이스포츠 프로 팀들의 새로운 비즈니스 모델이다(Ashton, 2020).
이적료는 주로 LoL이나 오버워치 등 선수연봉 체계와 리그 시스템이 안정화
된 종목에서 발생하기 때문에 모든 이스포츠 종목에 일반화된 비즈니스 모델
로 보기는 어렵다. 하지만 LoL의 경우 한국, 중국, 북미 등 메이저 지역에서
는 주전급만 되어도 수억 원 이상의 이적료가 발생해 팀들의 새로운 수익원
으로 빠르게 자리 잡고 있는 추세이다. 빅클럽들과 정면으로 머니 게임을 벌
이기 어려운 클럽들은 메이저리그의 '머니볼' 모델처럼 유망주를 키우거나
저평가된 선수들의 가치를 올린 후 높은 가격에 이적시키고 다시 저비용 고
효율 선수들을 확보하는 전략을 구사할 가능성도 엿보인다.

(7) 팀과 선수의 광고 수익

이스포츠 팀과 선수들은 다양한 광고에 출연해 수익을 확보하고 동시에
팀 브랜드를 강화한다. 이스포츠 인사이더Esports Insider는 2020년 최고의 이
스포츠 광고를 소개했는데 그중 첫 번째로 언급된 것은 스킬샷 미디어Skill-
shot media의 '게이머 테라피Gamer Therapy' 캠페인이다(Duran, 2020). 코로나
기간이 길어지면서 이스포츠 산업계에서도 게이머들의 정신적 스트레스가

화두였는데 스킬샷 미디어는 게이머들과 테라피스트들을 연결해 주는 캠페인을 통해 긍정적 메시지를 전달했다는 평가를 받았다. 이 밖에도 유럽 리그 LEC의 방송 출연자들이 유쾌한 춤 솜씨를 과시한 기아 자동차 광고(기아는 LEC의 메인 스폰서임), 데이팅 앱 범블Bumble의 후원으로 여성으로만 구성된 포트나이트 팀인 팀 범블Team Bumble을 결성한 젠지, 부상으로 은퇴한 중국의 LoL 스타 우지Uzi를 앞세워 밝은 메시지를 전달하고자 한 나이키의 '캠프 넥스트 레벨Camp Next Level' 등이 2020년을 빛낸 광고로 소개되었다(Duran, 2020). 한국에서는 2020년 클레브Klevv의 광고가 이스포츠 팬들 사이에서 센세이션을 불러일으켰다. 이전까지 대중적 인지도가 높지 않았던 게이밍 메모리 업체 클레브는 자사의 RGB 발광형 제품을 소개하기 위해 T1 선수들을 활용해 광고를 제작했는데 "불 좀 꺼 줄래?"로 대표되는, 어색하면서도 오글거리는 연기가 의외로 선수들의 매력을 폭발시키면서 700만 조회 수라는 대박을 기록했다(인벤, 2021).

(8) 콘텐츠 제작 광고수익

퍼스트 파티들과 마찬가지로 세컨드 파티들도 자체 콘텐츠 제작을 통해 플랫폼 광고 수익을 올린다. 젠지는 자체 채널에 동영상 클립을 업로드하는 수준을 넘어 연중 다큐멘터리 시리즈 '올인'을 제작해 수익성을 추구하는 보다 적극적인 자세를 취하고 있다. 2021 시즌을 앞두고 프로야구 팀 한화 이글스가 왓챠WATCHA와 스포츠 다큐멘터리를 제작했듯이, 이스포츠 팀들도 향후 플랫폼이나 전문 프로덕션과 손을 잡고 다양한 콘텐츠 제작에 도전할 것으로 전망된다.

(9) 이스포츠 아카데미

아카데미 운영은 프로 팀들의 새로운 수입원 중 하나이다. 게임 플레이어와 시청자 중 상당수는 게임 실력을 향상시키기 위해, 또는 프로 수준의 게이머로 성장하기 위해 아카데미의 문을 두드린다. 최고 수준의 선수들을 보유한 프로 팀들은 아카데미 운영에 있어 일반적인 아카데미들보다 비교 우위를 가지고 있어 프랜차이즈 형태의 아카데미 운영을 통해 안정적으로 수익을 창출한다. 한편 프로 팀들은 이스포츠 아카데미 운영을 통해 유스 선수들을 발굴하고 은퇴 선수들의 일자리를 제공하는 효과도 거두고 있다. 또한 아카데미를 통해 경기력 향상을 위한 데이터 수집 및 다양한 교육 기관과의 연계 사업도 기대할 수 있다. 현재 팀 전체 매출에서 아카데미가 차지하는 비중은 상대적으로 낮은 수준이지만 장기적인 관점에서 아카데미를 중요한 사업 모델로 인식하고 투자를 확대하는 추세이다.

(10) 굿즈 판매

굿즈 판매는 앞서 설명한 퍼스트 파티뿐 아니라 세컨드 파티인 팀들의 주요 수익원 중 하나이다. 퍼스트 파티인 이벤트 주최자들도 다양한 굿즈를 제작해 판매하고 있지만, 스타를 보유한 팀들의 굿즈 판매가 화제인 경우가 더 많다. 팀 로고가 부착된 의류, 게이밍 기어 등을 판매해 수익을 올리는 것은 물론이고 최근에는 다양한 브랜드와의 컬래버레이션을 통해 팀 브랜드 가치를 높이는 시도가 이어지고 있다. Team Liquid는 2019년부터 마블과 제휴해 마블 히어로 스타일의 테마 상품을 판매하고 있으며, 프나틱Fnatic은 헬로키티Hello Kitty로 유명한 산리오Sanrio와 파트너십을 통해 다양한 프나틱×헬로키티 굿즈를 선보이고 있다. 또한 이스포츠는 장비에 민감한 사용자들을 주 시청층으로 두고 있기 때문에 스타 에디션 마케팅이 효과적으로 발휘될 수 있는 환경이다. 탁구에서는 버터플라이Butterfly, 배드민턴에서는 요넥스Yonex, 골프에서는 캘러웨이Callaway와 나이키Nike처럼, 이스포츠에서도 스타 파워를 앞세운 고기능성 제품 마케팅이 더욱 활성화될 가능성이 높다.

(11) 인게임 아이템

게임사는 게임 내 아이템에 팀 브랜드를 넣어 판매함으로써 발생하는 매출의 일부를 팀과 공유하므로 인게임 아이템 판매는 팀 수익원이 되기도 한다. 가장 대표적인 사례는 LoL 월드 챔피언십 우승 팀 스킨이며, OWL은 글로벌 프랜차이즈를 출범시키면서 팀별로 스킨을 제작해 팀 브랜드 정착과 매출 확보를 지원하고 있다. 이 외에도 CS:GO, 레인보우6 등 1인칭 슈팅게임 First-Person Shooting: FPS은 팀들의 개성을 살린 총기 스킨을 제작해 인게임 아이템으로 판매하는 등 게임 내 아이템 제작을 통한 이스포츠 팀들과의 사업적 연계를 확대해 나가고 있다. 특히 이스포츠 팀의 팬들은 충성도가 높기 때문에 게임사들은 팀 브랜드를 활용한 아이템 제작을 통해 눈에 보이는 단기수익 이상으로 팬과의 관계를 강화하고 팬들의 참여를 활성화하려는 의도를 가지고 있다.

(12) 스트리머 매니지먼트

팀들은 은퇴한 유명 선수나 인플루언서들을 영입해 스트리머 매니지먼트 사업을 한다. 초기에는 은퇴한 프랜차이즈 스타와 협업하는 정도였으나 요즘은 인기 스트리머들을 영입해 전속 계약을 맺고 팀 브랜딩에 적극적으로 활용하는 사례가 늘고 있다. 이러한 스트리머 매니지먼트는 그 자체로는 팀 수익에 큰 도움이 되기 어렵지만 팀의 스폰서나 비즈니스 파트너들을 위한 패키지를 풍부하게 해준다는 데서 의미를 찾을 수 있다. 현역 프로선수들은 스케줄이나 규정 등에 제약이 있어 스폰서들이 원하는 마케팅 활동에 활용하지 못하는 경우가 많은데, 전속 스트리머들을 보유하고 있으면 이러한 약점을 보완할 수 있고 스트리머들의 구독자들을 무기로 오히려 더 큰 마케팅 효과를 기대할 수 있다. 또한 팀의 프랜차이즈 스타들을 은퇴 후에도 예우하는 형태가 되기 때문에 팬들의 충성심 유지에도 도움이 되고 선수 영입 시에도 긍정적인 효과를 기대할 수 있다. 전통 스포츠에서 코치직 보장을 전제로 선수 영입을 시도하는 방식과 유사하다. T1의 울프, 뱅(이상 LoL), 젠지의 앰비션, 큐베(이상 LoL), 피오(배틀그라운드)가 대표적인 사례라고 할 수 있다.

4. 서드 파티 비즈니스 모델

1) 서드 파티의 개념과 구성

서드 파티는 대회를 직접 주최(퍼스트 파티)하거나 플레이어로서 참가(세컨드 파티)하지는 않지만, 다양한 영역에서 이스포츠 생태계에 참여하는 기여자들의 그룹을 의미한다. 퍼스트 파티의 이벤트 주최자들을 도와 이벤트 진행을 담당하는 제작 대행사와 에이전시, 플레이어 매니지먼트사, 스트리밍과 매치 매칭 플랫폼, 데이터 분석 전문회사, 이스포츠 베팅 관련 사업자 등이 서드 파티의 주요 구성원들이다. 어떤 이스포츠든 초기에는 서드 파티의 존재감이 두드러지지 않지만 이스포츠가 성장하고 발전할수록 서드 파티의 영역이 커지고 때로는 서드 파티가 퍼스트 파티나 세컨드 파티 이상의 영향력을 발휘하기도 한다. 특히 서드 파티에서 출발한 플랫폼이 점점 성장하면서 대회를 직접 주최하는 퍼스트 파티로 변모하는 경우도 더 이상 낯설지 않다. 이스포츠 비즈니스가 다른 산업과 결합해 가치를 더욱 성장시키는 과정에서 서드 파티의 중요성과 존재감이 확대되는 추세이다.

2) 서드 파티의 수익 모델

(1) 대회 제작 관련 대행 서비스

이스포츠 산업은 기본적으로 이벤트, 즉 '이스포츠 대회'를 중심으로 이루어진다. 한국의 LCK처럼 전용 경기장과 제작 시설을 갖추고 직접 대회를 운영하는 경우도 있지만 대부분의 이스포츠 대회는 대회 운영권을 지적 재산권 홀더로부터 위탁받은 대행사들에 의해 운영된다. LCK도 불과 얼마 전까지는 게임 전문 방송사들에게 대회 제작과 운영을 위탁하는 형태였고, 직접 서비스를 하는 지금에 이르러서도 현장 운영이나 마케팅, 결승 이벤트 영역에서는 상당 부분 전문 대행사들을 활용하고 있다.

제작 대행 서비스의 영역은 매우 광범위하다. 리그 운영, 방송 제작, 현장 이벤트, 마케팅, 홍보 등 다양한 영역에 걸쳐 전문 대행사가 존재한다. 이들 대행사는 이스포츠만 전문으로 하는 경우도 있지만 대부분 전통 스포츠나 엔터테인먼트 영역에서 경험을 쌓은 사업자가 많아 그 노하우를 활용해 이스포츠 대회 품질을 높이는 데 기여하고 있다.

이벤트 또는 리그의 전체 제작 대행을 맡을 경우 해당 사업자는 사실상 퍼스트 파티의 TPO, 즉 리그 주최자 역할을 한다. 이 경우 리그 주최자가 된 서드 파티 사업자는 다시 세부 영역을 전문 대행사에 위탁 운영하는 형태가 일반적이다. 이스포츠는 기본적으로 미디어를 통해서만 볼 수 있는 산업이기 때문에 전체 제작 대행을 맡을 수 있는 사업자는 방송·송출 능력을 보유한 대형 프로덕션으로 한정된다.

(2) 스트리밍 플랫폼

이스포츠 산업이 전통 스포츠 산업과 대비되는 또 다른 특징 중 하나는 전통적 리니어 TV 채널들의 영향력이 작고 온라인 스트리밍 플랫폼을 통해 대부분의 시청이 이루어진다는 것이다. 트위치가 글로벌 이스포츠 미디어 시장을 주도하는 가운데 유튜브와 페이스북 게이밍이 그 뒤를 따르고 있다. 중국의 도유와 후야, 한국의 아프리카 등 로컬 사업자들의 성장세 또한 가파르다. 스트리밍 플랫폼들은 다양한 방식으로 이스포츠 사업을 펼쳐 나가고 있다. 전통 스포츠와 같은 방식으로 리그 중계권을 구매하기도 하고, 소속 스트리머들을 활용해 자체적으로 대회를 개최하기도 한다. 또한 세컨드 파티 항목에서 언급했듯이 팀이나 선수를 후원해 독점 콘텐츠를 생산하기도 한다. 이처럼 스트리밍 플랫폼의 영향력은 갈수록 커지고 있으며 서드 파티의 영역을 넘어 직접 대회를 주최하고 관련된 미디어 콘텐츠의 제작과 유통까지 책임지는 퍼스트 파티의 영역으로 사업을 확장해 가고 있다.

(3) 플레이어 매니지먼트

이스포츠 프로리그가 활성화되고 선수들의 몸값이 올라가면서 선수 매니지먼트 시장도 성장하고 있다. 현역 프로선수뿐만 아니라 코칭 스태프, 유명 스트리머, 방송 출연자 등의 에이전트를 맡아 고객 권리를 보호하고 가치를 극대화하는 매니지먼트사들이 늘어나는 추세이다. 특히 이스포츠의 경우 프로선수의 나이가 어리고 수명이 길지 않다는 점, 해외 리그로의 이적이 많다는 점, 프로와 스트리머의 경계가 모호하다는 점 등 전통 스포츠와의 차이가 상당하기 때문에 매니지먼트사의 전문성이 점점 중요시되고 있다.

국내 기준으로는 프로야구를 비롯해 다수의 프로선수를 고객으로 두고 있는 리코스포츠, 이스포츠 전문 에이전시를 표방하는 쉐도우 코퍼레이션 등이 대표적인 이스포츠 매니지먼트사이며, 독특하게도 아프리카는 캐스터와 해설자 위주로 구성된 '주식회사 중계진'이라는 자회사를 통해 출연자들을 관리하고 있다.

현재 국내 기준으로는 이스포츠 선수들의 권익을 보장하고 표준계약서를 도입하는 등 주로 노동법적 관점에서의 접근이 많지만 전체 산업으로 볼 때 이 영역의 복잡성은 단순히 선수계약서 수준에 머무르지 않는다. 특히 이스포츠는 스포츠 산업과 아이돌 산업의 성격을 모두 가지고 있기 때문에 양 산업의 시행착오 사례들을 적극적으로 연구할 필요가 있다.

예컨대 LoL의 경우 한국·중국·유럽 리그는 프랜차이즈 제도를 채택하고 있지만 각 리그 간 선수 영입을 시도할 때 필요한 신분조회제도가 없으며 공식적으로는 이적료도 존재하지 않는다. 하나의 종목사 산하에 여러 프랜차이즈 리그가 있기 때문에 가능한 시스템일 수도 있지만 각 리그가 계속 성장한다면 결국 각 리그의 독립성을 강화하고 선수들이 기존 계약이 끝나기 전에 다른 구단 또는 단체와 접촉하는 행위인 템퍼링을 방지하기 위한 보완 장치가 필요해질 것은 분명하다. 또한 계약기간 만료 이전에 리그 간 이적이 성사될 경우 이적료 지급과 관련된 투명한 절차와 규정이 필요하다. 한편 프랜차이즈 이후 유스 출신 선수들이 늘어나는 추세인데 이 경우 원 소속 팀의 지분을 어떻게 인정할 것인지도 향후 중요한 과제가 될 수 있다. 축구의 경우 연령대별 소속 팀이 얻게 될 이적료 수익의 일정 부분을 받을 수 있고, 케이팝 산업도 오랜 진통 끝에 현재는 소속사의 초기 투자비용을 인정해 7년간 표준계약서가 자리 잡는 등 이스포츠 업계가 벤치마킹할 수 있는 사례는 매우 많으며 이 과정에서 매니지먼트사들이 중요한 역할을 할 것으로 예상된다.

(4) 데이터 분석 및 리서치

클라이언트로부터 이스포츠 원시 자료Raw Data를 제공받아 다양한 통계와 사용자 팁을 제공하는 서비스가 새로운 유망 업종으로 떠오르고 있다. OP.GG나 Blitz.gg처럼 최신 패치 현황과 승률 분석을 제공하는 서비스 업체들이 일반 팬들에게 정보를 제공하는 B2C를 넘어 팀들에게 전문화된 정보를 제공하는 B2B 영역으로 사업을 확장하고 있다. 뉴주처럼 이스포츠 및 게임 시장에 대한 리서치를 통해 현황 정보를 제공하는 시장분석 업체들도 늘어나는 추세이다. 이런 업체들은 미디어나 기관의 조사 용역을 수행하고 심층분석 자료에 대해서는 유료 서비스를 제공하는 방식으로 수익을 창출하고 있다. 다만 국내 이스포츠 시장을 심층적으로 분석하는 국내 업체는 아직 드문 상황으로 국내 업체나 기관들은 대체로 콘텐츠진흥원의 자료 또는 개별 연구 자료에 시장 분석을 의존하고 있는 실정이다.

(5) 이스포츠 아카데미

앞서 세컨드 파티 항목에서 설명했듯이 이스포츠 아카데미 사업은 이스포츠 산업의 중요한 영역 중 하나로 자리 잡고 있다. 세컨드 파티인 이스포츠 프로 팀에서 직접 아카데미를 운영하는 추세가 확대되는 가운데, 프로 팀 이외의 일반 사업자가 이스포츠 아카데미 사업을 통해 수익성을 추구하기도 한다. 이 경우에 이스포츠 아카데미를 운영하는 사업자는 이스포츠 비즈니스 모델의 서드 파티가 된다. 이스포츠 아카데미는 일반적으로 각 종목별로 프로게이머를 지망하는 실력자 반과 순수하게 자신의 실력을 키우고 싶은 아마추어 반으로 구성되어 있으며, 자녀들과의 교류를 원하는 학부모 클래스와 성인 클래스도 인기를 끌고 있다. 기존에는 오프라인 위주로 운영되었지만 코로나 팬데믹 이후 온라인 클래스도 늘어나는 추세이며, 온라인으로도 충분한 커뮤니케이션이 가능한 이스포츠의 특성상 이런 추세는 더욱 확대될 것으로 보인다.

이스포츠 아카데미 산업의 트렌드 중 하나는 프로게임단과 연계해 프랜차이즈화하고 있다는 것이다. 프로게임단들은 아카데미 사업을 직영하거나 교육 인력과 브랜드를 제공하고 프랜차이즈 사업을 진행하며, 한발 더 나아가 팀의 유스 시스템으로 활용하기도 한다. 즉, 1~2군은 팀 로스터로 직접 계약을 맺어 운용하고, 3~4군은 자 팀 아카데미 출신 선수들을 우선적으로 콜업하는 방식으로 효율적인 수직 계열화를 도모하고 있다.

(6) 이스포츠 베팅 산업

2020년 글로벌 이스포츠 베팅 시장은 140억 달러(약 18조 원) 규모에 육박하며 전년 대비 200% 성장한 것으로 나타났다(Bassam, 2020). 코로나 팬데믹 이후 전통 스포츠가 주춤하면서 관련 베팅 산업도 위기를 겪고 있는 가운데 이스포츠 베팅 산업이 그 공백을 메우면서 폭발적인 성장세를 이어 간 것이다(Luongo, 2020). 코로나 팬데믹 초기인 2000년 4월에 보도된 이스포츠 인사이더의 기사에 따르면 스포츠 베팅 참가자의 30%가 최근 3개월 동안 이스포츠 베팅에 참여한 경험이 있다고 하며, 대형 베팅 업체들이 이스포츠에 주목하기 시작하면서 이스포츠 베팅 시장이 급격히 성장하고 있다(Bassam, 2020). 현재 '빅 3'로 불리는 CS:GO, LoL, 도타2가 이스포츠 베팅 시장의 85%를 차지하고 있지만 피파 온라인, F1 이스포츠 등 다양한 종목으로 이스포츠 베팅 시장이 빠르게 확산해 가는 추세이다. 또한 미국 네바다 주를 포함해 다양한 국가와 지역에서 이스포츠 베팅이 합법적으로 인정받고 있기 때문에 이러한 상승세는 계속 이어질 것으로 전망된다.

5. 이스포츠 비즈니스의 트렌드와 전망

이스포츠 산업이 성장함에 따라 퍼스트 파티, 세컨드 파티, 서드 파티의 경계가 점점 모호해지고 있으며 몸집을 불리기 위한 대규모 인수합병도 증가하고 있다. 퍼스트 파티에서는 TPO, 세컨드 파티에서는 프로 팀, 서드 파티에서는 플랫폼을 비롯해 다양한 사업자들이 공격적인 투자와 인수합병으로 기업 가치를 키워 나가는 추세이다.

2022년 이후의 최근 기록만 살펴보더라도 눈에 띄는 인수합병 사례가 많다. 2022년 1월에는 사우디아라비아 국부펀드의 후원을 받는 새비 게이밍 Savvy Gaming이 MTG로부터 무려 15억 달러(약 1조 8천억 원)에 CS:GO 대회 주최사로 유명한 ESL과 페이스잇을 인수합병하여 ESL 페이스잇 그룹EFG으로 재탄생시켰다(Hitt, 2022; 박준수, 2022). 중국의 대표적 이스포츠 제작사이자 TPO인 VSPN도 2022년 홍콩증시 상장을 준비하고 있으며 기업 가치는 약 10억 달러(약 1조 2천억 원) 이상으로 추정된다.

마이크로소프트는 687억 달러(약 82조 원)에 스타크래프트와 오버워치로 유명한 액티비전 블리자드를 인수해 업계를 깜짝 놀라게 했다(임종명, 2022).

이를 통해 마이크로소프트는 콘솔 FPS 프랜차이즈인 '콜 오브 듀티' 시리즈를 보유하는 수확을 얻은 것으로 분석된다. 또한 마이크로소프트의 콘솔게임기 엑스박스와 블리자드의 신규 게임 IP 시너지를 기대할 수 있을 뿐 아니라, 마이크로소프트가 관심을 가지는 클라우드 생태계로 게임 이용자 유입을 꾀할 수 있다.

엑스박스와 양대 콘솔게임기인 플레이스테이션의 소니는 마이크로소프트의 액티비전 블리자드 인수에 대응해 '헤일로', '데스티니' 시리즈를 개발한 번지BUNGiE를 36억 달러(약 4조 3천억 원)에 인수했다(길용찬, 2022).

스타를 직접 보유할 수 있는 세컨드 파티는 가장 활발한 투자와 인수합병이 이루어지는 영역이라고 할 수 있다. DRX는 2022년 발로란트 팀 '비전 스트라이커즈'를 운영하는 주식회사 이드림워크코리아를 인수하고 다종목 이스포츠 팀으로서 한 단계 진화했다(이재오, 2022). 한화생명은 2018년 'LoL' 프로게임단인 락스 타이거즈ROX Tigers를 인수해 '한화생명 이스포츠HLE'라는 이름으로 새롭게 출발하며 '2018 LCK 서머 스플릿'부터 참여했다(백민재, 2018).

서드 파티에서도 이스포츠 미디어, 토너먼트 매칭 플랫폼 등 다양한 영역에 걸쳐 투자가 활발히 이루어지고 있다. 특히 코로나 시기를 거치면서 이스포츠 이벤트가 기존의 퍼스트 파티 주도 형태에서 서드 파티가 주도하는 다양한 형태로 진화하고 있다.

이스포츠 산업은 이와 같이 각각의 영역에서 매우 빠르고 활발하게 진화를 거듭하고 있으며, 양적 성장을 넘어 얼마나 질적인 성장을 이룰 수 있을지, 즉 실질적으로 수익을 창출하고 지속 가능한 환경을 구축할 수 있을지 기대를 모으고 있다. 특히 최근에는 이스포츠와 전통 스포츠의 결합, 이스포츠 지적 재산권을 활용한 엔터테인먼트 영역으로의 확장, 메타버스·NFT 등 디지털 기술과 연계한 사업 모델의 개발 등 이스포츠 산업의 확장은 앞으로도 지속될 것으로 전망된다.

참고문헌

길용찬. 2022. "소니, 4조 원에 번지 인수 'MS에 맞불?'". GAMEPLE. https://docs.google. com/document/d/1EiAAvS1pAp28v4o_tpJStm9kE1nSdq4YZNZCgkNTqvU/edit

박준수. 2022. "사우디 SGG, ESL-FACEIT 15억 달러에 인수 및 합병". 경향게임스. https:// www.khgames.co.kr/news/articleView.html?idxno=133762

박태균. 2021. "TSM, 암호화폐 거래소 FTX와 역대급 스폰서십 체결 ⋯ 10년간 2,300억 원 지원". 인벤. https://sports.news.naver.com/news.nhn?oid=442&aid=0000135090

백민재. 2018. "한화생명, 이스포츠팀 창단 ⋯ '락스 타이거즈' 인수". 한경스포츠. https:// www.hankyung.com/sports/article/201804163549v

이재오. 2022. "'비전 스트라이커즈' 인수한 DRX, 종합 이스포츠 팀으로". 게임메카. https:// www.gamemeca.com/view.php?gid=1673550

인벤. 2021. "KLEVV micro SD카드 T1 에디션, T1 덕후의 개봉기". https://n.news.naver. com/sports/esports/article/442/0000134516

임종명. 2022. "MS, 블리자드 다음은 어디? ⋯ 대규모 인수합병 잇따라". 뉴시스. https://new sis.com/view/?id=NISX20220216_0001761801&cID=10101&pID=10100

한국콘텐츠진흥원. 2020. 『이스포츠 비즈니스 모델 연구』.

Allen, Eric Van. 2017. "How Exactly Does Dota 2 Come Up With Over $20 Million In Prizes For Its Biggest Event?" Kotaku.com. https://kotaku.com/how-exactly-does-dota-2-come-up-with-over-20-million-i-1796879005

Ashton, Graham. 2020. "How the Esports Player Transfer Market Differs from Soccer or the NBA." The Esports Observer. https://esportsobserver.com/esports-player-transfers-2020

Asuncion, Joseph Jagwar. 2020. "T1 teams up with Twitch for exclusive streaming part-nership." OneEsports.gg. https://www.oneesports.gg/lol/t1-teams-up-with-twitch-for-ex clusive-streaming-partnership

Bassam, Tom. 2020. "Study: Esports gambling revenue set to hit US$14bn in 2020." Sports Pro. https://www.sportspromedia.com/news/esports-gambling-revenue-2020-call-of-duty-overwatch-league

Bayes. 2020. "How to Create Value Out of Esports Data: The Bayes Esports Data Report." Bayes. https://static.bayesesports.com/Bayes_White_Paper_2020.pdf

Champman, Josh. 2018a. "Esports: $1B teams?(NBA in the 1980s)." Konvoy Ventures. https://medium.com/konvoy/esports-1b-teams-nba-in-the-1980s-71e66c23cfe6

_____. 2018b. "Esports Teams: Valued as Tech Companies. Konvoy Ventures." https://medi um.com/konvoy/esports-teams-valued-as-tech-companies-79d134a3e00d

_____. 2019. "Esports Teams: Valued as Tech Companies." Hackermoon.com. https://hackermoon.com/esports-teams-valued-as-tech-companies-a2df287e02ee

Chen, Hongyu. 2021. "Huya Signs $310M, Five-Year Media Rights Deal With TJ Sports for Chinese LoL Competitions." The Esports Observer. https://esportsobserver.com/huya-media-rights-china-lol

Dave, Paresh. 2017. "Twitch reaches 2-year streaming rights deal for Blizzard e-sports events." Los Angeles Times. https://www.latimes.com/business/technology/la-fi-tn-twitch-blizzard-20170619-story.html

Duran, H. B. 2020. "The best esports advertising campaigns of 2020." Esports Insider. https://esportsinsider.com/2020/12/best-esports-advertising-campaigns-2020

Esports Earnings. 2022a. "Highest Overall Team Earnings." https://www.esportsearnings.com/teams

_____. 2022b. "Top Games Awarding Prize Money." https://www.esportsearnings.com/games

Harrington, Ryan. 2021. "Masters 2021: Here's the prize money payout for each golfer at Augusta National." GolfDigest.com. https://www.golfdigest.com/story/masters-2021-prize-money-payout-purse-each-golfer-at-the-2021-masters-tournament-augusta-national

Hitt, Kevin. 2022. "ESL, FACEIT sold to Saudi-backed group for $1.5B." Sports Business Journal. https://www.sportsbusinessjournal.com/Daily/Closing-Bell/2022/01/24/ESL.aspx

Luongo, Cody. 2020. "ESI Gambling Report: Esports betting, a global lifeline for operators." Esports Insider. https://esportsinsider.com/2020/04/esi-gambling-report-esports-betting

Newzoo. 2018. "Understanding Media Rights in Esports." Newzoo. https://resources.newzoo.com/hubfs/Reports/Newzoo_Esports_Bar_Understanding_Content_Rights_in_Esports.pdf

_____. 2019. "Esports Leagues: One of Many Opportunities for Brands." Newzoo. https://newzoo.com/insights/trend-reports/free-report-esports-leagues-one-of-many-opportunities-for-brands

_____. 2020. "Newzoo Adjusts 2020 Esports Forecast Slightly: The Coronavirus' Short-Term Impact on the Esports Market." Newzoo. https://newzoo.com/insights/articles/newzoo-coronavirus-impact-on-the-esports-market-business-revenues

Nielsen. 2018. "The Esports Playbook: Asia. Niesen Company." Nielsen. https://nielsensports.com/esports-playbook-asia-maximizing-investment-understanding-fans

_____. 2019. "Nielsen Esports Playbook for Brands 2019." Nielsen. https://nielsensports.com/esports-playbook-for-brands

Ozanian, Mike. 2021. "World's Most Valuable Sports Teams 2021." Forbes. https://www.forbes.com/sites/mikeozanian/2021/05/07/worlds-most-valuable-sports-teams-2021/?sh=445cd62a3e9e

Settimi, Christina. 2020. "The Most Valuable Esports Companies 2020." Forbes. https://www.forbes.com/sites/christinasettimi/2020/12/05/the-most-valuable-esports-companies-2020/?sh=38f9a1a773d0

Statista. 2022. "DOTA 2 The International championship prize pool from 2011 to 2021." Statista.com. https://www.statista.com/statistics/749033/dota-2-championships-prize-pool

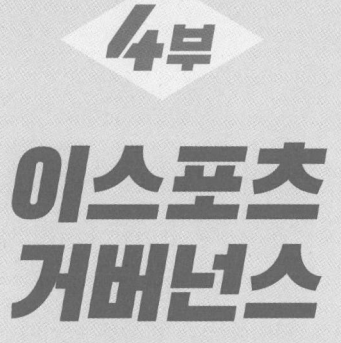

4부

이스포츠 거버넌스

이스포츠 거버넌스 및 거버닝 바디

이스포츠 산업에는 다양한 이해집단이 참여한다. 각기 다른 목적을 추구하는 이해집단이 서로 협력적 관계를 유지하며 공동의 목적을 이룰 수 있는 거버넌스 시스템을 갖추고 있을 때 이스포츠 생태계는 지속 가능해진다. 이 장에서는 행정학과 스포츠경영학에서 제시하는 거버넌스 개념을 바탕으로 이스포츠 생태계의 거버넌스 시스템이 어떻게 진화해 왔는지 알아보고 관련된 다양한 거버닝 바디에 대해 설명한다.

1. 이스포츠 거버넌스 시스템

1) 네트워크 거버넌스와 이스포츠

'거버넌스'는 조직이 전략적 목표와 방향을 설정하고, 조직의 성과를 모니터링하며, 조직의 이사회가 조직 구성원의 이익을 최우선으로 보장할 수 있도록 하는 구조와 프로세스이다(Hoye and Cuskelly, 2007). 즉, 거버넌스는 가장 효과적이고 효율적으로 조직이 운영될 수 있는 방식과 시스템을 의미한다. 이러한 관점에서 '스포츠 거버넌스'라고 하면 주로 스포츠에 특화된 조직, 예를 들어 종목별 비영리·비정부 스포츠 연맹 또는 IOC와 같은 국제 스포츠 이벤트 주관 조직의 효과적이고 효율적인 운영steering 시스템을 의미한다(Bruyninckx, 2012). 스포츠 조직에 자주 등장하는 '굿 거버넌스Good Governance'라는 용어도 해당 스포츠 조직의 바람직한 거버넌스를 위한 최소한의 가이드라인을 제시하는 것으로 이해할 수 있다. 예를 들어 유럽축구연맹 Union of European Football Associations: UEFA에서는 유럽의 다양한 프로축구 클럽의 방만한 경영을 방지하기 위해 2010년대 초반부터 '파이낸셜 페어플레이Financial Fairplay'라는 가이드라인을 제정해 UEFA 산하 모든 축구클럽이 따르도록 했는데, 이는 일종의 굿 거버넌스 가이드라인의 사례라고 볼 수 있다. 이처럼 일반적으로 스포츠 거버넌스는 특정 조직(FIFA, UEFA, 개별 프로 팀, 리그)의 굿 거버넌스를 위한 운영 방법과 시스템 구축이라고 할 수 있다.

한편 거버넌스 개념을 특정 조직 이상의 범위로 확대 적용하게 되면 '네트워크 거버넌스'라는 용어를 사용한다. 어느 분야이건 그 생태계 안에는 다양한 이해집단이 서로 연계되어 네트워크를 형성한다. 이 네트워크 안에서 이해집단 간 상호작용을 통해 개별 조직의 이익을 추구함과 동시에 네트워크 전반의 공동 이익을 실현하는 적절한 운영 시스템을 바로 네트워크 거버넌스라 한다(Provan and Kenis, 2007).

이스포츠 거버넌스를 이해하기 위해서는 이스포츠를 둘러싼 다양한 이해집단이 상호 연계하며 공동의 이익을 위해 집단적으로 운영하는 네트워크 거버넌스의 개념을 적용해 이해해야 한다(Scholz, 2019).

Provan and Kenis(2007)에 따르면 네트워크 거버넌스에는 공유 거버넌스shared governance, 리드 조직 거버넌스lead organization governance, 네트워크 행정 조직network administrative organization: NAO에 의한 거버넌스 3가지 유형이 있다(〈표 10-1〉 참고).

〈표 10-1〉 네트워크 거버넌스의 유형과 특성

거버넌스 유형	신뢰 수준	참여 이해집단 수	목표 일치도	네트워크 수준 역량의 필요성
공유 거버넌스	높은 신뢰	적음	높음	낮음
리드 조직 거버넌스	낮은 신뢰, 중앙집중식	중간	중하	중간
NAO에 의한 거버넌스	중간 신뢰, 상호 견제·모니터링	중간	중상	높음

자료: Provan and Kenis(2007).

공유 거버넌스는 네트워크 거버넌스의 가장 기본적인 형식으로 네트워크에 속한 이해집단들이 모두 의사결정의 직접적인 당사자가 된다. 따라서 네트워크에 참여하는 모든 조직 간 파워가 대체로 균등하게 배분된 분권형 highly decentralized 조직 구조를 띠고 있고, 네트워크에 속한 조직들 간 신뢰도가 상당히 높다(Provan and Kenis, 2007). 〈표 10-1〉에 제시된 바와 같이 공유 거버넌스는 네트워크를 구성하는 참여 조직의 수가 6개 내외로 비교적 제한적이며, 네트워크 참여 조직들이 동일한 목표를 공유하고, 개별 조직 단위를 넘어 네트워크 수준에서 요구되는 별도의 역량에 대한 의존도가 높지 않을 때 주로 적용되는 형태이다.

Scholz(2019)는 이스포츠 거버넌스 형태가 공유 거버넌스 방식이라고 보았다. 이는 이스포츠 생태계가 서로 촘촘히 연결되어 있는 다양한 이해집단으로 구성된 네트워크로, 각각의 이해집단은 성공을 위해 서로를 필요로 하는 상호 의존적 관계이고, 이해집단 간 파워가 비교적 균등하게 배분되어 있기 때문이라고 설명했다.

또한 Scholz(2019)는 이스포츠가 공유 거버넌스 방식을 따르는 이유로, 이스포츠 분야는 특정 거버닝 바디가 이끌지 않고, 법적인 규제도 많지 않아 스스로 운영되는 셀프 거버닝self-governing 특성을 가지고 있기 때문이라고 했다. 즉, 이스포츠 분야는 외부로부터의 간섭이 최소화된 상태에서 이스포츠 생태계 내부의 이해집단 간 상호작용에 의해 자치적으로 운영되고, 따라서 네트워크 참여 조직 간에는 수평적 의사결정이 이루어지는 공유 거버넌스가 적용되고 있다는 것이다.

2) 공유 거버넌스에서 리드 조직 거버넌스로의 진화

네트워크 거버넌스의 형태는 하나로 고정되는 것이 아니라 환경과 조건에 따라 지속적으로 변한다. 이스포츠 거버넌스의 변화도 현재진행형이다. 〈표 10-1〉에서 제시하는 바와 같이 공유 거버넌스는 네트워크에 참여하는 조직의 수가 상대적으로 적고, 상호 간 신뢰도가 높을 때, 그리고 네트워크 수준의 특별한 역량이 필요하지 않은 초기 단계의 네트워크 거버넌스에 적합하다(Provan and Kenis, 2007).

하지만 공유 거버넌스는 〈그림 10-1〉과 같이 네트워크의 규모와 전문성이 발전함에 따라 리드 조직 거버넌스와 NAO에 의한 거버넌스로 발전한다(Provan and Kenis, 2007).

리드 조직은 네트워크에 속한 조직 중 특정 조직이 해당 분야의 주요 자원과 역량을 독점함으로써 권한이 비대칭적으로 강력해질 때 자연히 발생하는 거버넌스 형태이다. 네트워크 안에서 하나의 조직이 네트워크에 참여하는 다양한 조직들 사이의 중재자이자 리더로서의 역할을 수행하도록 정당성과 자원을 충분히 갖추고 있을 때 적용되며 네트워크 수준에서의 주요 의사결정은 모두 리드 조직에 의해 조정되고 결정된다(Provan and Kenis, 2007).

〈그림 10-1〉 네트워크 거버넌스의 변화

하지만 리드 조직이 네트워크의 다른 조직으로부터 신뢰를 잃고 정당성이 훼손될 경우 네트워크 전체의 이익을 대변할 수 있는 NAO 설립으로 이어진다. NAO는 네트워크의 운영과 활동을 관리 감독하고 적법하게 지배하기 위해 네트워크와는 별도로 구성된 행정 단위(Provan and Kenis, 2007)로서, 네트워크에 지나치게 많은 조직이 참여하고 있고, 조직 간 상호 영향력이 상당하며, 효과적인 네트워크 운영을 위해 다양한 전문성과 정당성을 확보해야 할 때 네트워크 참여 조직 모두의 이익을 위해 설립된다(Dickson et al., 2005; Provan, 1983). 리드 조직 거버넌스에서의 리드 조직과 유사하게 NAO는 네트워크 내부의 권한이 집중되어 있어 네트워크와 관련된 주요 의사결정에 핵심적인 역할을 한다(Provan, 1983).

이처럼 공유 거버넌스는 상황 변화에 따라 리드 조직 거버넌스와 NAO로 변할 수 있지만 반대 방향으로 진화하는 경우는 없다(Provan and Kenis, 2007).

네트워크 거버넌스 형태가 상황에 따라 끊임없이 변할 수 있다는 관점에서(Provan and Kenis, 2007) 이스포츠 거버넌스가 공유 거버넌스 형태를 띠고 있다는 Scholz(2019)의 해석은 과거 지배적인 영향력을 행사할 수 있는 이해집단이 명확하지 않던 초창기 이스포츠 생태계에 적합하다고 볼 수 있다.

Peng et al.(2020)은 이스포츠 거버넌스 시스템에 관한 연구를 통해 이스포츠 네트워크의 여러 이해집단 중 '게임사'가 이스포츠 네트워크에서 막강한 영향력을 행사하고 있다고 보았다. 게임사가 자사 게임의 지적 재산권(Intellectual Property: IP)을 법적으로 인정받기 시작하면서 게임사는 이스포츠 네트워크에서 절대적 권한을 행사하기 시작했다. 이스포츠 대회 및 이벤트는 해당 게임사에 의해 통제되며, 각각의 게임사는 저마다의 운영 방식을 가지고 있다. 현재 이스포츠 생태계에서 게임사가 차지하는 막대한 비중과 영향력을 고려한다면 이스포츠는 이미 공유 거버넌스에서 게임사가 리드 조직 역할을 수행하는 리드 조직 거버넌스로 상당 부분 진화해 있다고 보는 것이 적절하다. 다만 게임사는 본질적으로 이윤을 추구하는 민간 기업이기 때문에 정부와 선수협회, 시민사회 등 비영리 이해집단을 포함한 이스포츠 생태계 전반의 상생적 이익 추구를 위한 온전한 리드 조직이 되기에는 한계가 있다.

3) 게임사 이외의 거버닝 바디의 필요성

앞서 기술했듯이 게임사는 자신의 게임에 한해 리드 조직으로 관련 산업 생태계에 막강한 영향력을 행사하지만 온전한 형태의 리드 조직으로는 인정받지 못한다. 이는 게임사가 잘 다루지 못하거나 다루고자 하지 않지만 중요한 영역이 존재하기 때문이다. 게임사는 영리를 추구하는 기업으로서 기업 이익과 관련된 분야에서 리드 조직 역할을 하기에는 무리가 없지만, 이스포츠 네트워크에 참여하는 다양한 이해집단의 상생적이고 지속 가능한 발전을 위해 필요한 모든 분야에 적극적으로 관심을 가지고 관여하지는 않는다. 예컨대 게임사는 엘리트 수준 선수들의 프로 이스포츠 이벤트에는 적극 관여하고 통제하지만, 아마추어 선수들과 일반 게이머들의 권익과 인권에는 소극적인 태도를 취하는 경우가 많다(Peng et al., 2020). 또한 게임사에 의한 통제와 의사결정은 게임사의 수익 창출에는 도움을 줄 수 있으나, 이것이 이스포츠 네트워크 전체의 상생적 발전과 언제나 일치하는 것은 아니다. 일반 게이머들이 대체로 동의하는 확률형 아이템 정보 공개를 미루어 왔던 게임사의 태도에서 이러한 모습을 찾을 수 있다.

이처럼 게임사가 적극적으로 관여하지 않는 관리공백 영역에 대한 적절한 견제와 통제를 위해 전통 스포츠의 거버닝 바디와 유사한 기능을 자처하는 크고 작은 조직이 설립되고 역할을 확대해 나가려 노력하고 있다. 대표적인 조직으로 국제이스포츠연맹International eSports Federation: IeSF, 이스포츠청렴위원회ESports Integrity Commission: ESIC와 같은 비영리·비정부 이스포츠 조직이 있다.

한편 이스포츠 네트워크의 모든 참여 조직이 연합해 만든 NAO는 아직 없다. 앞서 언급한 IeSF는 전통 스포츠의 국제 스포츠 연맹과 유사한 형태의 조직으로 국가 단위의 이스포츠 연맹을 회원으로 하는 일종의 연합 조직이다. 외형상 NAO의 형태라고 볼 수 있다. 하지만 전통 스포츠와는 달리 비영리·비정부 이스포츠 조직은 이스포츠 네트워크 전체에 막강한 영향력을 행사하지 않기 때문에 네트워크의 모든 참여 조직에 영향을 미치는 NAO로 보기 어렵다.

만약 이스포츠 네트워크의 리드 조직에 근접한 게임사가 네트워크 전반의 상생적 이익을 도모하기보다 게임사의 이익만 추구한다면 네트워크 내부의 신뢰와 정당성을 잃어버릴 수 있다. 이는 이스포츠 산업에 대한 정책과 법률 개입의 확대로 이어질 수 있고, 이스포츠 네트워크 전반의 이익을 대변하는 새로운 NAO 설립에 대한 사회적 요구를 증가시킬 수 있다. 즉, 비영리·비정부 이스포츠 조직의 역할이 확대될 가능성도 있다. 향후 이스포츠 거버넌스 네트워크가 어떤 방향으로 진화할지 명확히 알 수는 없지만 현재 리드 조직의 위치를 차지하는 게임사의 행보에 따라 그 방향이 달라질 것으로 보인다.

2. 이스포츠와 거버닝 바디

1) 전통 스포츠의 거버넌스와 거버닝 바디

'스포츠 거버넌스'의 개념은 '스포츠 거버닝 바디'와 구분할 필요가 있다. 스포츠 거버닝 바디는 특정 종목 또는 이벤트 및 리그에 대한 총괄적인 통제와 승인 권한을 갖는 조직을 의미한다. 스포츠 거버닝 바디는 국제 스포츠 연맹(예: FIFA), 종합 스포츠 이벤트 주최사(예: IOC), 프로 스포츠 리그와 연맹(예: MLB) 등으로 다양하다. 전통 스포츠에서 거버닝 바디는 스포츠의 표준화 standardization and norm setting를 통해 스포츠를 놀이에서 근대 스포츠로 발전시킨 중요한 역할을 해왔다(Thiborg, 2009). 앞서 기술한 네트워크 거버넌스 관점에서 바라본다면 전통 스포츠의 거버닝 바디는 리드 조직 또는 NAO 역할을 하며 해당 스포츠에서 막강한 영향력을 행사한다.

전통 스포츠에서 스포츠 거버닝 바디는 일반적으로 동일한 목적을 가진 복수의 회원 조직들의 연합체 또는 상위 조직에 해당하는 협회association와 연맹federation의 형태를 취하고 있다. 때문에 전통 스포츠에서 거버닝 바디라 하면 이러한 스포츠 협회와 연맹을 지칭하는 경우가 대부분이며, 각각의 협회와 연맹의 운영에 관한 방법과 절차, 관리 시스템을 '거버넌스'라 한다.

축구의 글로벌 거버닝 바디는 FIFA로 축구와 관련된 규칙과 제도를 제정하고, 전 세계 축구 생태계에 막강한 영향을 미친다. FIFA는 1904년 유럽 8개국 축구협회가 모여 국제 경기를 관장하기 위해 설립된 일종의 NAO이다. FIFA는 현재 총 211개의 국가 단위 축구협회를 회원으로 두고 있는 IOC와 더불어 가장 막강한 스포츠 거버닝 바디로 성장했다.

FIFA가 축구의 글로벌 거버닝 바디로 축구 생태계에 미치는 영향력은 풀뿌리 축구로부터 프로축구까지 축구에 관한 모든 영역에 미친다. 이는 FIFA가 글로벌 축구 생태계 전반을 관장할 권위와 정통성을 인정받기 때문에 가능하다. 이처럼 전통 스포츠의 세계에서는 종목별로 권위와 정통성을 인정받는 거버닝 바디가 존재한다.

2) 게임사와 이스포츠 거버닝 바디

이스포츠 생태계 전반에 포괄적인 영향을 미치는 이스포츠 거버닝 바디는 없다. 앞서 기술했듯이 이스포츠에서는 게임사가 대회와 리그 운영부터 미디어와 머천다이징 등 파생 상품까지 모든 법적 권한을 소유하고 행사하는 막강한 영향력을 가진다(Ashton, 2019). 이처럼 이스포츠 생태계에서 게임사가 전통 스포츠의 거버닝 바디 역할을 상당 부분 수행하고 있지만, 일반적으로 게임사를 이스포츠 전반을 관장하는 거버닝 바디로 보지는 않는데, 여기에는 몇 가지 이유가 있다.

첫째, 게임사는 자사의 게임에 대한 지적 재산권을 소유하며 막강한 영향력을 행사하지만, 이는 게임사가 소유한 게임 종목에 한정된 권한으로 모든 종목의 이스포츠를 총괄적으로 관장하지는 못한다.

둘째, 게임사에 의한 통제와 관리가 이스포츠 네트워크에 참여하는 모든 이해집단의 집합적 이익을 대변하지 못할 수 있다(Joost, 2017). 게임사는 영리를 추구하는 기업으로서 이스포츠와 관련한 각종 의사결정은 해당 게임사의 이익을 우선적으로 고려하게 되고, 때로는 이스포츠 생태계 전반의 상생적 발전과 상충할 수도 있다. 전통 스포츠의 거버닝 바디는 본질적으로 해당 종목 생태계의 지속적 발전을 위해 존재하지만 이스포츠의 경우는 게임사가 이스포츠만을 위해 존재하지 않는다는 차이가 있다(Joost, 2017).

셋째, 게임사는 이스포츠 생태계 전반을 총괄적으로 관리할 이유와 동기가 약하다. 게임사는 주로 엘리트 레벨의 이스포츠 이벤트를 통한 수익 창출에는 관심을 가지고 개입하지만, 이스포츠 산업 전반의 건강한 발전을 위해 반드시 관리되어야 하는 여러 영역에는 적극적으로 개입할 의지가 없는 경우가 많다(Joost, 2017). 예를 들어 게임사는 경기의 공정성과 선수 보호에 소홀한 경우가 있다. CS:GOCounter-Strike:Global Offensive와 도타2의 게임사인 밸브는 2015년 CS:GO 경기에서 승부조작이 발각되었음에도 특별한 조치를 취하지 않았으며, 2016년 '보스턴 메이저Boston Major' 도타2 대회에서는 프로팀 'Ad 파이넴Ad Finem' 소속의 애널리스트가 해당 대회의 경기 결과와 연계된 도박 행위를 한 것이 발각되었음에도 특별한 조치를 취하지 않았다(Joost, 2017). 한편 선수 보호와 관련해서 게임사는 엘리트 레벨의 선수에 대한 체계적인 관리 시스템은 있지만, 풀뿌리 게이머들과 이들이 프로선수가 되는 과정을 안전하고 건전한 시스템으로 구축하는 데는 상대적으로 관심이 적다(Joost, 2017). 대부분의 이스포츠 선수들은 10대 청소년으로 지나치게 낮은 보수와 과도한 노동 시간, 원치 않는 합숙 생활 등 다양한 인권침해 위험에 노출되어 있지만 이런 사안은 게임사의 주요 관심사가 아닌 경우가 많다.

게임사는 외형상 이스포츠 네트워크를 통제하는 거버닝 바디로의 역할을 수행하는 것처럼 보이지만 이스포츠 전반의 정당성을 충분히 인정받는 거버닝 바디로 보기는 어렵다. 그 결과 이스포츠 산업과 생태계의 발전을 위해서는 중요하지만, 게임사가 직접 관리하지 않는 영역을 관장하는 제3의 거버닝 바디에 대한 필요성이 존재한다.

제3의 거버닝 바디는 전통 스포츠를 벤치마킹해 만드는 경우가 많다. 전통 스포츠에서의 거버닝 바디를 살펴보면 비영리 조직인 사단법인association과 재단법인foundation으로 구성되어 있다. 사단법인의 구성 회원은 자연인과 법인 모두 가능하지만 재단법인의 경우 회원은 없으며 이사회만 존재한다. 일반적인 국제 스포츠 연맹은 사단법인 형태로 주로 법인만 회원으로 두지만, IOC는 특이하게 자연인만 회원으로 두는 사단법인 형태이다. 즉, IOC 위원은 IOC를 구성하는 회원이다. 세계반도핑기구World Anti-Doping Agency: WADA와 한국도핑방지위원회Korea Anti-Doping Agency: KADA는 재단법인이므로 엄밀히 하면 KADA가 WADA에 위계적으로 속해 있지는 않다. 각국의 반도핑 기구가 WADA 이사회에 직간접적으로 영향을 미치고, WADA 규정을 자발적으로 준수하는 형태로 볼 수 있다.

앞서 간략히 언급되었듯이 현재 이스포츠 생태계에도 IeSF와 같은 국제연맹을 표방하는 조직들이 존재한다. 이러한 이스포츠 거버닝 바디는 외형상 전통 스포츠의 거버닝 바디와 닮았지만, 게임사에 의해 통제되는 부분을 제외한 영역에서 한정된 영향력을 행사한다는 차이가 있다.

참고문헌

Ashton, Graham. 2019. "Governing the Wild West—an Introduction to Esports Federations and Associations." the Esports Observer. https://archive.esportsobserver.com/esports-federations-intro.

Bogason, Peter and Juliet A. Musso. 2006. "he Democratic Prospects of Network Governance." *The American Review of Public Administration*, 36(1): 3~18. doi:10.1177/0275074005282581.

Bruyninckx, Hans. 2012. "Sports Governance—Between the Obsession with Rules and Regulation and the Aversion to Being Ruled and Regulated." in Barbara Segaert, Marc Theeboom, Christiane Timmerman and Bart Vanreusel(Eds.). *Sports Governance, Development and Corporate Responsibility* (Chapter 8, pp.107~121).

Dickson, G., T. Arnold, and L. Chalip. 2005. League Expansion and Interorganisational Power. Sport Management Review, 8: 145~165. [CrossRef]

Hoye, R. and G. Cuskelly. 2007. *Sport Governance*. Oxford, UK: Elsevier.

Joost, Heyim. 2021(December). "Esports Governance and its Failures." Medium.com. https://medium.com/@heyimJoost/esports-governance-and-its-failures-9ac7b3ec37ea

Lewis, R. 2017(April 10). "The RFRSH Model—Financial Ties & Conflicts of Interests." https://www.youtube.com/watch?v=oSIDvp5Ekbg.

Peng, Qi, Geoff Dickson, Nicolas Scelles, Jonahtan Grix, and Paul Michael Brannagan. 2020. "Esports Governance: Exploring Stakeholder Dynamics." *Sustainability*, 12(19): 8270. https://doi.org/10.3390/su12198270

Provan, Keith G. 1983. "The federation as an interorganizational linkage network." *Academic Management Review*, 8: 79~89.

Provan, Keith G. and Patrick Kenis. 2007. "Modes of Network Governance: Structure, Management, and Effectiveness." *Journal of Public Administration Research and Theory*, 18(2): 229~252.

Scholz, T. M. 2019. *eSports is Business*. Siegen, Germany: Palgrave Macmillan.

_____. 2020. "Deciphering the World of eSports." *International Journal of Media Management*, 22: 1~12.

Skogstad, G. 2003. "Legitimacy And/or Policy Effectiveness?: Network Governance and GMO Regulation in the European Union." *Journal of European Public Policy*, 10(3): 321~338.

Thiborg, J. 2009. "eSport and Governing Bodies: An Outline for a Research Project and Preliminary Results." In Kultur-Natur, Konferens för kulturstudier i Sverige, Norrköping, Sweden.

이스포츠 거버닝 바디의 종류와 현황

이스포츠 생태계에서 게임사가 적극적으로 통제할 만한 특별한 유인이 없는 영역을 바람직한 방향으로 운영하기 위해 설립되는 제3의 이스포츠 거버닝 바디에는 국가별·대륙별 국제 이스포츠 협회와 연맹이 있으며, 그 밖에 자칭 이스포츠 산업 지킴이 조직self-proclaimed industry guardian organizations과 선수권익 보호를 위한 선수 노조 등이 있다. 이들 조직은 게임사에 전권이 주어진 영역 이외의 영역에서 제한된 영향력을 행사하지만 지속 가능한 이스포츠 생태계 구축을 위해서 없어서는 안 된다. 이 장에서는 이스포츠 거버닝 바디의 세부 유형과 대표적인 사례를 살펴본다.

1. 국가 이스포츠 연맹과 협회

국가 이스포츠 연맹과 협회는 해당 국가에서 이스포츠 대회와 선수 및 관련 산업 생태계에 관여하고 의사결정을 내리는 조직이다. 각 국가별 협회에 명시된 비전과 임무는 대체로 유사한데 조직 내부적 목표와 외부적 목표로 구분할 수 있다(Thiborg, 2009). 이스포츠 조직 내부적 목적에는 선수 등록, 선수권익 보호, 각종 대회 주관, 풀뿌리 이스포츠 시스템 지원 등이 있으며, 외부적 목적에는 이스포츠가 일반 대중에게 정식 스포츠의 하나로 인식될 수 있도록 하는 인식개선 활동이 포함된다. 국가 이스포츠 연맹의 법적 지위와 구조는 비정부·비영리 조직으로부터 영리 조직까지, 그리고 정부의 승인과 지원을 받는 기관과 그렇지 않은 기관으로 다양하다. 또한 국가 이스포츠 연맹은 국가올림픽위원회National Olympic Committee: NOC에 가맹되어 있거나 가맹을 추진해 정식 스포츠로 인정받고자 하는 경우가 많다.

가장 대표적인 국가 이스포츠 협회로, 아시아에서는 한국, 일본, 중국의 이스포츠 연맹을, 유럽에서는 영국과 독일의 이스포츠 연맹을 소개한다.

1) 한국이스포츠협회Korea e-Sports Association: KeSPA

KeSPA는 세계 최초의 이스포츠 협회로, 한국의 이스포츠를 활성화하고 이를 통해 건전한 여가문화를 확산하고자 1999년 7월 발족된 사단법인이다. 1999년 21세기프로게임협회21c PGA라는 이름으로 시작해, 2001년에는 한국프로게이머협회Korea Pro Game Association: KPGA로 명칭을 변경했고, 이후 현재의 KeSPA에 이르렀다.

KeSPA가 설립된 1999년은 TV에서 최초로 스타크래프트 경기가 중계되었던 해로, 관람 스포츠로서 이스포츠의 가능성이 확인된 시기이다. 이 시절에는 PC방을 중심으로 각종 게임대회(주로 스타크래프트)가 난립하기 시작했는데 스포츠로서 게임이 막 현실화되던 때였다. 1999년에는 한국 최초의 프로게임 리그로 인정받는 KPGLKorea Professional Gamers League의 인기가 대단했다. KPGL은 개별 PC방을 가맹점으로 하는 PC방 연합 리그로, 참가비 1만 원을 내면 누구나 출전할 수 있는 오픈 토너먼트 형식이었으며 총 상금 4천만 원을 걸고 매월 한 차례씩 열렸다.

1999년에는 KPGL 이외에 프로게이머코리아오픈Progamer Korea Open: PKO 리그가 시작되었다. 어린이 애니메이션 채널 투니버스에서 중계한 PKO 경기는 세계 최초의 이스포츠 중계방송이다. 이듬해인 2000년 게임 전문채 널 온게임넷OnGameNet: OGN이 설립되어 '스타리그'로 불린 스타크래프트 리그를 운영하기 시작했다.

KeSPA는 이처럼 전통 스포츠의 대회 구조와 운영 방식을 벤치마킹한 KPGL과 PKO와 같은 이스포츠 대회가 인기를 얻어 가던 1999년 9월 '게임리 그연합회'로 출범해 10월에 이사회를 구성하고 12월 창립 총회를 거쳐 이듬 해 2000년 2월 문화관광부의 설립 허가를 받고 탄생했다.

KeSPA는 전통 스포츠에서 비영리 조직을 기반으로 하는 종목별 연맹 또 는 협회와 달리 1999년 당시 게임 리그에 참여하는 프로게임 팀 9개의 연합 회로 출범했는데, 사실상 영리 추구 게임단들의 이익 극대화를 위한 협회로 서 설립된 측면이 있다.

비유하자면 10개 프로야구 팀을 회원 구단으로 하는 영리 단체 한국프로 야구Korea Baseball Organization: KBO와 같은 형태이지만, 동시에 비영리 스포 츠 거버닝 바디인 대한야구소프트볼협회Korea Baseball Softball Association: KBSA의 역할을 자임하는 모양새로 볼 수 있다.

KeSPA는 전통 스포츠 연맹의 중계권료 수익 구조를 벤치마킹해 2000년대 초반 양대 게임전문 채널인 OGN과 MBC GAME에 중계권료를 받고 대회 인 허가sanctioning 권한 행사를 시도했지만 스타크래프트 지적 재산권Intellec- tual Property: IP 소유주이자인 액티비전 블리자드와의 법정 분쟁 끝에 결국 게임사가 모든 권한을 행사하는 것으로 정리되었다. 이는 KeSPA가 전통 스 포츠 거버닝 바디의 역할을 꾀하고 있었음을 단적으로 보여 주는 사례이다.

KeSPA 출범의 동기가 순수했는지 여부에 대한 논쟁이 없지 않으나, 출범 이후 프로선수 등록제와 선수 교육을 실시하고, 2000년 코리아 이스포츠 챔 피언십Korea e-Sports Championship과 같은 전국 대회를 주관하는 등 특정 기업이 아닌 이스포츠 산업 생태계 전반의 발전을 위해 노력해 온 점은 높이 평가할 수 있다. KeSPA의 주요 역할에는 ① 프로게이머의 등록과 관리(매월 랭킹 고지 등), ② 공인 종목의 선정, ③ 클린 이스포츠 시스템을 통한 이스포츠 공정성 제고, ④ 아마추어 대회 주관(KeG, KeSPA 컵 등)을 통한 풀뿌리 이스포츠 시스템 구축, ⑤ 인프라 구축, ⑥ 국가대표 선수단의 조직과 파견, ⑦ 게임 방송 콘텐츠 사업, ⑧ 선수 보호를 위한 표준계약서 제정 등이 있다.

KeSPA는 설립 당시부터 이스포츠가 정식 스포츠로 인정받기 위해 꾸준히 노력해 왔다. KeSPA는 한때 대한체육회 준회원 단체로 승인되었다가 자격을 상실하며 부침을 겪었지만 2021년 12월 대한체육회 이사회에서 다시 준회원 가입 승인을 받았다(KeSPA, 2021).

KeSPA는 세계 최초의 국가 이스포츠 협회로 수많은 나라에서 벤치미킹한 모범 사례이지만 한편으로는 절반의 성공만 거둔 조직으로 평가받는다. 이는 전통 스포츠 연맹과 달리 이스포츠 전반에 대한 통제력과 헤게모니를 가지지 못하고, 라이엇 게임즈나 액티비전 블리자드와 같은 핵심 게임사들의 영향력에서 자유롭지 못하기 때문이다. 예컨대 주요 게임사의 후원과 승인 없이는 KeSPA 자체적으로 대회를 운영하기가 사실상 어렵다.

KeSPA는 문화체육관광부의 콘텐츠국 산하 '게임과'로부터 지원을 받고 있으나 게임과 예산의 1% 정도만이 이스포츠에 투자되고 있는 실정이다. 문화체육관광부에서 관심을 가지고 있지만 적극적인 이스포츠 육성이 이루어지지 않는 이유 중 하나는 이스포츠를 '콘텐츠국' 산하에서 관리하기 때문이다. 콘텐츠국은 이스포츠를 별도의 시장과 생태계를 가지고 있는 독립된 산업으로 이해하고 육성하기보다는 여러 콘텐츠 중 하나의 유형으로 인식하는 경향이 있는데, 이는 각종 경기대회 개최에서 파생하는 참여와 관람 시장을 기반으로 하는 이스포츠 산업 육성을 위해 개선되어야 한다.

2) 일본이스포츠협회Japan Esports Union: JeSU

일본은 아직까지 이스포츠 분야에서 세계적인 주목을 받지 못하고 있다. 하지만 세가SEGA와 닌텐도 등 세계적인 게임사를 보유하고 있는 국가인 만큼 잠재력이 크다. 일본은 2018년 기존에 3개로 나뉘어 있던 일본 내 이스포츠 협회Japan e-Sports Association, eSports Promotion Organization, and Japan eSports Federation와 1996년 설립된 컴퓨터엔터테인먼트공급업체협회Computer Entertainment Supplier's Asscoation: CESA, 2007년 설립된 일본온라인게임협회Japan Oline Game Association: JOGA를 통합해 JeSU를 설립했다. JeSU의 초대 회장은 세가의 오카무라 히데키岡村秀樹 회장이 맡았다(JeSU, 2021).

JeSU의 탄생에는 일본 정부의 보이지 않는 조력이 있었다는 게 업계의 분석이다. JeSU는 일본에서 이스포츠 경기력 향상과 스포츠 정신 확산 등 이스포츠 진흥을 지원하고 이를 통해 국민 건강과 사회경제 발전에 기여하는 것을 목표로 한다. 구체적인 기능 5가지는 다음과 같다. ① 이스포츠 진흥에 관한 조사, 연구, 개발, ② 이스포츠 경기 대회의 보급, ③ 이스포츠 경기 대회에서 프로 라이선스 발급 및 대회 인증, ④ 이스포츠 선수 육성에 관한 지원, ⑤ 이스포츠에 관한 관계 기관과의 연계.

JeSU의 통합에 참여한 CESA는 지적 재산권 홀더인 게임사들이 가입하는 조직이며, JOGA 역시 다양한 온라인 게임사들을 회원사로 두는 조직이다. 또한 JeSU의 회원으로는 후지TV 등 방송사, 덴츠Dentsu와 같은 광고·마케팅 대행사, 세가와 같은 게임사, 트위치 재팬과 같은 온라인 미디어 플랫폼이 참여하고 있는데, 이는 JeSU가 이스포츠 생태계의 다양한 이해집단이 참여하는 조직 구조를 지향하고 있음을 보여 준다. JeSU는 KeSPA를 비롯해 통합 이전 일본 내 이스포츠 협회 등의 취약점으로 지적되어 오던 게임사와의 협력과 현안 조율을 보다 효과적으로 수행해 이스포츠 생태계의 상생모델 구축에 보다 적합한 구조를 띠고 있는 것으로 평가받는다.

일본이 글로벌 이스포츠 시장에서 크게 발전하지 못하고 있던 원인 중 하나는 일본 법규상 대회 상금의 최대치가 10만 엔(약 95만 원)으로 한정되어 있었기 때문이란 지적이 많다. JeSU는 이스포츠 발전을 저해하는 이런 규제를 완화해 이스포츠 대회를 활성화하는 데 힘쓰고 있다(Fitch, 2018). 일본은 JeSU 설립 이후 일본 이스포츠 그랑프리Japan eSports Grand Prix 등 다양한 대회를 개최하고 있다. 일본 이스포츠 그랑프리는 총 상금 500만 엔(약 4700만 원)으로 국제 이스포츠 대회에 일본 대표 출전권이 주어진다.

3) 중국체육총국 및 관련 기관

중국은 이스포츠를 정식 스포츠 종목으로 인정한다. 2003년 11월 이스포츠가 제99번째 스포츠 종목으로 인정되었다(2011년도 개정에서는 제78번째 항목으로 변경됨). 이후 중국체육총국General Administration of Sports China은 국가 차원에서 다양한 방법으로 이스포츠 발전을 꾀했다. 먼저, 국가가 주도하는 다양한 이스포츠 대회를 개최 관리해 왔다. 2004년 2월, 중국체육총국 산하 중화체육총회가 직접 주최하는 제1회 중국 이스포츠 게임China E-sports Games: CEG을 출범시켰다. 현재 중국에는 CEG를 포함해 전국 규모의 이스포츠 대회(IEST, NUGL, CIG, PLU, PGL, StarzWar, KODE5)가 8개 존재한다(한국콘텐츠진흥원, 2007).

또한 중국체육총국은 KeSPA와 유사한 기관을 설립해 이스포츠 관련 산업 인프라를 제공하려 했다. 2004년 중국체육총국이 독점 설립을 허용한 중국이스포츠운동발전중심CESPC은 이스포츠 산업 연구, 대회 운영, 정보 관리, 선수 및 심판 양성 등을 다루는 기관의 역할을 한다(임영택, 2007). 그뿐 아니라 CESPC는 중국 이스포츠 국가대표 팀의 지정 훈련지로 사용되며, 중국 이스포츠 선수와 코치들이 등급 시험을 치르거나, 관련 인증서를 발급하는 기능을 수행하기도 한다. 하지만 CESPC는 2020년 위법 활동이 적발되어 현재는 폐쇄된 상태이다.

중국체육총국은 이스포츠 관련 규정집도 공표했다. 『이스포츠 운동항목 관리규정』, 『전국 이스포츠 대회 관리방법』, 『전국 이스포츠 심판 관리방법』, 『전국 이스포츠 선수 회원 교류 및 관리 방법』 등 다양한 규정집을 내놓았다 (中国体育总局, 2021).

마지막으로, 중국체육총국은 중국 이스포츠 국가대표 팀을 운영한다. 이스포츠는 2007년 마카오에서 개최된 제2회 실내무도아시안게임Asian Indoor and Martial Arts Games에 정식종목으로 포함되었고, 중국체육총국은 이스포츠 국가대표 팀을 조직하고 참여했다. 또한 2013년과 2015년에 개최된 WCG World Cyber Games에 중국 선수들을 선발해 참여했다. 2016년에는 프로선수와 아마추어 선수 모두를 대상으로 중국 이스포츠 국가대표 팀을 선발하는 시스템을 정착시켰다(Sougou, 2016).

중국 정부의 이스포츠 육성 의지는 중국체육총국 외에서도 찾아볼 수 있다. 중국 교육부는 2016년 '보통고등학교 전문고등학교 전문항목' 안에 이스포츠를 의무화하는 법령을 만들었고, 중국 대학에서는 20개 이상의 전문학과를 운영 중이다(中华人民共和国人力资源和社会保障部, 2019).

2015년에는 국가문화부에서 '중국문화오락산업협회 이스포츠경기분회'를 설립해 이스포츠 대회를 관리하고 있다. 또한 중국문화여행부에서 나온 「십사오(2021~2025년도 국가계획)' 문화산업발전계획」에 '이스포츠와 게임, 게임예술산업 융합발전 추진'을 포함하고 전국 성과 시에서 각각 십사오 계획을 밝혔는데, 대부분의 대형 성과 시는 LoLLeague of Legends, 왕자영요 클럽 팀과 이스포츠 홈구장을 공동 조성하는 등 지역도시 문화산업과 융합하는 형태를 보여 주었다(中国文化旅游部, 2021).

KeSPA와 유사한 역할을 하는 중국 이스포츠 기관은 정부 기관 이외에도 있다. 왕쓰총王思聰은 중국 이스포츠 클럽 팀의 책임자들을 모아 2011년 11월 중국이스포츠클럽연맹Association of China E-sports: ACE을 설립했다(Pandaily,

2021). 당시 중국에서는 27개 도타 대회가 치러졌지만 경기 수와 선수 생활의 질, 상금의 적절한 분배에 미흡한 면이 많았다. 이러한 문제를 해결하기 위해 ACE가 설립되었다. ACE는 각 대회마다 등급을 매긴 후 등급에 따라 상금이 보장되도록 하고, 선수에게 돌아가는 최소한의 상금배분 규칙도 도입했다. 또한 자체적인 도타 리그도 출범시켰다. ACE는 초기에는 연맹으로서의 역할을 잘 수행했지만, 시간이 지날수록 설립 목적과는 달리 대형 클럽 팀의 대회 참여 제한, 선수임금 문제 등이 발생했고, 결국 LoL의 성장과 함께 활동이 중단되었다. 하지만 ACE는 중국 이스포츠 클럽 팀의 현재를 만들었다 해도 과언이 아닐 만큼 모든 이스포츠 기업과 대회의 초석을 다진 민간 연맹으로 평가받는다.

4) 영국이스포츠협회British Esports Association: BEA

BEA는 2016년 설립되었다. 영국은 2009년 UkeSAUK Esports Association를 설립해 정부, 관련 산업, 게임 커뮤니티와 협력해 아마추어에서 프로까지 포괄하는 이스포츠 생태계 구축을 시도했으나, 설립 당시 약속한 상금을 지불하지 못해 같은 해 12월에 파산했다(Chao, 2017). 이와 같은 시행착오를 통해 정부 지원 없이 안정적인 이스포츠 연맹을 구축하기 어렵다는 점을 인지했고, 2016년 영국의 디지털·문화·미디어·스포츠부Department for Digital, Culture, Media & Sport: DCMS 지원하에 BEA를 독립된 비영리 조직으로 설립했다(Chao, 2017).

흥미로운 것은 BEA가 이스포츠를 지원하고 관련 지식, 어드바이징advising을 제공하는 것을 목표로 하고 있으나, 풀뿌리 이스포츠에만 초점을 맞추며, 스스로 영국 이스포츠의 거버닝 바디가 아니라고 공식 웹사이트에 명시한 점이다. 이는 국가 이스포츠 연맹이 이스포츠 산업 생태계에 미치는 영향이 제한적이라는 한계를 인정한 결과로 보이며, 따라서 국제이스포츠연맹International eSports Federation: IeSF에 가맹되어 있지도 않다. 또한 BEA는 회원을 두지 않은 정부 산하 기관으로 영국의 엘리트와 생활체육을 관장하는 정부 기관government agency인 'UK스포츠UK Sport'와 '스포츠 잉글랜드Sport England'와 동일한 법적 지위를 가지는 것으로 이해된다.

BEA는 영국에서 이스포츠를 확산하고 인지도를 높이며, 영국 이스포츠의 표준을 향상시키고, 이스포츠 관련 미래 인재 및 선수 양성을 주요 미션mission으로 명시하고 있다. 이에 추가로 이스포츠 선수들의 비자 문제와 공정한 선수 계약을 지원하고, 온라인 학대와 욕설abuse and harassment로부터 선수들을 보호하는 임무도 수행한다. 법적 문제가 있을 경우에는 BEA 연계 법률 사무소의 상담을 주선해 주는 법률 서비스도 제공한다.

BEA는 비영리 단체로 모든 수익은 풀뿌리 이스포츠 발전을 위해 환원된다. BEA는 이스포츠를 전통 스포츠의 라이벌로 인식하는 경쟁 구도를 만들지 않는다. 이보다는 이스포츠를 적절하게 수행할 경우 팀워크와 소통 기술이 증진되고 일자리가 창출되는 등 이스포츠를 다양한 인지적·심리적·경제적 혜택이 있는 활동으로 인식하고 대중과 소통한다. 이를 위해 BEA는 학부모, 교사, 미디어, 정책가들을 대상으로 이스포츠의 개념과 혜택에 대한 주기적인 교육을 진행한다.

BEA는 이스포츠에 대한 젊은이들의 유입을 유도하고 학부모와 교사들의 인식을 개선하기 위해 중고등학교 학생과 대학생을 대상으로 영국 이스포츠 챔피언십British Esports Championships for schools and colleges을 개최해 오고 있다.

2018년에는 EPLEnglish Football League 웨스트햄 유나이티드West Ham United F.C.의 웨스트햄 유나이티드 재단West Ham United Foundation과 영국양궁협회 Archery GB가 축구, 양궁, 이스포츠를 함께 즐기는 이벤트를 개최해 전통 스포츠와 이스포츠의 간극을 채우고 이스포츠의 혜택을 체험할 수 있는 행사를 진행했다. 2019년에는 이스포츠 양성평등 캠페인으로 '위민 인 스포츠Women in Esports' 캠페인을 통해 여성 이스포츠 선수 육성에 관심을 가지기 시작했다.

BEA는 영국 내 다양한 게임 관련 협회와 조직의 회원이다. 대표적으로 UKIEAssociation of UK Interactive Entertainment, SRASport and Recreation Alliance, CIFCreative Industries Federation, WSAWelsh Sports Association의 회원으로 등록되어 있다.

5) 독일이스포츠연맹eSport-Bund Deutschland: ESBD

ESBD는 20개 팀(아마추어 클럽 6개, 프로 팀 14개), 독일연방인터랙티브엔터테인먼트소프트웨어협회Federal Association of Interactive Entertainment Software: BIU, 독일 기반의 세계적 이스포츠 대회 주최사인 ESLElectronic Sports Leauge이 2017년 설립한 조직이다. 초대 회장은 베를린 시의회Berlin House of Representatives의 디지털 네트워크 정책 연구관이었던 한스 야그노Hans Jagnow가 맡았다. 2021년 기준으로 ESBD는 총 60개 클럽과 조직을 산하 회원으로 두고 있다.

ESBD는 독일에서 아마추어와 프로 이스포츠를 모두 관장한다. ESBD 정관에 따르면 협회는 정치, 사업, 과학 및 사회와 아이디어를 교환함으로써 독일에서 이스포츠 진흥을 지원한다. ESBD는 국가대표 팀과 함께 국제대회에 참가하고, 자체 리그를 조직하고, 심판과 감독을 인증하고, 중재 재판소를 만들어 승부조작과 도핑 등 스포츠 공정성을 저해하는 이스포츠 분쟁을 중재한다.

ESBD는 이스포츠가 정식 스포츠로 인정받기 위해 노력한다. ESBD 설립 자체가 독일올림픽스포츠연맹Deutscher Olympischer Sportbund: DOSB에 이스포츠를 정식 스포츠로 인정받기 위한 하나의 선행요건이기도 하다.

하지만 독일 이스포츠 현장에서는 ESBD에 대한 비판이 없지 않다. 2004년에 설립된 영국의 유명 프로 이스포츠 팀인 프나틱Fnatic의 최고경영자 샘

매슈스Sam Mathews는, 이스포츠는 게임사와 팀, 그리고 선수들이 만들어 온 생태계인데 어느 날 갑자기 이스포츠 협회를 설립해 간섭하려 하면 안 된다고 비판했다. 같은 맥락에서 펜타 스포츠Penta Sports의 최고경영자 안드레아스 샤츠케Andreas Schaetzke도 ESBD가 자의적으로 만들어져 기존 이스포츠 생태계에 잘 맞지 않다고 비판했다.

이러한 비판에 대해 ESBD 회장인 야그노는 협회 설립 이후 이스포츠에 대한 사회적·정치적 지원을 이끌어 냈으며, 선수들의 비자 문제를 해결하고 윤리 규정을 제정하는 등 적지 않은 성취를 이루어 냈다고 자평했다.

2. 국제 이스포츠 연맹과 협회

국제 이스포츠 연맹은 게임사와 별도의 조직으로 국가 단위 또는 그보다 넓은 지리적 범위에서 이스포츠를 관장하는 조직이다. 전 세계 이스포츠를 대상으로 하는 조직으로는 IeSF, 세계이스포츠협회World eSports Association: WESA, 글로벌이스포츠연맹Global Esports Federation: GEF이 있고, 대륙별 이스포츠 연맹으로는 아시아이스포츠연맹Asian Electronic Sports Federation: AESF과 EESF 등이 있다. 이들 국제 이스포츠 연맹은 각국의 국가 이스포츠 연맹을 회원 조직으로 두는 구조(예: IeSF)부터 게임사, 대회 주최사, 팀 등 주요 이해집단을 회원에 포함하는 구조까지 다양한 형태를 띠고 있다. 국제 이스포츠 연맹과 협회는 대륙별 올림픽 위원회에 속해 있는 경우도 있고 그렇지 않은 경우도 있으며, 대체로 IOC로부터 이스포츠에 관한 배타적 조직으로 인정받고자 노력한다. 하지만 IOC는 특정 이스포츠 연맹에 이스포츠에 대한 독점적 권위를 부여하지 않고 있다.

1) 국제이스포츠연맹International eSports Federation: IeSF

IeSF는 KeSPA가 중심이 되어 2008년 설립된 세계 최초의 국제 이스포츠 연맹이다. 설립 당시 본부는 서울에 두었으나 현재는 부산에 위치한다. IeSF는 설립부터 지금까지 대한민국에 본부를 두고 있지만 해외로 본부 이전이 논의되기도 한다.

IeSF는 문화체육관광부의 사단법인으로 등록되어 있고, 정부의 재정 지원을 받고 있다. 2021년 기준 총 98개의 국가 이스포츠 협회를 회원으로 두고 있어 결코 작지 않은 규모의 국제기구로 성장했다.

IcSF 회장은 KeSPA 회장이 맡는 것이 관례처럼 되어 있었으나 2018년 말 가오슝에서 열린 총회에서 남아프리카공화국마인드스포츠협회 사무총장인 콜린 웹스터Colin Webster가 회장으로 선출되면서 한국인 회장 관례가 깨졌다. 이는 2018년 당시 IeSF 회장이자 청와대 정무수석이었던 전병헌 KeSPA 전 회장이 검찰 수사에 휘말리며 정상적인 회장직 수행이 어려워지면서 발생한 변화이다. 2000년부터는 미국이스포츠협회United States Esports Federation: USeF 회장인 블라드 마리네스쿠Vlad Marinescu가 IeSF 회장을 맡고 KeSPA의 김영만 회장이 부회장을 맡고 있다.

2008년에 설립된 IeSF는 이스포츠의 표준화를 촉진하고 이스포츠 중심의 인적자원 교육을 제공하며 이스포츠와 그 가치를 지속적으로 증진하는 목표를 수행한다.

IeSF는 각국의 국가 이스포츠 연맹을 회원으로 두는 전통적 국제 스포츠 조직과 매우 유사한 구조를 가지고 있다. 각국의 국가 이스포츠 연맹을 회원으로 두는 IeSF의 영향력을 키우기 위해서는 산하 조직인 국가 이스포츠 연맹의 역할이 의미 있는 수준으로 성장해야 한다. 이를 위해서는 각국의 이스포츠 팀과 대회 주최사, 그리고 게임사가 해당 국가의 이스포츠 협회와 긴밀한 협력관계를 맺고 있어야 하는데, 자유로운 시장의 민간 영역에 있는 팀과 주최사, 게임사의 자발적 협조를 이끌어 내는 데는 한계가 있다.

IeSF는 전통 스포츠의 국제연맹과 구조가 비슷할 뿐 아니라 대회운영 방식도 유사하다. IeSF가 주관하는 세계대회는 '국가 대항전'을 기본으로 하며, 남자부와 여자부로 나누어 대회를 치르는데 이는 전통 국제 스포츠로부터 정당성을 인정받고자 하는 노력으로 볼 수 있다(Scimeca, 2014). 하지만 이스포츠 생태계에 직접 참여하는 이해집단의 관점에서는 이러한 방식이 이스포츠의 생리에 맞지 않다고 지적한다. 이스포츠 팬들은 이스포츠 대회의 국가 대항전에 익숙하지도 않고 이를 선호하지도 않는다는 주장이다. 대부분의 유명한 이스포츠 대회가 국가 대항전을 치르는 국제대회가 아니라 팀 대항전을 기본으로 하기 때문이다(Joost, 2017).

IeSF 웹사이트에서 확인할 수 있는 주요 사업에는 몇 가지가 있는데, 우선 IeSF는 이스포츠가 정식 스포츠로 인정받기 위한 노력을 지속해 오고 있으며, 올림픽 정식종목 채택을 위해서도 지속적인 노력을 기울이고 있다.

협회 설립 이후 국제스포츠경기단체총연합회Global Association of International Sports Federations: GAISF 가맹을 지속적으로 추진해 오고 있으며, 현재 세계생활체육연맹The Association For International Sport for All: TAFISA 가맹 단체이기도 하다. 또한 앞서 언급했듯이 국제 이스포츠 대회와 리그를 개최하고 있는데, IeSF 월드 챔피언십, IeSF 월드 슈퍼 리그 등이 대표적인 대회이다. IeSF는 글로벌 이스포츠 담론을 주도하기 위해 세계이스포츠정상회의 Global Esports Executive Summit: GEES와 같은 다양한 국제회의를 개최하고 있다. 이 회의는 이스포츠 선수와 관계자 이외에 IOC 위원이나 국제 스포츠 연맹의 전·현직 간부를 초청해 스포츠로서 이스포츠가 나아갈 방향에 대해 논의하는 일종의 학술대회이다.

IeSF가 지속적으로 GAISF 가맹을 추진해 오고 있다는 사실은 의도했든 안 했든 이스포츠를 스포츠의 한 종목으로 보고 있음을 의미한다. GAISF 산하에는 종목별 국제연맹International Federations: IF이 있고, 각 IF에는 다시 해당 종목의 대륙별 연맹이, 대륙별 연맹에는 국가별 연맹이, 국가별 연맹에는 지자체 연맹이 가입되어 있다. 따라서 GAISF는 '모든 종목'을 합친 연합체의 성질이다. 만약 '이스포츠'를 하나의 스포츠 종목으로 취급한다면, 이스포츠의 국제연맹에 해당하는 IeSF가 GAISGF에 가맹한다는 논리가 틀릴 게 없다. 하지만 '이스포츠'를 하나의 스포츠 종목으로 취급하기보다 다양한 이스포츠 종목(게임)의 총체로 본다면, IeSF가 GAISF와 같은 수준에서 이스포츠 종목들의 연합체에 해당한다고 볼 수 있다. 따라서 IeSF는 전통 스포츠의 GAISF와 같은 수준에서 IF의 연합체 역할을 하는 것으로 이해할 수 있고, 이런 관점에서는 IeSF가 GAISF에 가맹한다는 논리는 성립하지 않는다. 그러나 이스포츠에서는 개별 이스포츠 종목(게임)별 국제연맹이 존재하지 않는다. 예컨대 국제 LoL 연맹이 없고, 당연히 대륙별 LoL 연맹도 없다. 따라서 현실적으로 IeSF를 이스포츠 종목별 연맹의 연합체로 보기는 어렵다. 결과적으로 GAISF 가맹을 지속해서 노력해 오고 있는 IeSF는 이스포츠를 스포츠의 한 종목으로 보는 것과 같다.

이처럼 IeSF의 다양한 활동에도 불구하고 IeSF가 이스포츠 전반에 미치는 영향력이 크지 않다는 게 전문가들의 대체적인 평가이다.

2) 세계이스포츠협회World esports Association: WESA

WESA는 2016년 독일 쾰른 기반의 이스포츠 대회 주최사인 ESL과 여러 이스포츠 팀이 연합해 설립한 조직이다(Rosen, 2017; WESA, 2016). WESA 설립에 참여한 이스포츠 팀들은 주로 여러 장르의 이스포츠 팀을 운영하는 멀티게임 조직multi-gaming organizations으로 Fnatic, Natus Vincere, Team EnVyUs, FaZe Clan, Virtus.pro, G2 Esports, North, Splyce, Mousesports, Ninjas in Pyjamas를 포함한다.

WESA의 운영이사는 총 5명으로, 그중 2명은 ESL에서 추천하고, 다른 2명은 WESA 회원 팀들이 추천하며, 나머지 1명은 ESL과 팀들로부터 추천받은 4명의 이사가 추천한다(Bury, 2016). 이는 WESA에 ESL의 영향력이 상대적으로 크다는 의미이고, 동시에 WESA 의사결정에 팀들의 영향력이 반영될 수 있는 공식 활로가 열려 있다는 의미이기도 하다. ESL의 최고경영자 랄프 라이헤르트Ralf Reichert가 지적해 온 문제점—기존의 이스포츠 생태계가 주요 게임사 중심의 강력한 소수 조직에 의해 모든 의사결정이 이루어진 점—을 극복하고 이스포츠 생태계의 모든 참여자들이 상생할 수 있는 모델을 만들고자 하는 노력으로 볼 수 있다. 약육강식의 원초적 이스포츠 생태계를 보다 안정적 구조로 발전시키고자 하는 노력이다.

WESA의 3대 주요 목적은 ① 선수 대변 및 보호, ② 규정 표준화, ③ 이익공유제를 통해 이스포츠의 프로화에 기여하는 것이다. 그 밖에 도박, 도핑과 승부조작과 관련된 스포츠 공정성 이슈에도 대응한다.

스포츠 공정성과 관련된 이슈로 2017년 WESA는 하나의 소유주가 복수 팀을 운영하는 행위를 금지하는 규정을 만들었다. 당시 몇몇 WESA 참가 팀들은 이스포스Esforce라는 단일기업 소속이었다(Lewis, 2016; Schnell, 2016). 하지만 이런 규정을 지키지 않더라도 제재하는 조항이 없어 실질적인 영향력이 없다는 비판을 받았다.

WESA는 설립 당시부터 전통 스포츠의 거버닝 바디를 벤치마킹한 것으로 보인다. 이느 독일 프로축구 리그인 분데스리가와 FIFA에 경험이 있는 피에트로 프린구엘리Pietro Fringuelli를 초대 커미셔너로 고용한 데서 알 수 있다. 프린구엘리는 WESA에 참여하는 모든 조직이 WESA 수익의 일정 부분을 합당한 비율로 받을 수 있는 이익 공유 시스템을 구축했다. 전통 스포츠 리그의 다양한 경기력 평준화competitive balance를 위한 제도적 장치를 벤치마킹한 것이다.

WESA는 마치 비영리·비정부 국제연맹 같은 명칭이지만 엄밀한 의미에서는 FIFA와 같은 비영리 스포츠 거버닝 바디라기보다 NFLNational Football

Leauge, NBANational Basketball Association, MLB와 같은 영리 추구 '프로 스포츠 리그'의 거버닝 바디이다. 전통 스포츠에서 프로리그가 하나의 지리적인 범위 내에 독점적 지위를 확보하고 있는 데 비해 WESA는 전 세계를 대상으로 WESA라는 이름의 프로리그를 조직한 것으로 볼 수 있다. 하지만 국제적인 범위로 운영되는 프로리그는 WESA 이외에도 ELeague, DreamHack, MLG Major League Gaming, FaceIt 등 다양해 전통 스포츠 리그가 해당 영토 내에서 독점적 지위를 행사하는 것과 같은 위상을 가지지 못하며, WESA에서 제정하는 규정을 WESA 이외의 리그에서 따라야 할 이유가 없다.

또 다른 비판은 WESA의 영향력이 ESL이 주관하는 대회에 한정된다는 것이다. ESL은 전통적으로 CS:GOCounter-Strike:Global Offensive 토너먼트 주관에 강점을 보여 왔는데, WESA가 CS:GO 프로리그 운영에 상당히 집중하고 있어 실질적으로 ESL의 수익 도구가 아니냐는 곱지 않은 시선이 있다.

3) 글로벌이스포츠연맹Global Esports Federation: GEF

GEF는 2019년 12월 싱가포르에 설립된 국제 이스포츠 연맹이다. IeSF, WESA와 달리 세계적으로 영향력이 막강한 게임사 중 하나인 텐센트가 설립 파트너로 참여했다.

GEF는 국제 이스포츠 운동the worldwide esports movement의 목소리이자 권위자the voice and authority로 자리매김하여 글로벌 이스포츠의 명실상부한 거버닝 바디로서 위상을 갖고자 하는 목적으로 설립되었다. 이런 측면에서 GEF는 앞서 기술한 IeSF와 기능이 겹치는 라이벌 조직이라 볼 수 있다.

GEF의 주요 목표를 살펴보면 전통 스포츠에서 IOC의 목표와 상당히 유사하다는 느낌을 받는데 이를 통해 GEF가 이스포츠에서 전통 스포츠의 IOC와 같은 역할과 위상을 갖고자 한다는 점을 알 수 있다.

GEF는 공식 웹사이트에 ① 국가별 이스포츠 연맹의 설립 지원, ② 이스포츠 표준, 가이드라인, 규정 제정, ③ 선수위원회athlete commission를 통한 선수들의 복지, 페어플레이, 경력 지원 서비스, ④ 이스포츠 조직의 거버넌스 구조와 가이드라인 제정, ⑤ 이스포츠 대회, 컨벤션, 이스포츠 관련 교육 프로그램 개최, ⑥ 플래그십 대회인 글로벌 이스포츠 게임즈Global Esports Games 개최라는 6가지 목적을 열거했다.

GEF의 인적 구성을 살펴보면 IOC와 밀접한 관계라는 것을 알 수 있다. 초대 회장 크리스 찬Chris Chan은 싱가포르올림픽위원회Singapore National Olympic Council의 사무총장이고, 부회장단에는 중국올림픽위원회Chinese Olympic Committee 사무총장 겸 아시아올림픽평의회Olympic Council of Asia: OCA의 명예 부회장honorary life vice-president인 웨이 지종Wei Jizhong과 다섯 차례 올림픽에 출전한 캐나다 올림피언 샤메인 크룩스Charmaine Crooks가 있다. GEF의 최고운영책임자 폴 포스터Paul Foster는 IOC의 이벤트 총괄Head of Protocol, Events and Hospitality을 역임했다. GEF는 OCA, 남미올림픽위원회Organización Deportiva Suramericana: ODESUR와 전략적 파트너십을 맺고 있다. 그밖에 GEF 설립 초기부터 몇몇 올림픽 스포츠가 GEF 회원으로 가맹했는데, 양궁, 카누, 가라테, 서핑, 태권도, 테니스가 있다(MacKay, 2020).

GEF는 이처럼 올림픽 관련 인사를 전략적으로 포섭하고 있는데, 이는 IOC로부터 이스포츠 분야의 글로벌 거버닝 바디로 인정받고자 하는 노력으로 볼 수 있다. GEF 창립 총회에서 크리스 찬 회장은 이스포츠의 올림픽 정식종목 채택을 이루어 냄으로써 이스포츠에 대한 편견과 오해를 불식시키겠다고 공언했다(MacKay, 2020).

하지만 2020년 10월 IOC는 이스포츠·게이밍 리어잔 그룹Esports and Gaming Liaison Group: ELG를 통해 특정 국제 이스포츠 연맹을 선택해 인정하지 않겠다는 방침을 명확히 했다. 이는 IeSF와 GEF 중 하나를 IOC의 배타적 협력 파트너로 삼지 않고 이스포츠의 다양한 이해집단과 직접적인 관계를 유지하겠다는 것이다. ELG 의장은 국제사이클연맹International Cycling Union 회장 다비드 라파르티앙David Lappartient이며, 위원으로는 하계올림픽종목위원회Asso-ciation of Summer Olympic International Federations: ASOIF 회장 프란체스코 리치 비티Francesco Ricci Bitti와 동계올림픽종목위원회Association of International Olympic Winter Sports Federations: AIOWF 회장 지안 프랑코 카스퍼Gian Franco Kasper, GAISF 회장 라파엘레 치울리Raffaele Chiulli가 참여하고 있어, 특정 조직을 IOC의 배타적 협력 파트너로 삼지 않겠다는 ELG의 결정은 IOC에 연계된 국제 스포츠 연맹에 실질적인 영향력을 행사할 것으로 보인다(MacKay, 2020).

GEF의 이사진에는 오버액티브 미디어OverActive Media라는 이스포츠 팀 소유 그룹의 최고경영자이자 전직 캐나다올림픽위원회Canadian Olympic Com-mittee 회장이었던 크리스 오버홀트Chris Overholt, BEA의 체스터 킹Chester King 회장, 이탈리아 유명 축구클럽 AC 밀란AC Milan의 최고사업책임자 로렌조 조르제티Lorenzo Giorgetti, 칼립소 인베스트먼트Calypso Investment의 최고운용책임자 에이드리언 리스모어Adrian Lismore, 영국 정유회사 BPBritish Petroleum의 전 최고사업책임자가 포함되어 있어 이스포츠 생태계의 모든 이해집단이 참여하고 있음을 알 수 있다. 이는 국가 이스포츠 협회만을 회원으로 두는 IeSF와 대비된다(Ashton, 2019a).

4) 아시아이스포츠연맹Asian Electronic Sports Federation: AESF

AESF는 2018년 설립된 아시아 지역의 이스포츠 거버닝 바디로 OCA에 정식으로 인정받은 조직이다. AESF는 현재 KeSPA를 포함한 45개 국가 이스포츠 협회를 회원으로 두고 있다. AESF 회장은 2017년 당선된 홍콩의 케네스 포크Kenneth Fok로 홍콩올림픽위원회Sports Federation and Olympic Committee의 부회장 겸 OCA 국제위원회International Relations Committee 위원이다.

AESF는 이스포츠의 전문적인 거버넌스를 달성하고, 아시아 지역의 이스포츠 발전을 관장하고 지원하며, 세계적인 선수들을 개발하고 육성하는 것을 목표로 한다. 구체적으로는 ① 차별적이지 않고 포괄적이며 혁신적인 방식으로 이스포츠 현장을 지원, ② 모든 회원과 관련 이해집단과의 상호 호혜적인 관계 유지, ③ 자체 국제대회를 조직하고 규정을 제정하여 시행, ④ 회원 이익 보호, ⑤ 이스포츠 독립성 확보, ⑥ 모든 회원 조직들의 굿 거버넌스를 보장하기 위해 AESF의 법령, 규정 또는 결정이 구속력 있는 영향력을 행사할 수 있도록 조치, ⑦ 부패, 도핑 또는 승부조작을 방지해 경기, 선수, 임원 및 회원을 보호하고, 경기의 공정성integrity, 윤리성ethics, 페어플레이 추구, ⑧ 모든 수준 및 구조에서 이스포츠의 양성평등 원칙 준수라는 8가지 목표를 가지고 있다.

AESF는 OCA 주관 대회에 이스포츠를 채택하는 데 기여해 왔다. 이스포츠는 2018년 자카르타·팔렘방아시안게임에서 시범종목으로 채택되었으며, 2019년 필리핀 마닐라에서 개최된 동남아시안게임Southeast Asian Games: SEA에서 정식종목으로, 2022년 항저우아시안게임에서 정식종목으로 채택되었다. 아시안게임에서 개최되는 이스포츠 종목 선정도 AESF가 한다.

2018년 AESF 설립 이전에도 OCA 주관 대회로 2007년 마카오에서 열린 제2회 실내무도아시안게임에서 이스포츠가 정식종목으로 채택되었으며, 한국은 2013년 제4회 대회를 인천에서 개최했다.

5) 유럽이스포츠연맹European Esports Federation: EEF

EEF는 2020년 2월 설립되었으며 벨기에 브뤼셀에 본부를 두고 있다. 설립 당시 유럽 23개국 이스포츠 연맹(이스라엘 포함)과 업계 이해집단 3개[(독일 쾰른 기반의 ESL 게이밍, 러시아의 이스포스 홀딩(ESforce Holding), PR 대행사 BCS(Burson Cohn & Wolfe)]가 참여했다. EEF 초대 회장은 ESBD 회장인 한스 야그노가 선출되었다. 야그노 회장은 취임사를 통해 특히 선수들의 의견을 경청하겠다는 의지를 피력했다.

EEF의 설립 목적은 크게 3가지로, ① 유럽 정치, 미디어, 스포츠와 사회에서 이스포츠 선수와 조직을 대변하고, 이스포츠를 의식적이고, 책임감 있고, 지속 가능하며, 포괄적이고, 건강하고, 가치 중심적인 활동conscious, responsible, sustainable, inclusive, healthy and value-based activity으로 발전시키는 이스포츠 운동esports movement의 플랫폼이 되고자 한다. ② 이스포츠를 규제하기보다는 이스포츠의 긍정적인 표준을 제시해 다양성을 추구하고, 지속 가능성을 증진하며, 공정성을 확보할 수 있도록 한다. ③ 글로벌 이스포츠에서 유럽의 이익을 위해 노력한다.

이를 위한 구체적인 실행 과제는 선수들의 이동에 제약을 가하는 비자 문제를 해결하고, 유럽연합European Union: EU의 재정 지원을 끌어내 풀뿌리 이스포츠 기반을 안정시키고, 코치 교육과 심판 규정 및 공정성 제고를 위한 프로젝트 등을 수행하고, 다양한 이스포츠 회담을 통해 지식의 교류와 전파를 꾀하는 것이다.

EEF는 IeSF, AESF와 차별되는 몇 가지 특징이 있다. 첫째, 유럽의회European Parliament와 소속 회원국들의 전폭적인 지원을 받고 있다.

둘째, 국가 이스포츠 연맹만 회원으로 두고 있는 IeSF, AESF와는 달리 23개 국가 이스포츠 연맹뿐 아니라 ESL 게이밍, 러시아의 이스포스 홀딩, PR 대행사 BCS가 회원으로 참여하고 있다. 즉, EEF는 국가 이스포츠 연맹과 함께 업계의 이해집단을 포함하는 보다 포괄적인 조직이다. 하지만 의결권은 국가 이스포츠 연맹에만 주어지며 그 밖의 이해집단에는 옵서버Observer 자격만 주어진다.

셋째, EEF는 AESF와 같이 외형상으로는 유럽 지역을 관장하는 이스포츠 거버닝 바디 형태를 띠고 있지만 스스로는 거버닝 바디가 아니라고 한다. EEF는 미션 선언문에 "EEF는 이스포츠의 거버닝 바디이기보다는 이스포츠의 다양한 이해집단 간 관계를 원만하게 조율하는 조정 파트너moderating partner"임을 명시한다.

3. 그 밖의 이스포츠 조직

그 밖의 이스포츠 조직에는 자칭 이스포츠 산업 지킴이 조직, 선수노동조합, 게임산업무역협회가 있다.

이스포츠청렴위원회eSports Integrity Commission: ESIC는 이스포츠 산업 지킴이 조직의 대표격이다(Pearson, 2016). ESIC는 2016년 이스포츠청렴연합eSports Integrity Coalition이라는 이름으로 영국에서 설립되었고, 2019년 현재 이름으로 변경되었다. ESIC는 비영리 사단법인으로 이스포츠 부정부패 방지와 공정성 확립을 위해 승부조작과 도핑 등 이스포츠에서 발생할 수 있는 모든 종류의 부정행위cheating를 조사하고 수사 의뢰한다.

초대 회장 이언 스미스Ian Smith는 프로크리켓선수협회Professional Cricketers' Association, 국제크리켓연맹Federation of International Cricketers' Associations, 국제크리켓평의회International Cricket Council와 같은 각종 크리켓 조직은 물론, 영국반도핑선수위원회UK Anti-Doping Athlete Committee에서 스포츠 윤리와 공정성을 감독해 온 이력으로 전통 스포츠의 공정성 시스템을 이스포츠에 적용할 적임자로 평가받는다.

ESIC는 게임사, 팀, 이벤트 주최사, 비영리 스포츠 연맹 등 모든 종류의 이스포츠 이해집단에 문호를 열어 둔 개방형 협회이다. ESIC 회원 조직은 반부패 조직(예: 국제베팅공정협회), 정부 조직(예: 영국겜블링위원회), 국가연맹(예: 포르투갈이스포츠연맹), 대회 주최사(예: ESL, 드림핵), 주요 협찬기업(예: 인텔) 등 모든 종류의 이해집단을 망라한다. 이로써 다양한 이해집단 공동의 비전 규정을 제정하고 실행한다.

ESIC는 이스포츠 공정성 증진을 위해 윤리 규정code of ethics, 반부패 규정anti-corruption code, 반도핑 규정anti-doping code, 행동 강령code of conduct 등 다양한 규정과 표준을 제시하고, 회원 조직으로 하여금 따를 수 있도록 유도한다.

선수 권익을 보호하기 위한 선수노동조합 또는 선수연맹도 하나둘씩 생기는 추세이다(Ashton, 2019a). 이는 이스포츠 생태계에서 선수들의 권익 침해가 빈번하고, 선수들 스스로가 권익을 보호하기 위함이다. 대표적으로 카운터스트라이크프로선수협회Counter-Strike Professional Players' Association: CSPPA, 북미리그오브레전드챔피언십선수협회North American League of Legends Championship Player's Association: NALCSPA, 킹프로리그조합King Pro League Union: KPL, IeSF선수위원회IeSF Athlete's Commission 등이 여기에 속한다. 한편 NALCSPA가 북미 리그 LCSLeague of Legends Championship Series가 직접 설립한 선수 조직인 반면, CSPPA는 밸브와 독립적으로 설립된 조직이라는 차이가 있다(Ashton, 2019b).

마지막으로 다양한 게임사를 포함하는 게임산업무역협회가 있다(Ashton, 2019a). 대표적으로 미국엔터테인먼트소프트웨어협회Entertainment Software Association: ESA, 일본컴퓨터엔터테인먼트공급업체협회Computer Entertainment Supplier's Association: CESA, 캐나다엔터테인먼트소프트웨어협회Entertainment Software Association of Canada: ESAC, 영국인터랙티브엔터테인먼트협회Association of UK Interactive Entertainment: UKIE, 유럽인터랙티브소프트웨어연맹Interactive Software Federation of Europe: ISFE, 호주와 뉴질랜드의 인터랙티브게임·엔터테인먼트협회Interactive Games and Entertainment Association: IGEA 등이 있다.

이런 게임사 중심의 무역협회는 이스포츠만 관리하는 것은 아니지만 이스포츠의 지속 가능한 생태계 구축에 큰 관심을 보이고 있다. 일례로 ESA, ESAC, UKIE, ISFE, IGEA는 공동으로 4대 이스포츠 원칙을 천명했다(Valentine, 2019). 이 원칙은 ① 안전과 웰빙Safety and Well-Being, ② 공정성과 페어플레이Integrity and Fair Play, ③ 존중과 다양성Respect and Diversity, ④ 긍정적이고 즐거운 게임플레이Positive and Enriching Game Play로 구성되어 있다. 이와 같은 게임사 중심의 무역협회의 움직임은 이스포츠 생태계에 참여하는 다양한 이해집단이 함께 발전하는 지속 가능한 시스템이 게임산업 발전을 위해서 반드시 선행되어야 할 요소임을 인식하고 있음을 의미하고, 이를 위해서 공정한 경기와 선수권익 보호 등 게임사의 직접적 영리활동 이외의 영역에 세심한 관심을 가져야 한다는 점을 시사한다.

참고문헌

임영택. 2007. "일취월장하는 중국 이스포츠". 더게임즈데일리. http://www.tgdaily.co.kr/news/articleView.html?idxno=128159

한국콘텐츠진흥원. 2007. 「게임 문화 동향」. 『대한민국 게임백서』.

KeSPA. 2021. 한국이스포츠협회(KeSPA) 네이버 공식 포스트. https://post.naver.com/viewer/postView.naver?memberNo=6799533&volumeNo=33038201

中国文化旅游部. 2021. "'十四五'文化产业发展规划." 文旅科教发, 1号, p.13.

中国体育总局. 2021. "关于政协十三届全国委员会第四次会议第3410号(文化宣传类171号)提案答复的." https://www.sport.gov.cn/n315/n10702/c23875246/content.html

中华人民共和国人力资源和社会保障部. 2019. "新职业－电子竞技员就业景气现状分析报告." http://www.mohrss.gov.cn/SYrlzyhshbzb/dongtaixinwen/buneiyaowen/201906/t20190628_321882.html

SOUGOU. 2016. "世界电竞锦标赛在印尼举行 中国国家队开启征程." https://sports.sohu.com/20161006/n469631275.shtml

JeSU. 2021. www.JeSU.or.jp

Ashton, Graham. 2019a. "Governing the Wild West－An Introduction to Esports Federations and Associations." the Esports Observer. https://archive.esportsobserver.com/esports-federations-intro.

_____. 2019b. "CSPPA: Scheduling a CS:GO Major After Break Was 'Worst Possible Option'." the Esports Observer. https://archive.esportsobserver.com/csppa-csgo-major-comments/

Bury, J. 2016(May 17). "Interview with ESL Co-Founder and WESA Interim Commissioner Leave More Questions than Answers." http://www.thescoreesports.com/news/7877.

Chao, Laura L. 2017. "You Must Construct Additional Pylons: Building a Better Framework for Esports Governance." Fordham Law Review, 86(2): 737~765.

Fitch, Adam. 2018. "Japanese organizations join forces to create Japan Esports Union." Esports Insider. https://esportsinsider.com/2018/02/japan-esports-union-formed

Jones, Candace, Williams S. Hesterly, and Stephen P. Borgatti. 1997. "A General Theory of Network Governance: Exchange Conditions and Social Mechanisms." Academy of Management Review, 22(4): 911~945.

Joost, Heyim. 2021(December). "Esports Governance and its Failures." Medium.com. https://medium.com/@heyimJoost/esports-governance-and-its-failures-9ac7b3ec37ea .

Lewis, R. 2016(August 20). "Rich & Sam on: Esforce." https://www.youtube.com/watch?v

=NnMDUe0IFyM.

Mackay, Duncan. 2020. "Exclusive: Blow for Global Esports Federation as IOC Warn Olympic Sports Not to Join Them." Inside the Games. https://www.insidethegames.biz/articles/1100130/ioc-warn-sports-of-joining-gef

Pandaily. 2021. "The Story of Chinese E-Sports: Industry, Policy and Social Stigma." https://pandaily.com/the-evolution-of-chinese-e-sports-industry-policy-and-social-stigma/

Rosen, D. 2017(April 17). "Esports Meets Mainstream: WESA Doesn't Know What Mainstream Wants." https://www.thescoreesports.com/csgo/news/13854-esports-meets-mainstream-wesa-doesnt-know-what-mainstream-means.

Schnell, M. 2016(September 7). "Competitive Ruling: G2 Esports and Fnatic." http://www.lolesports.com/en_US/articles/competitive-ruling-g2-esports-and-fnatic

Thiborg, J. 2009. "eSport and Governing Bodies: An Outline for a Research Project and Preliminary Results." In Kultur-Natur, Konferens för kulturstudier i Sverige, Norrköping, Sweden.

Valentine, R. 2019. "Games Industry International Trade Bodies Unite On Universal Esports Principles." Gamesindustry.Biz. https://www.gamesindustry.biz/articles/2019-11-05-games-industry-international-trade-bodies-unite-on-universal-esports-principles(accessed on December 2021).

WESA. 2016. "WESA Approves ESL Pro League CHANGES." WESA.gg. http://www.wesa.gg/2016/09/16/wesa-approves-esl-pro-league-changes/

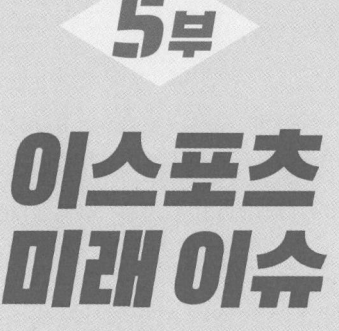

5부

이스포츠
미래 이슈

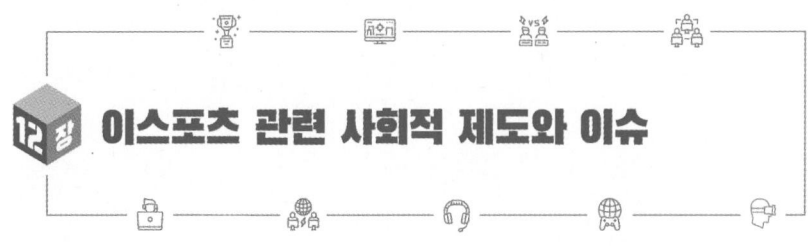

12장 이스포츠 관련 사회적 제도와 이슈

이스포츠와 관련된 법과 제도는 이스포츠 생태계 전반을 성장시키고 지속 가능하게 만드는 방향으로 수립되어야 한다. 이를 위해 중요한 것은 이스포츠 생태계의 공정성을 확보하는 일과 이스포츠에 대한 사회적 인식을 보다 호의적으로 전환해야 하고, 이스포츠 시장 전반의 파이를 키우는 일이다. 이 장에서는 이스포츠 관련 법과 제도 그리고 이스포츠와 관련된 다양한 사회적 이슈를 살펴보고자 한다.

1. 이스포츠 베팅 도입 이슈

국내에서 이스포츠 베팅은 금지되어 있다. 합법적인 스포츠 베팅은 국민체육진흥공단에서 운영하는 체육진흥투표권(스포츠 토토, 프로토) 사업으로 국내에서 현금이 직접 거래되는 방식을 채택하는 유일한 합법적 스포츠 베팅이다. 체육진흥투표권 사업 이외의 모든 스포츠 베팅은 불법이다. 체육진흥투표권은 국민체육진흥공단이 국민체육진흥기금을 조성하기 위해 운영하는 국가정책 사업이며, 해당 사업을 통해 조성된 기금은 한국 체육예산의 90% 이상을 차지하며 국가 스포츠 발전을 위해 환원된다. 이스포츠는 체육진흥투표권에서 다루는 스포츠 종목에 포함되어 있지 않으며, 따라서 국내에서 이스포츠 베팅 서비스가 발견된다면 이는 모두 불법 서비스이다.

이스포츠 베팅을 합법화해야 한다는 논의가 이루어지고 있다. 2021년 2월에 한국이스포츠협회Korea e-Sports Association: KeSPA와 더불어민주당 이상헌 의원실 공동 주최로 '이스포츠 체육진흥투표권 도입 논의 토론회'가 개최되었고 이스포츠를 합법적 스포츠 베팅의 영역으로 편입할 수 있을지 여부에 대한 논의가 이루어졌다(유혜연, 2021).

이스포츠를 합법 스포츠 베팅으로 편입하는 것은 이스포츠 업계에서는 이미 상당 기간 논의되어 온 숙원 사업이나 사회적 동의를 이끌어 내기가 쉽지 않았다. 하지만 2020년 창궐한 코로나 팬데믹 이후 비대면 문화가 급속도로 확산되면서 이스포츠에 대한 사회적 인식과 산업적 가치에 대한 기대가 상승했고 이스포츠 베팅에 대한 진지한 논의가 시작되었다.

이처럼 이스포츠 베팅에 대한 논의가 수면 위로 드러나게 된 데는 몇 가지 요인이 있다.

첫째, 이스포츠를 정식 스포츠로 인식하는 사람이 많아졌다. 이스포츠는 2018년 자카르타·팔렘방아시안게임에서 시범종목으로 채택되었고, 2022년 항저우아시안게임에서는 정식종목으로 채택되었다. 2020년 도쿄올림픽은 코로나 여파로 2021년 7월에 개막했는데, 이보다 두 달 앞선 5월부터 40일간 올림픽 버추얼 시리즈Olympic Virtual Series: OVS를 올림픽 사전 경기로 개최했다(김세훈, 2021). 이스포츠의 한 연장선이라고 볼 수 있는 이 대회의 선정 종목은 야구, 조정, 사이클, 세일링, 카레이싱 등 5종목으로 모두 전통 스포츠 기반의 스포츠 시뮬레이션 게임으로 이루어졌다. 과거 청소년들의 '게임'으로만 취급 받던 이스포츠가 아시안게임과 올림픽에서 다뤄지면서 이스포츠와 전통 스포츠의 접점이 형성된 것이다. 이스포츠를 전통 스포츠의 범주

안에서 인식하려는 움직임이 증가했고, 이에 따라 이스포츠에 대한 사회적 거부감이 이전보다 감소했다.

둘째, 현행 법률을 적용한다 해도 이스포츠가 스포츠 베팅의 한 종목으로 포함되기 위한 자격조건을 충족하는 데 큰 무리가 없다(유혜연, 2021). 국민체육진흥법 제29조의 체육진흥투표권 발행 대상 운동경기가 되기 위해서는 주최 단체가 경기를 계획적·안정적으로 개최하고, 소속 팀과 선수, 감독, 코치, 심판의 등록·말소 권한, 경기규칙 제정 권한을 가져야 한다. 이 같은 요건을 충족하고 있는 이스포츠 종목은 이미 많다.

셋째, 전 세계가 코로나 팬데믹을 겪으면서 전통 스포츠 기반의 합법 스포츠 베팅 매출이 크게 감소한 것도 이스포츠 베팅에 대한 논의를 키운 측면이 있다. 2020년 1월 말 코로나가 창궐한 후 국민체육진흥공단은 1/4분기 동안만 전년 대비 1천억 원이 넘는 피해를 보았다(조효성, 2020). 코로나 상황이 장기 국면으로 접어들면서 국민체육진흥공단은 코로나 등 전염병 상황과 관계없이 안정적 경기를 펼칠 수 있는 이스포츠에 관심을 갖게 되었다.

넷째, 정부를 중심으로 게임 산업과 이스포츠 산업을 진흥하기 위한 정책적 지원이 강화되는 추세이다. 문화체육관광부는 이미 2005년과 2015년 두 차례에 걸쳐 이스포츠 진흥을 위한 중장기 발전 방안을 내놓았다. 이에 더해 2020년 5월에는 관계부처 합동으로 '게임산업 진흥 종합 계획'을 발표하며 이스포츠 산업 육성을 위한 전략을 제시했다. 이러한 정부의 관심은 게임 및 이스포츠 산업의 글로벌 시장 규모가 지속적으로 성장하며 미래 성장산업으로 자리 잡았을 뿐 아니라 게임을 전 국민의 건전한 여가문화로 인식하기 시작했기 때문이다.

다섯째, 불법 이스포츠 베팅에 대한 위험을 줄이기 위해 이스포츠 베팅을 합법적 범주 안으로 끌고 들어와야 한다는 논리가 설득력을 얻고 있다. 2019년 기준 체육진흥투표권 시장 규모는 5조 1099억 원이었던 반면, 불법 스포츠 베팅 시장 규모는 이보다 4배 이상인 20조 5천억 원 규모였다(신화섭, 2021).

불법 스포츠 베팅 시장에는 상당한 규모의 불법 이스포츠 베팅이 포함된 것으로 파악되므로, 이스포츠에 대한 베팅 수요를 합법적 시장으로 유인할 필요성이 제기되는 것이다.

여섯째, 이스포츠 베팅 산업은 전 세계적으로 빠르게 확산하고 있는 시장이다. 미국에서는 1962년 제정된 연방 전선법Interstate Wire Act과 1992년 제정된 프로 및 아마추어 스포츠 보호법The Professional and Amateur Sports Protection Act: PASPA을 통해 모든 스포츠 베팅을 금지했다. 하지만 2018년 미연방 대법원은 이 같은 전면적인 스포츠 베팅 금지가 위법이라는 판결을 내리고, 각 주에서 자체적으로 스포츠 베팅 규제를 만들어 시행할 수 있도록 문호를 열어 주었다(Liptak and Draper, 2018). 이 결정 이후 2020년까지 총 25개 주에서 스포츠 베팅을 합법화하는 등 스포츠 베팅 시장이 합법적 산업으로 빠르게 확산하고 있다. 이에 발맞춰 '이스포츠 베팅'도 미국에서 빠른 성장세를 보이고 있다. 각 주별로 규제가 다르기 때문에 미국 전역에서 합법적 이스포츠 베팅을 할 수 있는 것은 아니지만, 2018년 판결 이후 스포츠 베팅 산업과 함께 이스포츠 베팅 시장도 빠르게 성장하고 있다(Grubb, 2018; Wimer, 2019).

2. '스포츠 베팅 게임' 도입과 '이스포츠 베팅 게임'

'스포츠 베팅 게임'은 경기 결과를 예측하는 베팅 자체를 하나의 게임으로 만들어 제공하는 서비스이다. 즉, 스포츠 승부 예측 게임인 것이다. 스포츠 베팅 게임은 스포츠 토토와 같은 '스포츠 베팅'과는 달리 현금 거래가 발생하지 않는다. 유저들은 해당 사이트에서 자체적으로 만든 게임 머니를 현금으로 구매해 사용하지만, 승부 예측이 적중했을 때 돌려받는 보상도 게임 머니이며 이를 현금화할 수 있는 방법은 없다. 물론 게임물관리위원회는 이른바 '어둠의 경로'를 통해 게임 머니를 현금화하는 경우가 있다고 인지하고 있으나 이는 엄연한 불법행위이다.

스포츠 베팅 게임 산업이 한국에서 수면 위로 떠오른 것은 2020년 게임산업 진흥에 관한 법률 시행령이 일부 개정되면서 '스포츠 승부 예측 게임'이 합법적 게임에 포함되었기 때문이다(박범, 2020). 글로벌 스포츠 베팅 시장이 2020년부터 2024년까지 연평균 11%의 빠른 성장을 이어 갈 것으로 예측되고, 글로벌 스포츠 베팅 게임 시장 역시 이에 발맞춰 빠르게 성장하고 있다. 이에 따라 국내에서 합법적 서비스로 스포츠 베팅 게임 시장이 발전할 것도 자명하다(박범, 2020). 게임물관리위원회에서 시행령 개정을 계기로 스포츠 베팅 게임류를 규제의 틀 안에 넣고 관리하기 시작했으며, 이는 게임물관리위원회에서 제시하는 규제 가이드에 맞게 개발된 스포츠 베팅 게임 시장이 국내에서 활성화될 수 있음을 시사한다. 실제로 국내에서 NHN과 넷마블, 엠게임, 넵튠 등과 같은 중대형 게임사들은 발 빠르게 스포츠 베팅 게임을 내놓거나 출시를 준비하고 있다(배요한, 2020).

게임 산업만큼 가파른 성장세를 보이고 있는 이스포츠 업계에서도 스포츠 베팅 게임과 같은 형태의 '이스포츠 베팅 게임'에 관심이 높아지고 있다. 이스포츠에도 앞서 밝힌 것처럼 게임 형식의 베팅 시스템이 구축되어 있다. 스포츠 베팅 게임을 서비스하는 대부분의 업체에서 전통 스포츠뿐만 아니라 이스포츠 베팅 게임 서비스를 제공하고 있다. 해외에서는 이미 합법적인 이스포츠 베팅 및 이스포츠 베팅 게임 산업이 급성장하고 있다.

아직까지 국내에서는 이스포츠 베팅 게임을 위해 특정 이스포츠 종목이 게임물관리위원회로부터 등급 분류를 받은 바 없다. 등급 분류 없는 스포츠 베팅 게임은 불법이므로 아직까지 한국에서는 이스포츠 베팅 게임이 없다고 볼 수 있다. 하지만 2020년 국정감사에서는 다수의 스포츠 베팅 게임 서비스가 게임물관리위원회에 신고하지 않은 채 LoLLeague of Legends 베팅 게임을 제공했다는 것이 알려졌는데(민기홍, 2020), 이는 역설적으로 이스포츠 종목이 스포츠 베팅 게임 시장에 진입할 날이 얼마 남지 않았음을 시사한다.

한편, 이스포츠에서는 게임 머니를 구입해 승부를 예측하는 일반적인 스포츠 베팅 게임 방식뿐 아니라 이스포츠 특유의 '인게임 아이템'을 이용한 승부 예측 게임도 가능하다(박범, 2020). 예컨대 큰 대회를 앞두고 게임사는 출전 팀과 관련된 인게임 아이템을 제작하고, 유저들은 승부를 예측해 승리할 것 같은 팀의 아이템을 구매한다. 승패를 정확히 예측한 유저들은 해당 스킨을 보유하고 해당 팀은 수익 일부를 공유받아 게임사와 이스포츠 팀 모두 수익을 기대할 수 있는 구조이다. 라이엇 게임즈는 이미 2018 LoL 월드 챔피언십을 앞두고 인게임 스킨 아이템의 수익을 공유했고, 특히 각 팀별로 조금씩 다른 버전의 스킨을 제작 판매해 그 수익 일부를 해당 팀들에게 나누기도 했다(박범, 2020).

한편 이스포츠 베팅 게임이 게임사의 직접 관리하에 운영된다면 고려해야 할 사항이 하나 더 있다. 베팅은 그 자체로 미성년자 참여가 불가능하다. 이미 게임물관리위원회에서 청소년 이용불가 등급 판정을 내린 게임이라면 크게 상관이 없겠지만 12세나 15세 이상 이용가 등급 게임을 대상으로 이스포츠 베팅 게임 서비스를 준비한다면 미성년자 참여가 안 되도록 시스템을 구축해야 한다. 이스포츠 베팅 게임 시스템을 기존 게임과 분리해 서비스하는 방법 등을 고려해 볼 수 있다(박범, 2020).

건전하고 안전한 관리 감독이 이루어진다면 이스포츠 베팅 게임은 급성장하고 있는 이스포츠 시장에 또 다른 활력소가 될 수 있다. 아직 시작도 하지 않은 이스포츠 베팅 게임에 대해 논하는 것이 시기상조일지도 모른다. 하지만 국내에서 스포츠 베팅 게임이 합법화의 길을 걷고 많은 게임사가 뛰어들기 시작한 만큼, 이스포츠에도 스포츠 베팅 게임의 바람이 조만간 불 수 있다.

3. 게임 셧다운제 폐지

'게임 셧다운제'는 온라인 게임 중독을 방지하기 위해 만 16세 미만 청소년은 밤 12시부터 다음 날 오전 6시까지 온라인 게임에 접속할 수 없도록 하는 규제이다. 자정을 알리는 종소리가 울리면 신데렐라의 마법이 풀리듯 자정이 되면 자동적으로 청소년의 게임 접속을 차단하는 내용을 담고 있어 '신데렐라법'이라고 불리기도 한다(나성원, 2021).

여성가족부는 2011년 11월 청소년들이 온라인 게임 때문에 일상생활을 하지 못하거나 사망에 이르는 상황이 발생하자 이를 예방한다는 취지로 강제적 셧다운제를 시행했다. 이에 인터넷 게임 제공자는 16세 미만 청소년에게 자정부터 오전 6시까지 인터넷 게임을 제공해서는 안 되며(제26조 1항), 이를 위반한 경우 2년 이하의 징역 또는 1천만 원 이하의 벌금(제59조)에 처해진다. 단, 스마트폰, 태블릿 PC 등에서 이용 가능한 모바일 게임은 심각한 중독의 우려가 적다는 판단하에 셧다운제 적용을 유예했다.

2014년에는 셧다운제가 직업의 자유와 청소년의 일반적 행동의 자유를 침해한다는 취지로 13개 게임업체와 16세 미만 청소년을 자녀로 둔 박모 씨 등 3명이 헌법 소원을 냈지만 합헌 결정이 내려졌다(신소영, 2014).

셧다운제는 국내 게임산업을 위축시킨 대표적인 규제로 꼽혀 왔으며 실제로 청소년의 게임사용 시간을 억제하지도 못했다고 평가받는다. 해외에 서버를 두고 있는 게임에는 셧다운제가 적용되지 않아 해외 온라인 게임으로 이용자들이 몰려들면서 국내 게임산업 규모가 줄어드는 결과로 이어진 것이다. 이처럼 셧다운제에 대한 비판 여론이 거세지자, 여성가족부는 문화체육관광부와 협의해 셧다운제를 부모 선택제로 완화하는 내용을 담은 청소년보호법 일부 개정안을 2016년 국회에 제출했으나 해당 법안은 국회 여성가족위원회 계류 끝에 결국 통과하지 못했다(서영민, 2016).

여성가족부는 국책연구기관인 한국청소년정책연구원의 '청소년 인터넷 게임 건전이용제도 평가' 보고서를 기반으로 2년마다 셧다운제 게임물을 선정한다. 2021년에는 전체 게임시장의 49.7%를 차지하는 모바일 게임물(PC게임 30%, PC방 13%)을 평가 대상에 포함시켜 셧다운제에 모바일 게임물이 포함될 것으로 예측되었으나, 결과적으로는 셧다운제 적용 게임을 기존과 같이 온라인 PC게임, 웹게임, 일부 콘솔게임으로 유지하고 모바일 게임은 포함하지 않았다(이현수, 2021).

셧다운제와 관련된 부처 간 이해관계는 여성가족부와 문화체육관광부 사이에 극명하게 엇갈린다. 여성가족부는 향후 연구에서 평가대상 비중을 모바일 게임에 두고 분석하는 등 모바일 게임을 셧다운제에 포함하려는 의지를 놓지 않았던 반면, 게임 산업과 이스포츠 산업 진흥 정책을 펼쳐 온 문화체육관광부는 여성가족부에서 주도하는 셧다운제에 대해 결이 다른 태도를 가지고 있었다.

셧다운제 모바일 게임 확대는 물론 셧다운제 자체를 폐지해야 한다는 것이 이스포츠 업계의 중론이다(이현수, 2021).

첫째, 셧다운제가 사용자가 가장 많은 모바일 게임에 적용하지 못하면서 본래 목적인 청소년 수면권 보장 달성보다는 '규제를 위한 규제'가 되었다는 비판을 받았다(이현수, 2021). 게임은 청소년에게 해롭다는 편향된 가정을 지키고자 실효성 없는 제도를 유지하려고 한다는 지적이다.

둘째, 2011년 셧다운제 도입 당시에는 청소년 게임중독 방지 등 취지가 있었지만, 그새 온라인 게임 산업이 PC에서 모바일 위주로 바뀌었고 1인 방송, OTT, 웹툰 등이 활성화되면서 심야 시간대에 청소년이 이용할 수 있는 매체가 게임 외에도 많아지면서 셧다운제의 실효성 논란이 더욱 가속화되었다(나성원, 2021). 각종 연구에서도 게임시간 제한이 과몰입 방지 효과가 없을 뿐 아니라 수면과의 유의미한 관계도 없다는 보고가 있다(이현수, 2021).

셋째, 실효성 없는 셧다운제가 타 콘텐츠와의 규제 형평성 문제까지 일으켰다. 다양한 OTT 플랫폼이 늘어남에 따라 청소년들이 몰입할 수 있는 콘텐츠가 온라인 게임에만 국한되지 않는 미디어 환경의 변화가 이미 이루어진 상황에서 유독 게임 콘텐츠에 대해 청소년들의 수면을 방해한다는 명제를 세우고 핀셋 규제하는 정책을 두고 비판이 있었다.

이와 같은 지속적인 문제 제기에 '게임 셧다운제'는 2021년 청소년보호법 개정을 통해 10년 만에 폐지되고 대신 부모와 자녀가 자율적으로 게임 이용 시간을 정하는 '게임 시간 선택제'로 일원화되었다(최지연, 2021). 또한 여성가족부는 청소년 게임 과몰입을 예방하기 위해 학교 내 교육과 보호자 상대 정보 제공을 강화하겠다는 방침이다(최유경, 2021).

4. 사적 데이터 수집에 관한 규제와 이스포츠

이스포츠 산업은 그 자체가 데이터의 산물이다. 개인 유저가 게임에 로그인하는 순간부터 로그아웃할 때까지 모든 행적이 기록되어 서버에 저장되며, 이는 게임사의 게임 개발에 활용된다. 그 밖에 이스포츠 관련 온라인 커뮤니티에서의 활동과 스트리밍 미디어 플랫폼에서의 활동도 모두 데이터화되어 어디엔가 기록되고 누군가에 의해서 관리된다. 게임사들은 개인 게이머들의 기록과 게임 이력을 데이터로 관리한다.

이처럼 데이터 기반 산업인 이스포츠는 태생적으로 개인정보보호와 관련된 여러 규제와 상충할 소지가 많다. 아직까지 한국에서는 이스포츠 업계가 개인정보보호법 등 정보 보호와 관련해 직접적인 규제를 받고 있지 않지만, 유럽과 미국 등에서는 이미 정보 보호와 관련된 규제가 강화되는 추세이다. 글로벌 시장을 대상으로 하는 국내 이스포츠 사업자들은 개인 정보와 관련된 해외 사정을 잘 파악하고 대처해야 한다. 국내 이스포츠 산업에 직접적인 영향을 미치는 여러 법률과 규제가 있을 수 있기 때문이다.

유럽연합European Union: EU은 2018년 개인정보보호 규정General Data Protection Regulation: GDPR을 실행했다(Luke, 2018). 이 규제는 모든 EU 구성원의 개인 정보를 보호하기 위해 EU 국가에 서비스와 상품을 제공하거나, EU 구성원의 행동 데이터를 모니터·처리·수집하는 모든 조직에 적용된다. 즉, 국내 기업이라 할지라도 유럽 소비자에게 시장을 확대할 경우 이 법을 따라야 하는 것이다(Luke, 2018). 이 규제의 직접 영향을 받는 이스포츠 관련 이해 당사자로는 게임 제작사, 이스포츠 스트리밍 서비스 제공자, 이스포츠 온라인 커뮤니티 제공자 등이 있다.

유럽의 GDPR 골자는 다음과 같다(Luke, 2018). 개인 정보는 공정하고 투명하며 합법적으로 처리되어야 하며lawful basis, 합당한 목적을 위해 명확하게 한정된 기간에만 수집해야 하고intended purpose of processing, 목적에 부합하는 자료만 수집한다adequte, relevant and limited data. 즉, GDPR은 사용자의 정보를 수집함에 있어 어떤 정보를, 왜 수집하며, 수집한 정보는 어떻게 사용할 것인지에 대한 투명성을 요구하는 것이다. 한편 정보 제공자는 자신에 대해 부정확한 정보를 수정할 수 있는 권한, 자신과 관련된 정보를 삭제할 수 있는 권한, 개인정보 수집을 중단시킬 권리를 가진다. 2018년 GDPR이 실행된 이후 12개월 동안 이스포츠 관련 기업 91개가 총 5600만 유로(약 750억 원)의 벌금을 물었다(Sihvonen and Karhulahti, 2020). 이처럼 GDPR은 이스포츠 업계에 큰 영향을 미치고 있다.

미국도 미국판 GDPR을 가지고 있다(Stockburger, 2020). 미국 연방법에는 이스포츠 조직이 이용자 정보를 어떻게 수집하고, 이용하고, 공유할 것인지에 영향을 미치는 어린이 온라인 사생활 보호법Children's Online Privacy Protection Act: COPPA과 연방거래위원회법Federal Trade Commission Act이 있다. 어린이 온라인 사생활 보호법은 13세 미만의 어린이와 청소년에게 서비스를 제공하거나 개인 정보를 수집하는 온라인 서비스 공급자가 지켜야 하는 규정을 명시한다. 연방거래위원회법은 소비자 프라이버시를 침범하거나 민감한 소비자 정보를 소홀히 관리하는 조직에 제재를 가한다.

중국은 2019년 '사이버 공간 관리Cyberspace Administration of China'라는 법안을 발의했다(Parsons et al., 2019). 이는 기존의 사이버 법률과 정책cyber laws and policies을 확장하는 개정안이다. 이 개정안은 큰 틀에서는 유럽의 GDPR을 따르고 있으나 자세히 살펴보면 훨씬 느슨하다. 예컨대, GDPR과 달리 소비자 개인 정보를 수집할 때 명시적 동의explicit consent가 아니라 함축적 동의implied consent면 충분하도록 되어 있다. 또한 '민감한 정보'만 보호하도록 설정되어 있어 건강 정보, 정치적 견해, 사생활과 관련된 개인 정보 이외의 정보는 함축적 동의 없이도 수집·활용을 허용한다.

중국은 유럽의 GDPR 리스트에 포함되어 있지 않다. 특정 국가가 GDPR 명단에 포함되어 있는 것은 해당 국가가 개인정보보호에 관한 적절한 수준의 보호 장치를 갖추고 있음을 의미하며, 이러한 국가들은 EU로부터 정보를 제공받을 자격이 주어진다. 중국이 GDPR 명단에 포함되지 않았다는 것은 중국 이스포츠 기업이 유럽 시장을 대상으로 사업할 경우 GDPR에 저촉받을 가능성이 있다는 의미이고, 따라서 중국의 유럽 시장 활동이 보다 엄격하게 규제 받을 수 있음을 시사한다.

반면 한국은 2021년 3월 GDPR 명단에 포함되는 것으로 결정났다(EC, 2021). 이는 유럽에서 한국의 개인정보보호 수준이 국제적 표준에 이르렀음을 반증하며, 유럽에서 한국으로의 데이터 공유가 원활히 이루어질 수 있음을 의미한다. 반대로 한국에서 유럽 시장을 상대로 하는 사업 확장에서는 정보보호 규제 등에 대한 장애요인이 한층 낮아질 수 있음을 의미한다. 이를 계기로 한동안 중국이 주도해 왔던 글로벌 이스포츠 토너먼트·리그 리더십을 상당 부분 한국이 가져갈 수 있다는 분석도 있다(Sihvonen and Karhulahti, 2020).

아직 국내에서는 개인정보보호법과 관련된 이스포츠 현안이 본격적으로 논의되지는 않았다. 한국의 '개인정보보호위원회' 웹사이트에는 스포츠 또는 이스포츠와 관련된 자료는 단 한 건인데, 이는 '이스포츠(전자 스포츠) 진흥에 관한 법률' 시행규칙 일부 개정안에 대한 개인 정보 침해요인 평가 결과로 이스포츠 시설 지정대상 식별 정보에서 대표자 주소와 전화번호를 삭제하라는 권고를 골자로 하는 내용이 전부이다. 국내 이스포츠 산업도 해외 이스포츠 산업과 같은 수준으로 게이머와 스트리머들의 개인 정보를 적극 활용하고 있는 만큼 글로벌 표준에 걸맞는 법적 체계를 수립하는 노력이 필요하다.

종합적으로 개인정보보호와 관련된 글로벌 표준은 한국 이스포츠 산업에 직접적인 영향을 미칠 수 있다. 국가마다 개인정보보호와 관련된 규제가 다르고 복잡해지는 추세이다. 이에 대한 대응 전략을 하나로 정리할 수는 없겠지만 확실한 것은 이스포츠 관련 조직과 기업이 국제 표준을 따라 소비자 개인 정보를 보호와 동시에 자사의 전략적 성장 목표의 균형을 찾는 노력을 해야 한다는 것이다.

5. 제도권 교육과 이스포츠

이스포츠가 단순한 청소년들의 놀이에서 제도권 내 산업으로 성장함에 따라 이스포츠를 중등교육기관과 대학의 정식 교육과정으로 편입해 이스포츠 전문가로 사회 진출의 문호를 열어주는 방안을 고민할 필요가 있다.

중등교육기관에 이스포츠 교육을 편입하기 위해서는 마이스터 고등학교 또는 특성화 고등학교 형태가 가능하다. 현재 한국의 중등교육기관에는 마이스터 고등학교 형태로 '은평메디텍고등학교'가 있다. 은평메디텍고등학교는 2019년에 교육부로부터 이스포츠학과 개편을 승인받아 2021년부터 이스포츠학과를 운영하고 있다(신연재, 2020a). 2020년에는 LoL 프로게임단 DRX와 은평메디텍고등학교 간 이스포츠 교육 관련 업무협약MOU을 체결하고 이스포츠 교육과정 및 교재를 공동으로 개발하고, 위탁 교육을 진행하는 등 학생들이 이스포츠 산업 전반에 대한 역량을 키울 수 있도록 협력해 오고 있다(신연재, 2020a). 은평메디텍고등학교는 체계적인 이스포츠 선수 양성 아카데미 시스템을 보유한 DRX와 만나 이스포츠학과 교육과정에 전문성을 확보하고, 양질의 교육 환경을 마련하게 되었다. 한편 은평메디텍고등학교에서는 방과 후 이스포츠 선수반을 운영하기도 한다. 은평메디텍고등학교와 같은 정규 중등교육 시스템 안에 이스포츠 전공을 설치한다는 것은 이스포츠 꿈나무들이 제도권 교육 시스템에서 이스포츠 전문가로서의 꿈을 좇을 수 있다는 것을 의미한다.

2004년 전북 완주군에 설립된 한국게임과학고등학교는 한국 최초의 게임 관련 IT 특성화 고등학교이다. 설립 당시 총 4개 전공(프로그래밍, 그래픽, 아케이드, 이스포츠)으로 구성되었으며, 이스포츠 전공은 프로게이머 육성을 목표로 LoL, 오버워치, 배틀그라운드 종목을 운영했다. 하지만 최근에는 '컴퓨터게임 개발과'와 '소셜 미디어 개발과'로 학과를 개편해 이스포츠 선수 육성보다는 게임 개발에 집중하는 방향으로 선회했다(한국게임과학고등학교, 2021a). 2005년에는 아마추어 KG 리더스(스타크래프트) 팀을 창단했고, 졸업생 중에는 LoL 1부 리그 팀인 담원과 샌드박스로 진출한 선수도 있다(한국게임과학고등학교, 2021b).

아직까지 국내에서 중등교육 시스템에 이스포츠 교육과정을 채택한 학교는 매우 제한적이다. 이는 직업으로서 이스포츠를 꿈꾸는 청소년들이 학교 밖으로 내몰리는 현실과 맞닿아 있다.

대학에서도 이스포츠를 정규 전공으로 고려한 적이 있다. 2013년 KeSPA에 전병헌 회장이 취임하면서 이스포츠 대학입시전형을 신설하겠다고 공언했으며, 2014년에는 중앙대학교 스포츠과학부 입시 요강(2015년도 입학)에 체육 실기자 전형에 이스포츠 특기생을 포함해 신입생을 모집했다(박소정, 2014). 4년제 종합 대학 스포츠 학부에서 이스포츠 특기자를 선발한 것은 이스포츠가 스포츠로 인식되기 시작한 현상을 반영한 것이다. CJ 엔투스 팀의 '샤이' 박상면과 '앰비션' 강찬용이 중앙대학교에 이스포츠 특기자 자격으로 입학했다. 중앙대학교 스포츠과학부 측은 이스포츠가 갖고 있는 디지털 시대의 새로운 스포츠 종목으로서의 가능성과 위상에 큰 기대감을 나타냈으며, 두 선수가 소속되어 있는 CJ 엔투스 역시 이들의 입학을 축하하며 적극적으로 대학 생활을 지원하겠다는 의사를 나타냈다(남윤성, 2014). 하지만 중앙대학교의 이스포츠 특기자 전형은 1년만 시행되고 중단되었다.

한편 이스포츠 기업과 연계된 이스포츠 교육 시스템도 새롭게 도입되고 있다. 젠지 이스포츠와 엘리트 교육 그룹은 2021년 공동으로 이스포츠 분야 선수를 양성하는 아카데미를 출범시켰다(신연재, 2020b). 게임 전문 아카데미인 '젠지 엘리트 이스포츠 아카데미Gen.G Elite Esports Academy: GEEA'는 이스포츠 선수의 트레이닝과 더불어 예체능 선수들에게 특화된 미국 중·고교 과정을 제공한다. 첫 캠퍼스는 2021년 9월 서울에 오픈했고, 향후 미국 전역에 캠퍼스를 두고 운영한다는 계획이다(장병희, 2019).

미국에서는 이스포츠가 빠르게 대학 시스템에 진입하고 있다. 미국 이스포츠 업계가 급격히 붐을 이루며 많은 대학에서 게임 관련 학과를 만들고 있고, 현재 200여 개의 4년제 미국 대학에서 이스포츠 팀을 운영하고 있다. 각 대학마다 우수한 선수를 영입하기 위해 2020년 한 해 1800만 달러(약 230억 원)의 장학금을 제공하는 등 적극적으로 학생을 모집하는 상황이다. 아이비 리그 대학들도 아이비 게임 리그의 설립을 협의 중인 것으로 알려졌다(장병희 2019). 한편, 2016년 전미대학이스포츠협회National Association of Collegiate Esports: NACE가 설립되면서 대학 내 이스포츠 선수와 프로그램을 체계적으로 지원할 수 있는 시스템을 구축했다(NACE, 2022). NACE는 미국에서 1906년부터 대학 스포츠를 관장해 온 비영리 스포츠 조직인 전미대학체육협회National Collegiate Athletics Association: NCAA를 본따 만든 조직으로 2021년 기준 175개 대학이 회원교로 가입해 있다. NACE 회원교는 대학 내에서 공식적으로 이스포츠 팀(선수, 코치, 감독)을 운영하며 이스포츠 선수들에게 장학금을 지원하고 있다. NACE는 다양한 종목의 이스포츠를 대상으로 전국 챔피언십 대회 National Championship Series를 개최하며 대학 이스포츠 선수들이 참여할 수 있도록 한다(NACE, 2022).

NCAA도 이스포츠에 큰 관심을 가져왔지만 아직까지 공식적으로 이스포츠를 끌어안지는 못하고 있다. 2017년 NCAA는 이스포츠에 대한 컨설팅을 한 적이 있는데, NCAA의 아마추어 원칙이 이스포츠와 맞지 않는 것으로 결론을 냈다. NCAA는 철저하게 아마추어리즘을 표방해 어떤 선수도 상금을 받거나 월급을 받고 대회에 출전할 수 없도록 되어 있는데, 이스포츠의 경우는 중고등학교 시절부터 상금이 있는 대회에 출전하는 것이 일반적이라 이에 대한 적절한 해법을 찾지 못했다. 또한 NCAA의 아마추어리즘은 어떤 대학 선수도 프로선수와 함께 경기에 참여할 수 없도록 하고 있는데, 이스포츠의 경우는 아마추어 선수와 프로선수가 함께 출전하는 대회가 많다. 이런 이유로 2018년 NCAA는 대학 스포츠의 영역에 이스포츠를 포함하지 않는 것으로 결정을 내렸다(CollegeAd, 2022; Hayward, 2019).

한국에서는 아직 미국의 NACE와 같은 조직이 없다. 각 대학별 전통 스포츠 팀과 같은 위상으로 이스포츠 팀을 공식 운영하지 않는다는 말이다. 하지만 미국의 NCAA를 본따 만든 한국대학스포츠협의회Korea University Sport Federation: KUSF는 해마다 종목별 대학 스포츠 U-리그와 클럽 챔피언십 대회를 개최해 오고 있는데, 2019년에는 클럽 챔피언십에 '이스포츠 챌린지 대회'를 함께 개최했다(조윤선, 2019). 하지만 KUSF 공식 홈페이지에는 이스포츠와 관련된 섹션을 별도로 운영하고 있지 않다. 이는 KUSF가 대학에서의 이스포츠 성장을 인식하고는 있지만 공식적으로 이스포츠를 KUSF에서 끌어안을지 여부에 대한 정확한 입장을 정하지 못한 것으로 해석할 수 있다.

이스포츠 선수 자원이 가장 많은 한국이지만, 제도권 교육 시스템에서의 이스포츠 지원은 미국 등 해외 선진국에 비해 한 발 뒤처지는 느낌이다.

6. 이스포츠 선수 인권 문제

이스포츠 선수와 일반 게이머는 미성년자 비율이 높다. 이렇다 보니 프로 선수로 구단과 계약할 때 불공정한 계약이 이루어지는 경우가 많다. 과거 이 스포츠 선수들은 구단과 계약 시 임금 수준, 이적 조건, 임대, 주전 보장 여부, 계약 기간 등에 대한 명확한 기준 및 계약의 공정성을 담보할 수 있는 근거 규정이 미비해 불공정 계약을 맺는 사례가 자주 발생했다.

선수와의 불공정 계약 문제는 2019년 'LoL' 프로게임단이 19세 미성년자 선수에게 장기간 중국 이적을 강요했다는 의혹으로 불거진 이른바 '카나비 사건'을 계기로 수면 위로 드러났다. 게임단 대표가 선수의 법정대리인인 부모와 논의하지 않고 이적을 추진했으며 이 과정에서 해당 선수를 협박했다는 것이다. 카나비(서진혁) 선수의 소속 팀 '그리핀'의 김대호 전 감독이 스트리밍 개인 방송을 통해 주장한 바에 따르면 그리핀과 중국 게임단 징동 게이밍JDG 이 당시 JDG에서 임대선수로 활동 중이던 카나비의 완전 이적을 추진하며 4년 이상의 장기 계약을 강요했다는 것이다(문동성·이다니엘, 2019). 김 전 감독은 이런 배경에 그리핀이 받게 될 500만 위안(약 8억 3천만 원)의 이적료가 있었다고 지적했고, 조규남 당시 그리핀 대표가 카나비를 직접 협박했다는 의혹도 제기했다(문동성·이다니엘, 2019). 이에 대해 조규남 전 대표는 김대호 전 감독이 감독 시절 선수들을 상대로 폭언과 협박, 폭행을 일삼았다는 폭로를 하면서 진흙탕 싸움의 양상이 펼쳐졌다. 이러한 의혹에 대해 LCKLeague of Legends Champions Korea는 운영위원회를 열어 미성년자인 카나비를 직접 접촉해 부당한 영향력을 행사했다는 취지로 조규남 전 대표에게 '무기한 출장 정지' 처분을 내렸고, 김대호 전 감독에게도 폭언, 폭행을 이유로 같은 징계 조치를 내렸다(문동성·이다니엘, 2019).

이 사건은 같은 해 국정감사에서 문화체육관광위원회에 질의가 이어지는 등 사회적 반향을 일으켰고, 문화체육관광부에서는 향후 이스포츠 선수의 권익 보호를 위한 정책적 대안 마련을 검토하게 되었다(이다니엘, 2019). 2020년에는 이스포츠 표준계약서 작성, 보급과 관련된 이스포츠(전자 스포츠) 진흥에 관한 법률(이하 '이스포츠진흥법')의 일부 개정 법률안이 국회 본회의를 통과하며 계약에 있어서 선수 권익을 보호할 수 있는 법적 근거가 마련되었다(강태욱·박주성·박선영, 2020).

개정 법률은 제7조의2를 신설해, 문화체육관광부 장관에게 ① 전문 이스포츠 용역에 관한 표준계약서를 마련해 이스포츠 분야 사업자·단체에 보급하고, ② 해당 표준계약서를 제·개정할 때 공정위와 협의해야 하고 이해관계자와 전문가의 의견을 들어야 할 의무를 부과하고, ③ 문화체육관광부 장관이 이스포츠 분야 사업자·단체에 표준계약서 사용을 권장하도록 했다(강태욱·박주성·박선영, 2020). 문화체육관광부는 한국콘텐츠진흥원을 통해 수행한 연구용역 결과를 토대로 이스포츠 표준계약서를 마련해 공정위의 심사를 거쳐 2020년 7월까지 제정·보급했다. 한편 문화체육관광부는 미성년자에 대해 별도의 표준계약서를 마련해 보호를 한층 강화할 예정이다. 이스포츠 표준계약서가 제정됨에 따라 과거 표준계약서의 제정으로 불공정 계약 문제가 크게 개선된 연예계의 사례처럼 이스포츠 선수들의 근로 환경과 복지 수준이 향상되고, 이스포츠 산업의 건전한 성장에 도움이 될 수 있을 것으로 평가받았다(강태욱·박주성·박선영, 2020).

7. 이스포츠 승부조작 및 불공정 경쟁 이슈

이스포츠 승부조작의 역사는 생각보다 길다. 공정한 이스포츠 생태계를 조성하기 위해서는 이스포츠 승부조작에 대한 효과적인 통제가 반드시 필요하다.

한국에서 2010년 발생한 스타크래프트 승부조작 사건은 세계 최초의 이스포츠 승부조작 사건이자, 한국에서는 전통 스포츠의 승부조작보다 먼저 발생해 4대 전통 스포츠의 승부조작 사건이 수면 위로 드러나는 도화선이 되기도 했다. 2010년 스타크래프트 승부조작 사건은 프로게이머 4명을 포함한 총 8명이 실형을 받으며 마무리되었고, 이후 KeSPA가 다양한 재발방지 대책을 마련했다(박지혜, 2020). 그러나 이러한 재발방지 대책에도 불구하고 2015년 정상급이었던 프로게이머뿐만 아니라 현직 감독까지 포함한 총 12명이 승부조작에 가담한 스타크래프트2 승부조작 사건이 재발했고, 2017년에도 국내 최대 게임 축제였던 아프리카TV 주최 '지스타' 게임 행사에서 스타크래프트 승부조작 사건이 발생하기도 했다(박지혜, 2020).

그뿐만 아니라 2017년 온게임넷OnGameNet: OGN이 주관하는 오버워치 에이펙스 챌린저스 예선에서도 승부조작 사건이 터져, 스타크래프트 이외의 종목에서도 승부조작 사건이 발생했다(김용석, 2017). 이처럼 상대적으로 짧은 역사에도 불구하고 승부조작 사건이 빈번히 일어났다는 것은 이스포츠의 주요 이해 당사자들이 승부조작의 유혹에 매우 취약하다는 점을 반영한다.

이스포츠 승부조작은 최근에도 근절되지 않고 있다. 해외 사례로 2021년 4월 CS:GOCounter-Strike:Global Offensive 선수들의 부정행위가 범죄 수준까지 올라 FBI가 공식적으로 이스포츠 승부조작 조사에 착수한 바 있다(안수민, 2021). CS:GO의 승부조작 논란은 2013년부터 꾸준히 발생했으며 이에 따라 이스포츠 대회 주최사인 ESLElectronic Sports League은 2017년 CS:GO 선수들과 개인 면담을 통해 부정행위에 대한 처벌 수위를 정하기도 했다. 한편 세계적인 인기를 끌고 있는 LoL 대회에서도 승부조작 사건이 터졌다(안수민, 2021). 2021년 1월 중국 2부 리그인 LDL에서 승부조작 사건이 발생했으며 완첸 이스포츠 클럽 소속 미드 라이너와 정글러는 각각 38개월, 14개월 선수자격 정지 처분을 받았다(안수민 2021). 같은 해 3월에는 중국 1부 리그인 LPL League of Legends Pro League에서 뛰고 있는 FPX의 정글러 'Bo' 저우양보 선수도 LDL 시절 승부조작에 관여한 적이 있다고 자수했다(안수민 2021).

이스포츠에서 승부조작 방법은 다양하다. 대표적으로 ① 승부조작 브로커에게 매수당한 선수가 고의적으로 경기에서 지는 행위, ② 타인의 계정으로 대리 게임을 하는 행위, ③ 치팅 코드로 불리는 게임핵 기반 불법 소프트웨어를 이용한 불공정한 경기력 향상, ④ 도핑, 즉 경기력 향상 약물Performance-enhancing Drug: PED 복용 등의 방법이 있다. 이와 같이 이스포츠의 공정성을 해치는 승부조작 행위는 사건이 발생한 이후에는 경찰과 검찰 등 형사 사법 기관에 접수된 사건을 조사해 법적 판결을 내리면 되겠지만, 승부조작 행위 자체가 발생하지 않도록 사전에 효과적인 관리 감독 시스템을 갖추는 것이 중요하다. 이스포츠 승부조작을 상시 모니터링할 수 있는 주체는 게임사와 대회 주관업체, KeSPA 등이 있다.

우선 게임사는 자사의 게임을 하는 게이머에 대한 정보는 물론이고 해당 종목을 기반으로 하는 모든 리그와 토너먼트의 미디어 시청자 정보에 접근할 수 있다. 게임사는 이러한 게이머와 팬들에 대한 풍부한 정보를 바탕으로 적극적인 승부조작 예방 활동을 할 수 있다.

추가로, 게임사에서는 고의적인 패배에 의한 승부조작에 대응하기 위해 적극적인 모니터링과 신고 시스템을 구축해 운영할 수 있다. 매수당한 선수들의 의도적인 패배는 자원봉사자 또는 모니터링 요원(전략적으로 선발한 팬들)을 구성하여 암행 경찰처럼 경기 하나하나를 감사하고 의심 사례를 신고할 경우 보상해 줌으로써 적극적인 모니터링을 유도할 수 있다. 액티비전 블리자드에서는 2017년부터 게임 디자이너와 분석가 등으로 구성된 일명 '스트라이크 팀'을 구성해 핵킹과 치팅에 적극적으로 대응해 오고 있다(Grayson, 2017).

또한 고의적인 패배에 타인 계정이 도용될 수 있으므로 게임사는 타인 계정의 도용 여부를 수시로 점검하고, 의심 계정은 비활성화하는 등 적극적으로 대응할 수 있다. 중국에서 최근 발생한 신종 수법은 한국 'LoL' 선수들의 솔로랭크 경기(선수가 팬들을 위해 게임을 하는 것으로 공식 경기는 아님)를 대상으로 한 불법 스포츠 베팅이다(백민재, 2020). 문제는 단순히 돈을 거는 불법 베팅에 그치지 않는다는 점이다. 이들은 베팅에서 이기기 위해 해당 프로게이머가 경기하는 순간을 노려 같은 팀의 일원으로 게임에 진입한 뒤 고의로 트롤링(게임 승리를 의도적으로 방해하는 도발 행위)을 해서 경기에 패배하게끔 하는 방법으로 경기 결과에 직접적인 영향을 끼쳤다(백민재, 2020). 이 경우 해당 선수가 패배하는 쪽에 베팅한 이들이 더 많은 배당금을 가져간다. 최근 '페이커' 이상혁의 개인 스트리밍 방송에서 이러한 트롤링이 의심되는 사례가 나와 논란이 더욱 커졌다. '페이커', '테디' 등 한국 유명 프로게이머의 솔로랭크 방송은 중국 불법 도박판의 주요 표적으로 꼽힌다. 중국 플레이어들은 가상사설망VPN을 통해 한국 서버에 접근한 뒤, 비인가 프로그램을 사용해 느려진 핑을 보완한다. 한국계정 생성은 주로 해킹이나 계정 거래를 통해 이루어진다. 최상위권 티어의 경우 플레이어 수가 많지 않기 때문에, 랜덤 매칭이라도 중국 유저들이 한국 프로게이머와 매칭될 가능성이 높기 때문에 가능한 일이다(백민재, 2020). 이런 신종 수법에 의한 고의적 패배 등 승부조작 행위에 대응하고자 라이엇 코리아는 도용 해외계정의 검수 및 비활성화, 비인가 프로그램의 실시간 감지 및 차단 솔루션 가동, LCK 선수들이 고의 패배행위를 신고할 수 있는 핫라인 개설 등으로 대응하고 있다(라이엇 게임즈, 2021).

불법 게임핵 프로그램에 의한 승부조작의 경우는 대부분의 게임사에서 실시간 감지 및 차단 솔루션을 개발해 가동할 수 있다. 게임핵으로는 주로 1인칭 슈팅게임First-Person Shooting: FPS 장르에서 자동으로 조준이 되는 '오토에임', 적의 위치를 표시해 주거나 지도에서 보이지 않는 지역 또는 특정 아이템의 시야를 확보해 주는 '월핵' 등의 프로그램이 있다(한국저작권보호원, 2019). LoL 또한 일명 '헬퍼'라는 자동 무빙, 오토 스킬샷 등을 장착한 게임핵 프로그램이 불법 유통된 사례가 있듯이 장르를 가리지 않고 불법 게임핵에 대한 위험은 늘 존재한다(한국저작권보호원, 2019). 현재 게임핵 프로그램 개발과 유통은 불법이지만 이를 사용하는 사람은 처벌받지 않는다.

마지막으로는 '도핑'을 통한 불공정 경쟁 행위가 있다. '도핑'의 사전적 의

미는 '운동경기에서 좋은 성적을 얻기 위해 체력이나 근육 증강제를 섭취하는 행위'로 전통 스포츠에서 사용하는 용어이다. 이스포츠도 전통 스포츠와 마찬가지로 경기력 향상을 위해 PED를 복용하는 사례가 보고되고 있다. 이는 공정한 경쟁을 저해하고 경기 결과에 인위적인 영향을 미치려는 행위일 뿐 아니라 선수 건강에도 악영향을 미칠 수 있어 반드시 근절되어야 한다.

2015년에 CS:GO 프로게이머인 코리 프리슨Kory 'Semphis' Friesen이 "대회에 나올 때 팀 동료들과 '애더럴'을 복용한다"고 말해 이스포츠에서의 도핑 문제가 처음으로 드러났다(Hamstead, 2020). 애더럴Adderall은 '주의력결핍과 잉행동장애', 일명 ADHD 진단을 받은 사람이 복용하는 약물로 집중력과 반응 속도를 향상키는 각성 효과가 뛰어나 야구를 포함한 여러 전통 스포츠에서 금지 약물로 분류되고 있지만 이스포츠에서는 아직 약물 복용에 대한 규정이 없기에 이를 악용한 것이다. 이 사건을 계기로 당시 이벤트 주최사였던 ESL은 이스포츠청렴위원회eSports Integrity Commission: ESIC와 협력하여 반도핑 정책을 수립하고, 자사에서 주관하는 모든 대회에 출전하는 선수들에 대해 무작위 도핑 검사를 시행하기 시작했다(Hamstead, 2020).

2017년에는 오버워치 리그Overwatch League: OWL에서 활동하는 '타이무Taimou' 티모 케투넨 선수가 개인 방송 중 OWL 선수들 가운데 20명 이상이 '애더럴'을 섭취하고 있다는 이야기를 하면서 이스포츠 도핑 문제가 다시 관심을 받았다(Hamstead, 2020).

게임사가 주관하는 대회들과 달리 국제대회에서는 도핑 테스트를 진행해 왔다. 이스포츠에서 최초로 시도된 도핑 테스트는 국제이스포츠연맹International eSports Federation: IeSF이 주관 단체로 참가한 2013년 실내무도아시안게임이다. 이 경기는 IeSF가 세계반도핑기구World Anti-Doping Agency: WADA에 가입한 이후 치른 첫 번째 이스포츠 대회이다. 이후 IeSF에서 주관하는 대회는 반도핑 테스트를 진행하고 있다. 이스포츠가 최초로 시범종목에 포함되었던 2018년 자카르타·팔렘방아시안게임에서도 도핑 테스트가 있었다.

이스포츠가 공식 스포츠 대회에 채택된 만큼 시범종목이라도 대회 기준에 맞추어 도핑 검사를 실시한 것이다. 모든 출전 선수들은 대한체육회에서 월마다 진행되는 도핑 예방교육을 받고 이와 관련된 시험을 치러야 했으며 현장에서도 경기 전후로 검사를 받아야 했다(강한결, 2018).

하지만 게임사에서 직접 주관하는 유명 대회에서는 도핑 테스트를 구경하기 힘들다. 세계 최고의 이스포츠 대회로 불리는 'LoL 월드 챔피언십'은 물론, 세계 최초의 연고지 기반 이스포츠 프로리그로 알려진 'OWL', 엄청난 상금 규모를 자랑하는 '도타2 인비테이셔널'조차도 도핑 테스트와는 무관하다(이재오, 2018). 각종 프로 스포츠가 철저하게 도핑 테스트를 실시하며 복용 선수들을 처벌하고 금지 약물을 관리하고 있다는 점을 생각하면 아쉬운 부분이다.

참고문헌

강태욱·박주성·박선영. 2020. "이스포츠 표준계약서 작성, 보급과 관련된 이스포츠 진흥에 관한 법률". 법률신문. https://www.lawtimes.co.kr/Legal-News/Legal-News-View?serial=162015

강한결. 2018. "2018 아시안게임 이스포츠 롤 '페이커' 이상혁·스타크래프트2 '마루' 조성호도 도핑 테스트를?" 스포츠큐. http://www.sportsq.co.kr/news/articleView.html?idxno=300136

게임뷰. 2021. "호주에서 이스포츠 승부조작 사건발생, '오버워치 컨텐더스'도 수사 물망에 올라". 게임뷰 IT게임 전문 웹진. https://post.naver.com/viewer/postView.nhn?volumeNo=25687850&memberNo=34059480&vType=VERTICAL

김세훈. 2021. "도쿄올림픽, 올림픽 사상 최초 이스포츠 버추얼 레이스 개최 … 한국에서도 이스포츠와 기존 스포츠 사이 상생법 찾아야". 스포츠경향. http://sports.khan.co.kr/sports/sk_index.html?art_id=202105010951003

김용석. 2017. "'오버워치'까지 승부조작 근절책은?" 더게임스데일리. http://www.tgdaily.co.kr/news/articleView.html?idxno=196742

나성원. 2021. "'이제 어른 되었는데…' 게임 강제 셧다운제 10년만에 폐지". 국민일보. http://news.kmib.co.kr/article/view.asp?arcid=0016459631&code=61121111&cp=nv

남윤성. 2014. "CJ 박상면·강찬용, 중앙대 이스포츠 특기자 전형 합격". 데일리이스포츠. http://game.dailyesports.com/view.php?ud=2014112817503100484

라이엇 게임즈. 2021. "불법 베팅 사이트와 연계된 랭크 게임 내 고의 패배에 대한 조치". 라이엇 게임즈. https://na.leagueoflegends.com/ko-kr/news/notices/20201214-kr-pb-announce

문동성·이다니엘. 2019. "'카나비 사태', 미성년자의 불공정 계약에 분노한 팬심". 국민일보. http://news.kmib.co.kr/article/view.asp?arcid=0924109574

민기홍. 2020. "스포츠 승부예측게임에 롤(LoL)이 웬말, 게임물관리위원회의 직무 유기?" 스포츠큐. http://www.sportsq.co.kr/news/articleView.html?idxno=420682

박범. 2020. "스포츠 베팅 게임 '합법화' 시대, 이스포츠 시장은?" 인벤. http://www.inven.co.kr/webzine/news/?news=240520

박소정. 2014. "중앙대학교 이스포츠 특기자 전형 신설". 한국이스포츠협회 공식블로그. https://blog.naver.com/kespa2011/220150187140

박지혜. 2020. "승부조작으로 얼룩진 스타크래프트, 역사의 뒤안길로". 프라임경제. http://www.newsprime.co.kr/news/article/?no=504605

배요한. 2020. "30조 규모 스포츠베팅 게임 시장 양성화, 중대형 게임사 '눈독'". 서울경제TV. https://www.sentv.co.kr/news/view/577559

백민재. 2020. "中, '페이커' 게임방송 놓고 불법 도박 … 라이엇 '용납 못해'". 한경닷컴게임톡. http://m.gametoc.hankyung.com/news/articleView.html?idxno=56923

서영민. 2016. "셧다운제를 부모선택제로 … 게임문화 활성화 종합대책 발표". KBS. https://news.kbs.co.kr/news/view.do?ncd=3313842

신소영. 2014. "헌재, '심야게임 셧다운제, 합헌'". 법률신문. https://www.lawtimes.co.kr/Legal-News/Legal-News-View?Serial=84149

신연재. 2020a. "드래곤X, 은평메디텍고와 이스포츠 교육 MOU 체결". 인벤. http://www.inven.co.kr/webzine/news/?news=235136

_____. 2020b. "젠지 엘리트 이스포츠 아카데미, '이스포츠 리더를 양성하고 싶다'". 인벤. https://www.inven.co.kr/webzine/news/?news=233553

신화섭. 2021. "불법스포츠도박 시장 '20조' … 합법토토 규제 완화·환경 개선 시급". 스타뉴스. https://star.mt.co.kr/stview.php?no=2021111511230521587

안수민. 2021. "승부조작에 대한 낮아진 처벌과 경각심". 데일리이스포츠. http://www.dailyesports.com/view.php?ud=2021043019121199810a3fb804ad_27

유혜연. 2021. "이스포츠에 토토 도입되나 … 논의 공식화". 스포츠미디어 시리. https://post.naver.com/viewer/postView.nhn?volumeNo=30660832&memberNo=38371709&vType=VERTICAL

이다니엘. 2019. "'카나비 사태 조사하라' 국회, 문체부에 조사 요구". 국민일보. http://news.kmib.co.kr/article/view.asp?arcid=0013871214

이재오. 2018. "이스포츠도 '도핑 테스트' 시스템 갖춰야 할 때". 게임메카. https://www.gamemeca.com/view.php?gid=1508924

이현수. 2020. "게임위, 온라인게임물 이용 불법행위 실태 파악에 나선다". 전자신문. https://www.etnews.com/20200904000083

_____. 2021. "'규제 위한 규제' 셧다운제 … 실효성 없는 제도 존속 의문". 전자신문. https://www.etnews.com/20210322000139

장병희. 2019. "게임도 골프같이 대학진학 가능해져". 미주중앙일보. http://www.koreadaily.com/news/read.asp?art_id=7362171

조윤선. 2019. "KUSF 클럽챔피언십 2019, 이스포츠 챌린지 안에서는 무슨 일들이 있었을까?" KUSF대학스포츠 공식 블로그. https://m.post.naver.com/viewer/postView.nhn?volumeNo=25802965&memberNo=1352526

조효성. 2020. "스포츠 토토·경륜·경정 '스톱' … 코로나 피해 벌써 1천억". 매일경제. https://www.mk.co.kr/news/sports/view/2020/04/380032

최유경. 2021. "'게임 셧다운제' 10년 만의 폐지 … 내년 1월 1일 적용". KBS. https://n.news.

naver.com/article/056/0011155149

최지연. 2021. "게임 셧다운제 10년 만에 폐지 … 시간 선택제로 일원화". 디지털투데이.
    http://www.digitaltoday.co.kr/news/articleView.html?idxno=414658

한국게임과학고등학교. 2021a. https://school.jbedu.kr/game/MABAEAG/

_____. 2021b. https://school.jbedu.kr/game/MABAEAF/view/2699436

한국저작권보호원. 2019. "'게임핵' 불법 프로그램, 대책이 필요하다". 한국저작권보호원 공식
    블로그. https://blog.naver.com/kcopastory/221716887280

CollegeAd. 2018. "Will The NCAA Ever Fully Embrace eSports?" CollegeAd.com. https://
    collegead.com/will-the-ncaa-embrace-esports

EC. 2021. "Joint Statement by Commissioner Reynders and Yoon Jong In, Chairperson of
    the Personal Information Protection Commission of the Republic of Korea." European
    Commission. https://ec.europa.eu/commission/presscorner/detail/en/statement_21_1506

Grayson, Nathan. 2017. Blizzard Built A 'Strike Team' To Put An End To Overwatch Jerks.
    Kotaku.com. https://kotaku.com/blizzard-built-a-strike-team-to-put-an-end-to-overwatch
    -1820196193

Grubb, Jeff. 2018. "Supreme Court Decision Means Esports Betting Can Step Out of the
    Shadows." VentureBeat.com. https://venturebeat.com/2018/05/14/supreme-court-decis
    ion-means-esports-betting-can-step-out-of-the-shadows

Hamstead, Coleman. 2020. "'Nobody talks about it because everyone is on it': Adderall pre-
    sents esports with an enigma." The Washington Post. https://www.washingtonpost.com/
    video-games/esports/2020/02/13/esports-adderall-drugs/

Hayward, Andrew. 2019. "NCAA Votes to Not Govern Collegiate Esports." The Esports Obser-
    ver. https://archive.esportsobserver.com/ncaa-nogo-collegiate-esports

Liptak, Adam and Kevin Draper. 2018. "Supreme Court Ruling Favors Sports Betting."
    NYTimes.com. https://www.nytimes.com/2018/05/14/us/politics/supreme-court-sports-
    betting-new-jersey.html

Luk, Raymond K., Jr. 2018. "Meeting the GDPR's Requirements While Processing Esports
    Data." The Esports Observer. https://esportsobserver.com/meeting-gdpr-requirements-
    esports-data

NACE. 2022. https://nacesports.org/

Parsons, Mark, Sherry Gong, and Jessie Xie. 2019. "China's first Data Protection Measures
    lifting its veils." Hogan Lovells. https://www.engage.hoganlovells.com/knowledgeservices/
    news/chinas-first-data-protection-measures-lifting-its-veils_1

Sihvonen, Tanja and Veli-Matti Karhulahti. 2020. "Power Play: Regulatory Frameworks of Esports in Asia nad Europe." Proceedings of Digital Games Research Association(DiGRA), pp.1~3.

Stockburger, Peter. 2020. "eSports and US Data Privacy: A Game Worth Winning." JDSUPRA. com. https://www.jdsupra.com/legalnews/esports-and-us-data-privacy-a-game-61472

Wimer, Kevin. 2019. "Betting is Esports' Biggest and Most Underappreciated Opportunity." VentureBeat.com. https://venturebeat.com/2019/06/03/betting-is-esports-biggest-and-most-underappreciated-opportunity

13장 이스포츠와 올림픽

이스포츠가 올림픽 종목에 진입할 수 있을지에 대한 관심이 높다. 올림픽 공식종목으로 이스포츠가 채택된다면 지난 20여 년간 학계와 현장에서 이루어진 '과연 이스포츠를 스포츠로 볼 수 있는가?'에 대한 답이 스포츠 현장에서 나오는 것이다. 적어도 IOC가 기존 '스포츠'의 개념에 이스포츠를 포괄하는 방향으로 접근하고 있다는 의미이기 때문이다. 아직까지 IOC는 올림픽 정식종목으로 이스포츠를 받아들이지 않았다. 이 장에서는 이스포츠에 대한 IOC의 태도가 어떻게 변화해 왔는지, 그리고 앞으로 이스포츠의 입지와 위상이 어떻게 변화할 것인지를 다룬다.

1. IOC의 이스포츠 관련 논의와 결정

IOC가 이스포츠에 대한 논의를 본격적으로 시작하고 공식화한 시점은 2017년이다. 당시 스위스 로잔에서 개최되었던 제6차 IOC 정상회담6th Summit of the International Olympic Committee에서 올림픽 무브먼트의 미래에 대한 논의 의제에 이스포츠가 처음으로 등장한 것이다. IOC 정상회담 논의를 통해 IOC는 다음 몇 가지 결과를 도출했다(Todt et al., 2020). 우선, 최근 젊은 층을 중심으로 빠르게 성장하는 이스포츠가 올림픽 무브먼트에 대한 젊은 층의 참여를 촉진할 플랫폼으로의 가능성을 인정했다. 또한 이스포츠가 신체 활동을 수반하고 있으며 이스포츠 선수들의 훈련 강도가 전통 스포츠 선수들과 비교해 부족하지 않음을 인정했다. 그러나 이스포츠가 IOC로부터 스포츠로 인정받기 위해서는 게임 내 폭력성이 없어야 하며 올림픽 무브먼트의 원칙과 규제를 따르는 이스포츠 국제연맹이 반드시 설립되어야 한다는 결론을 도출했다(Todt et al., 2020).

이후로도 올림픽과 이스포츠의 접점을 찾기 위한 노력은 계속 진행되어 왔다. 2018년 2월에는 평창동계올림픽 사전 행사로 IOC가 인텔, 이스포츠 주최사 ESLElectronic Sports Leauge과 파트너십을 맺고 IEMIntel Extreme Masters 스타크래프트2 대회를 개최하며 이스포츠에 대한 관심을 이어 갔다. 또한 2018년에는 IOC가 참여하는 최초의 이스포츠 관련 조직이 창설되기도 했다. IOC는 2018년 7월 스위스 로잔의 올림픽 박물관에서 '이스포츠 포럼 Esports Forum'을 개최했는데, 당시 IOC와 국제스포츠경기단체총연합회Global Association of International Sports Federations: GAISF는 ELGEsports Liaison Group를 출범시키면서 경쟁적 게임을 올림픽에 포함할지 논의를 시작했다(Carp, 2018). 이 포럼에는 국가올림픽위원회National Olympic Committee: NOC와 종목별 국제연맹International Federations: IF, 선수, 미디어 관계자 등 전통 스포츠 섹터뿐만 아니라 라이엇 게임즈, 에픽 게임즈, 액티비전 블리자드와 같은 게임사, ESL과 같은 이벤트 주최사 등 이스포츠 이해 당사자들도 함께 참여했다 (Holmes, 2018). 주요 논의 주제는 전통 스포츠의 국제연맹에 해당하는 글로벌 이스포츠 연맹이 존재하지 않는 상황에서 이스포츠를 과연 올림픽 무브먼트의 하나로 포함할 수 있는가였다. 이스포츠 포럼에 참석한 GAISF의 패트릭 바우만Patrick Baumann 회장은 향후 올림픽과 이스포츠 커뮤니티 사이에 협력을 위한 긍정적인 출발을 하게 되었다고 언급했다(Carp, 2018). 그러면서도 IOC와 이스포츠가 협력하기 위해서는 모든 이스포츠 종목이 올림픽 가치, 룰, 규제를 따라야 하며, 따라서 폭력적이고 차별적인 요소가 있는 이스포츠 종목은 올림픽에 포함될 가능성이 없다는 점을 명확히 했다. 같은 맥락에서 IOC의 스포츠 디렉터 킷 매코널Kit McConnell은 이스포츠가 올림픽 가치와 충돌하지 않는다면 올림픽 무브먼트에 이스포츠를 참여시키는 방안에 대한 생산적 논의를 지속할 의지가 있다고 밝혔다(Carp, 2018).

ELG 설립은 전통 스포츠 조직들이 본격적으로 이스포츠에 대해 논의하는 계기가 되었다. 2018년 10월 부에노스아이레스에서 개최된 올림픽 액션 포럼Olympism in Action Forum에서는 ELG 참여 위원들이 초청받아 이스포츠에 대한 논의를 이어 갔으며, 같은 해 11월에는 스위스 로잔에서 개최된 GAISF 포럼에서도 종목별 국제연맹International Federations: IF과 함께 이스포츠에 대한 논의를 진행했다. 또한 206개 NOC가 참여한 도쿄 총회General Assembly에서도 이스포츠 관련 논의가 진행되었다.

IOC와 달리 아시안게임을 주관하는 아시아올림픽평의회Olympic Council of Asia: OCA는 보다 가벼운 의사결정이 가능한 조직으로 이스포츠를 끌어안는 모양새이다. 2018년 8월 개최된 자카르타·팔렘방아시안게임에 이스포츠가 시범종목(LoL, 클래시 로얄, PES 2018, 하스스톤, 스타크래프트2, 펜타스톰 총 6종목)으로 채택되었으며, OCA 제39차 전체 대표대회(2020년 12월 개최)에서 이스포츠와 브레이크 댄스가 2022년 항저우아시안게임에 정식종목으로 등재되었다(김희준, 2022).

하지만 자카르타·팔렘방아시안게임 현장에서 토마스 바흐Thomas Bach IOC 위원장은 언론 인터뷰를 통해 올림픽 종목으로서 이스포츠 도입에 여전히 유보적인 입장을 표명했다. 바흐 위원장은 AP통신과의 인터뷰에서 "우리는 올림픽 프로그램에 폭력과 차별을 조장하는 게임을 포함할 수 없다"면서 "이른바 킬러 게임은 IOC의 관점에서 올림픽 가치와 함께하지 않고 따라서 받아들일수 없다"고 했다. 바흐 위원장은 이어 "물론 전통 스포츠에서도 사람들 사이의 전투를 기반으로 하는 종목이 있지만, 이는 모두 문명화된 스포츠로 전자게임에서 벌어지는 살인과는 차원이 다르다"고 언급하며, 이스포츠에 관심은 있으나 폭력과 살인이 포함된 전자게임은 올림픽 가치와 상충된다는 입장을 명확히 했다(Wade, 2018).

그러나 올림픽 브랜드의 노후화와 부정적 여론, 그리고 무엇보다 젊은 층의 관심이 올림픽에서 점차 멀어지는 현상이 감지되면서 IOC가 이스포츠에 관심을 갖지 않을 수 없게 되었다. 이는 최근 발표된 올림픽 어젠다 2020+5에서 찾아볼 수 있다. 올림픽 어젠다 2020+5는 2014년 12월 발표된 올림픽 어젠다 2020의 후속 전략으로 2021년부터 2025년까지 5년간의 IOC '로드맵'으로 볼 수 있다. 2021년 2월 IOC 운영이사가 발표한 올림픽 어젠다 2020+5에는 총 15개의 권고recommendation가 제시되었는데, 이 중 "가상 스포츠 발전을 촉진하고 비디오 게임 커뮤니티와 연계 강화Encourage the development of virtual sports and further engage with video gaming communities"라는 이스포츠 관련 권고가 포함되기도 했다. 이는 IOC의 이스포츠에 대한 높아진 관심을 반영한다(IOC, 2021). 종합적으로 현재 IOC의 입장은 이스포츠를 스포츠의 일환으로 포함시키되 폭력성과 살인 등 올림픽 가치와 상충하는 게임은 수용하지 않겠다는 방향으로 읽을 수 있다.

이러한 방향성은 1년 연기되어 2021년 7월에 개막한 2020년 도쿄올림픽의 사전 경기로 처음 도입된 올림픽 버추얼 시리즈Olympic Virtual Series: OVS를 보면 알 수 있다. OVS에는 스포츠 시뮬레이션 게임으로 구현된 야구, 조정, 사이클, 세일링, 카레이싱 종목이 포함되었는데, 결과적으로 전통 스포츠가 전자화된 이스포츠 종목만을 선정한 것으로 볼 수 있다. 이는 폭력성을 배제하고 전통 스포츠와 직접적인 접점이 있는 종목만 선택한 것이다.

바흐 위원장은 ≪워싱턴포스트Washington Post≫와의 인터뷰를 통해 "OVS는 새로운 관중의 참여를 유도하는 독창적인 디지털 올림픽을 경험할 수 있는 가상 스포츠"라고 언급하며 새로운 관중 확보를 위한 디지털 인게이지먼트의 중요성을 강조했다. 이어 "특히 젊은 층에 초점을 맞추고 있으며 스포츠 참여와 올림픽 가치 확산에 기여한다"고 언급해 이스포츠를 통해 '젊은 층'의 유입을 목표로 하고 있으며, 이스포츠가 전통 스포츠 참여 증진에 역할을 할 수 있다는 기대감을 밝혔다(Bieler, 2021).

OVS 경기 운영에서는 특정 이스포츠 거버닝 바디와 협력하는 대신 IOC가 주요 게임사와 직접 협력하는 방식을 택했다. 이는 통상적으로 IOC가 IF와의 협력을 통해 올림픽을 치르는 기존 방식과는 다르다. 예컨대 올림픽의 축구 종목은 FIFA 주관으로 대회를 치른다.

당초 IOC는 이스포츠의 폭력성 이슈 외에도 이스포츠가 전통 스포츠와 같은 글로벌 거버닝 바디가 없다는 것을 올림픽 종목으로 편입하기 어려운 이유로서 지적했다. 특히 2020년 10월 ELG 위원장이자 국제사이클연맹 회장인 다비드 라파르티앙은 동계올림픽종목위원회Association of International Olympic Winter Sports Federations: AIOWF, 하계올림픽종목위원회Association of Summer Olympic International Federations: ASOIF, GAISF의 회원종목 연맹에 편지를 보내 IOC는 특정 이스포츠 거버닝 바디와 배타적 관계로 협력하지 않을 것이며does not plan to work exclusively with one organisation, 어떠한 이스포츠 거버닝 바디도 글로벌 이스포츠 연맹으로 인정하지 않겠다do not plan to recognise any organisation as the world governing body for esports고 밝혔다(MacKay, 2020).

실제로 IOC는 2021년 도쿄올림픽 사전 경기로 OVS를 개최할 때 기존 올림픽 개최 방식과 마찬가지로 전통 스포츠 IF와의 협력을 중심으로 하면서, 필요할 때는 게임사와 직접 협력하는 방식을 채택했다. 즉, 별도의 이스포츠 거버닝 바디와는 협력하지 않았다(Bieler, 2021). 예를 들면 OVS 야구 경기를 위해서 국제야구소프트볼연맹World Baseball Softball Confederation: WBSC과 게임사 코나미 디지털 엔터테인먼트Konami Digital Entertainment가 협력해 버추얼 야구 경기eBaseball Powerful Pro Baseball 2020를 제공했다(Bieler, 2021). 마찬가지로 OVS 사이클 경기를 위해서는 국제사이클연맹과 디지털 사이클 링 소프트웨어 즈위프트Zwift가 협력해 버추얼 사이클 대회를 개최했다 (Bieler, 2021).

결과적으로 OVS는 기존 전통 스포츠 연맹의 통제와 주도 아래 버추얼 시 뮬레이션 형태의 새로운 스포츠 개발을 지원한 것이다(Bieler, 2021). 이는 2021년 개최된 OVS와 함께 향후 IOC에서 이스포츠를 어떻게 담아낼 것인지 를 보여 주는 것이다. 즉, IOC는 전통 스포츠 거버닝 바디의 헤게모니를 놓 지 않은 상태에서 이스포츠를 품는 방식을 택한 것으로 볼 수 있다. OVS에 대한 전통 스포츠 연맹의 관심은 상당히 높다. 특히 FIFA를 포함한 농구, 테 니스, 태권도 종목이 OVS 참여를 희망하는 것으로 나타났다. OVS 제작과 마 케팅은 NHLNational Hockey League과 골프의 유러피언 투어European Tour의 스포츠 시뮬레이션 게임에 정통한 덴마크의 드림핵 스포츠 게임즈DreamHack Sports Games가 맡았다(Bieler, 2021).

2. 이스포츠에 관심을 가질 수밖에 없는 IOC

올림픽 종목으로서 이스포츠를 바라보는 시선은 찬성과 반대 입장으로 극 명하게 구분된다(Gdonteli, 2020).

올림픽 종목에 이스포츠를 받아들여야 한다는 입장은 이스포츠가 체력, 정신 기술, 전략, 눈손 협응 등과 같은 요소를 모두 포함하고 있는 이상 스포 츠로 보는 것이 타당하기 때문에 올림픽 종목에 포함하지 않을 이유가 없다 는 것이다. 특히 젊은 층을 중심으로 이스포츠의 인기가 여러 전통 스포츠보 다 높다는 점, 그리고 올림픽이 더 젊은 이미지로 리뉴얼되기 위해 이스포츠 와 같은 새로운 종목을 받아들여야 한다는 점을 내세우며 올림픽 종목에 이스포츠를 포함시키는 것을 찬성한다.

이에 반해 올림픽에 이스포츠 도입을 반대하는 측에서는 육상, 수영과 같이 땀을 흘리는 신체 운동을 수반하지 않고, 컴퓨터와 기술에 의존적인 경기이므로 진정한 스포츠로 보기 어렵다고 주장한다. 또한 바둑과 체스 같은 마인드 스포츠mind sport 역시 올림픽 종목으로 도입되지 않았으므로 이스포츠를 올림픽 정식종목으로 받아들이는 것은 형평에 맞지 않다는 것이다.

이처럼 반대 입장이 명확함에도 불구하고 IOC에서 이스포츠에 대한 관심을 가지지 않을 수 없는 이유는 올림픽의 위기를 돌파해 나갈 수 있는 솔루션을 이스포츠가 가지고 있기 때문이다.

1896년 제1회 올림픽이 그리스 아테네에서 개최된 지 120년이 넘었다. 올림픽의 이미지와 대중적 소구력은 시대에 따라 변하는데 2010년 이후 환경파괴, 바이러스 감염, 과도한 비용 등으로 올림픽에 대한 여러 가지 부정적인 시선이 강화되고 있으며, 그중에서도 특히 '올림픽의 노쇠화'는 가장 큰 문제로 인식되고 있다.

올림픽 이미지가 노쇠화했다는 근거는 최근 올림픽 미디어 시청자 분석을 살펴보면 쉽게 확인할 수 있다. 근래 개최된 세 번의 하계올림픽(2008년 베이징, 2012년 런던, 2016년 리우)에서 미국 시청자 연령 중위값은 47세, 48세, 53세로 지속적으로 노령화되었다(Pack and Hedlund, 2020). 2012년 런던올림픽 대비 2016년 리우올림픽의 18~34세 시청률은 무려 30% 떨어진 것으로 보고되어, 젊은 층의 올림픽 이탈 현상이 크다는 것을 보여 주었다(Chang, 2016). 미국 NBC의 개막식 시청자 수를 기준으로 보았을 때도 2016년 리우올림픽 시청자는 2650만 명으로 2000년대 들어 최저 수준이었으며, 2012년 런던올림픽 개막식에 비해 32%가 줄어들었다(김미정, 2016). 올림픽 개최지인 리우와 미국의 시차가 불과 한 시간(미국 동부 기준)인 것을 감안하면 굉장히 큰 낙폭이다(김미정, 2016). 인터넷을 통해 원하는 스포츠 영상을 하이라이트로 보는 시청 습관 등 전 세계적으로 확산되는 새로운 미디어 시청 행동을 감안하더라도 젊은 층의 올림픽 이탈 현상은 무시할 수 있는 수준을 넘어선다. 올림픽 시청 이탈은 미국만이 아닌 글로벌 현상이다. 한국에서도 2000년 시드니올림픽의 평균 시청률은 34.2%였으며, 2004년 아테네올림픽은 31.5%, 2008년 베이징올림픽은 32.0%, 2012년 런던올림픽은 23.1%로 전반적인 하락세를 보여 왔으며, 2016년 리우올림픽은 정반대 시차 등의 악재로 시청률이 한 자릿수에 그쳤다(김미정, 2016).

종합적으로 볼 때 올림픽으로부터 전 세계 대중의 이목이 이탈하고 있으며, 특히 젊은 층의 이탈이 극명하게 나타나 올림픽의 미래에 대한 전망을 어둡게 하고 있다. 이에 대한 가장 확실한 해결책은 젊은 층을 유입하는 것이다. 그러려면 기존 스포츠 종목 내에서 젊은 층의 관심을 끄는 방식도 있지만, 그보다는 이미 젊은이들에게 소구력이 높은 콘텐츠를 전략적으로 올림픽 종목에 도입함으로써 자연스럽게 젊은 층의 유입을 꾀하는 방식이 효과적일 것이다. 이와 관련해 IOC 토마스 바흐 위원장도 "젊은이들이 올림픽에 저절로 관심을 가질 것이라 생각하면 안 된다"며 "우리가 스포츠를 가지고 젊은이들에게 다가가야 한다"라고 젊은 층 유입의 중요성을 강조했다(International Olympic Committee, 2016: para.5; Pack and Hedlund, 2020).

IOC는 이처럼 젊은 층 유입이라는 전략적 목적을 가지고 이스포츠에 접근하고 있는 것이다. 2019년 뉴주 보고서에 의하면 이스포츠 팬들의 21%가 18~24세 연령대이고, 글로벌 이스포츠 팬덤의 규모가 4억 명을 넘어섰다. IOC는 그들이 필요로 하는 젊은 층과의 접점을 이스포츠를 통해 구현할 수 있을 것으로 기대하는 것이다.

신규종목 도입을 통한 젊은 층 공략은 이스포츠가 처음이 아니다. IOC가 1998년 나가노 동계올림픽에서 스노보드를 정식종목으로 도입한 것도 같은 이유에서였다. 올림픽에 스노보드 종목을 포함시킨다는 것은 당시에는 상당히 논쟁적인 이슈였고, 몇몇 선수들은 올림픽 참가 보이콧을 선언하기도 했다(Thorpe and Wheaton, 2011).

비슷한 맥락으로 2020년 도쿄올림픽에는 서핑, 스케이트보드, 스포츠 클라이밍, 3 대 3 농구가 정식종목으로 채택되었다. 2024년 파리올림픽에는 글로벌 대중성이 떨어지는 야구는 정식종목에서 제외된 반면, 일대일로 춤 실력을 겨루는 '브레이크 댄스'가 처음 정식종목으로 채택되었다(장용석, 2021). 서핑, 스케이트보드, 스포츠 클라이밍, 3 대 3 농구, 브레이크 댄스는 누가 봐도 젊은 층에게 소구력이 높은 종목이다. 바흐 위원장은 브레이크 댄스의 파리올림픽 정식종목 채택에 대해 "도시에서 젊은 세대에게 인기 있는 어번 스포츠urban sports를 고려한 결과"라고 설명했다(장용석, 2021). 올림픽에 젊은 층 유입이 지속적으로 필요하다면 2024년 브레이크 댄스 다음으로는 이스포츠의 올림픽 정식종목 신입이 기다리고 있을지 모른다.

3. 올림픽 종목으로서 이스포츠와 관련된 주요 고려사항

앞서 기술했듯이 이스포츠를 올림픽 종목으로 채택해야 하는 데는 여러 이유가 있지만, 실질적으로 올림픽에서 이스포츠를 정식종목으로 받아들이기 위해서는 몇 가지 사항을 심도 깊게 고민해야 한다(Pack and Hedlund, 2020).

첫째, 이스포츠와 올림픽 정신의 양립가능성compatibility을 고려해야 한다. IOC(2018a: 11)에 의하면 올림픽 정신Olympism의 첫 번째 원칙은 신체, 의지, 정신body, will and mind의 균형 잡힌 전인적 삶이다. 스포츠, 문화, 교육을 융합한 올림픽 정신은 노력의 즐거움, 좋은 본보기의 교육적 가치, 사회적 책임, 보편적인 윤리 원칙에 대한 존중을 바탕으로 살아가는 방식을 추구한다. 이스포츠에 참여하는 것은 신체, 의지, 정신의 개발을 촉진할 수 있다. 그러나 총으로 사람을 직접 거누는 1인칭 슈팅게임First-Person Shooting: FPS 기반의 종목 등은 위에 언급된 올림픽 정신과 일치한다고 보기 어렵다. 현재 동·하계 올림픽에도 총을 쏘는 사격과 바이애슬론 종목이 포함되어 있지만, 두 종목 모두 사람을 대상으로 하는 총격은 포함하지 않는다. 이와는 대조적으로 이스포츠의 FPS는 가상 세계에서 다른 플레이어를 죽이고 이로 인한 보상으로서 경기에서 승리한다. 이처럼 이스포츠의 FPS는 올림픽 가치와 양립하기 어려울 수도 있다. 반면 스포츠 시뮬레이션 장르와 같은 게임(예: FIFA, iRacing, Pro Evolution Soccer, Madden, NBA 2K, 로켓 리그) 등은 올림픽 가치와 양립 가능한 게임으로 볼 수 있다.

두 번째 이슈는 철학적인 문제로, 이스포츠를 스포츠로 볼 수 있는지에 대한 논의로 다시 돌아간다. 전통 스포츠와 마찬가지로 이스포츠에도 규칙과 구조, 경쟁적 요소가 있다는 것은 자명하다. 문제는 근대 스포츠의 개념을 제시한 거트만 식 스포츠 개념에 필수요소인 신체성을 수반하느냐이다. 이스포츠를 스포츠 범주에 포함하자는 입장은 이스포츠에 필요한 정교한 눈손 협응력이라든지 섬세한 움직임과 신속한 반응 시간이 경기 결과에 영향을 미치는 신체적 기술 영역에 충분히 포함된다고 보지만, 여전히 모두의 동의를 이끌어 내지는 못하고 있는 상황이다. 어쩌면 객관적인 영역에서 이 문제의 답은 존재하지 않을 수 있다. 사실 스포츠의 개념도 사회적 영역에 있는 것이므로 시대와 환경에 따라 달리 해석되어 왔다. 근대 스포츠의 정의는 대체로 거트만이 제시한 '규칙이 있는 구조화된 신체적 경쟁 활동'으로 통용된다 (Guttmann, 1978). 그러나 옥스퍼드 영어사전에 따르면 스포츠의 개념은 시대에 따라 변화해 왔는데, 처음에는 즐거움a diversion or amusement이라는 뜻으로 사용되다가 18~19세기에 들어서는 사냥, 사격, 낚시를 일컫는 용어가 되었고, 19세기 말에 이르러서야 비로소 신체 경쟁으로서 스포츠의 개념이 된 것을 알 수 있다. 따라서 스포츠가 되기 위해 어느 정도의 신체 활동이 필요한 것인가에 대한 사회적 인식과 기준도 변화하는 것으로 보인다. 이스포츠에 수반되는 신체성 역시 스포츠가 요구하는 신체성의 범주에 포함될 수 있는지에 대해서는 학계와 현장의 지속적인 논의가 필요하겠지만 결국에는 시대 흐름을 반영해 수렴할 것이다.

세 번째 이슈는 보다 현실적인 내용으로, 올림픽에서 이스포츠 대회 개최가 실제로 가능한지, 즉 현장 운영에 관한 것이다. 전통 스포츠 종목은 각 IF가 IOC와 협조해 경기를 개최하는데, 이스포츠에서는 IOC와 협력할 국제연맹이 존재하지 않는다. 때문에 실제로 올림픽에 이스포츠를 채택할 경우 IOC가 종목별 연맹과 협조 없이 직접 이스포츠 게임사와 협력해 대회를 개최하는 방법을 생각해 볼 수 있다. 그러나 IOC가 이런 방식으로 올림픽 대회를 개최한 적은 없다. 2020년 도쿄올림픽 사전 경기로 개최된 OVS의 경우 이스포츠 종목과 관련된 전통 스포츠 연맹과 게임사가 협력하는 방식이었다. 예컨대 축구의 글로벌 거버닝 바디인 FIFA가 이스포츠 대회를 개최하기 위해 피파 온라인 게임사인 EA 스포츠와 협력하는 모델인 것이다. 이처럼 전통 스포츠 연맹과 게임사가 협력해 이스포츠 대회를 개최한다 하더라도, 이윤 추구가 목적인 민간 게임사와 비영리·공공 영역의 국제 스포츠 연맹은 본질적으로 최종 목표가 맞지 않는다. 예를 들어, 올림픽에서 특정 게임에 기반한 이스포츠 종목이 포함된다면 해당 종목 경기를 통해 발생하는 수익을 IOC와 게임사가 상호 조율할 수 있을지에 대한 구체적 실행 방안을 논의해야 한다.

넷째, 이스포츠 종목의 수명이 제한적이라는 문제가 있다. 올림픽 개최 도시와 종목은 올림픽이 개최되기 약 5~10년 전에 선정된다. 하지만 이스포츠 종목은 전통 스포츠처럼 반영구적이지 않다. 게임사에 의해 특정 게임이 개발되고 광범위하게 이용되어 이스포츠 대회 종목으로 선정될 수는 있지만, 해당 게임의 수명이 얼마나 오래 지속될 수 있을지는 누구도 정확히 예측할 수 없다. 이스포츠와 게임 산업의 빠른 변화 속도를 감안한다면 현재 존재하는 게임이 앞으로 5~10년 이후에도 존재하리라 장담할 수 없는 것이다. 물론 LoLLeague of Legends과 같이 장기간 존재하는 게임이 없지 않으나, 이러한 장수 게임은 게임 업계에서 오히려 드문 사례로 보는 것이 정확하다.

다섯 번째로 이스포츠 선수들의 건강과 복지 문제를 고려해야 한다. 점점 더 많은 사람들이 이스포츠를 플레이하고 있으며 의료계에서는 이스포츠 참여자의 수면 문제, 체중 관리, 부상 등 이스포츠 참여와 건강의 관계에 관심을 가지기 시작했다(DiFrancisco-Donoghue et al., 2019). '컴퓨터 시각 증후군 Computer Vision Syndrome: CVS'과 같은 문제에 대한 기존 연구는 컴퓨터 스크린에 장기간 노출될 경우 발생할 수 있는 부정적 결과에 대한 인식을 높였다(Gangamma et al., 2010). 또한 이스포츠의 잠재적 중독과 관련된 관심이 증가하고 있다(Hattenstone, 2017). 예를 들어, 미국정신의학회American Psychological Association: APA, 세계보건기구World Health Organization: WHO와 같은 기관들은 '인터넷 게임 장애'에 대해 공개적으로 논의했지만, APA는 더 많은 연구가 필요하다고 지적한 반면, WHO는 '게임 중독gaming disorder'을 치료가 필요한 질병으로 분류하고 2022년부터 질병 코드를 부여했다(Retner, 2019).

마지막으로 성차별주의, 여성 혐오, 이스포츠의 결과로 인한 폭력적 행동의 가능성 등을 고려해 볼 수 있다. 최근 몇 년 동안 이스포츠 내에서의 성차별과 여성 혐오는 게임 산업이 직면한 가장 큰 문제 중 하나로 부각되었다(Breuer et al., 2015; Darvin et al., 2020; Xue et al., 2019). 올림픽의 가치는 남성과 여성 모두에게 동등한 경쟁 기회를 제공하는 것이다. 반면 세계 최고 수준의 이스포츠 대회에 참여하는 여성 선수는 남성 선수에 비해 수적으로 매우 미약하다. 이는 올림픽에 이스포츠를 도입할 경우 남성과 여성 모두에게 평등하고 포용적인 경쟁 기회를 어떻게 보장할 것인지에 대한 준비를 요구한다.

참고문헌

김미정. 2016. "리우올림픽 역대 최저 시청률". 이투데이. https://www.etoday.co.kr/news/view/1373463

김희준. "2022. [신년특집③] 항저우AG 7월 개막 … 황선우 출전 세계수영선수권 관심". 뉴시스. https://newsis.com/view/?id=NISX20220101_0001709721&cID=10501&pID=10500

장용석. 2020. "2024 파리올림픽 야구 빠지고 브레이크 댄스 포함". 뉴스1. https://n.news.naver.com/article/421/0005036457

Bieler, Des. 2021. "IOC announces inaugural slate of Olympic-licensed esports events." washingtonpost https://www.washingtonpost.com/video-games/esports/2021/04/22/ioc-olympics-esports/

Breuer, J. et al. 2015. "Sexist games=sexist gamers? A longitudinal study on the relationship between video game use and sexist attitudes." *Cyberpsychology, Behavior, and Social Networking*, 18(4): 197~202. doi:10.1089/cyber.2014.0492

Carp. 2018. "IOC sets up Esports Liaison Group after inaugural gaming forum." sportspro. https://www.sportspromedia.com/news/ioc-olympics-esports-liaison-group-inaugural-gaming-forum

Chang, C. 2016(August 17). "How the Olympics lost millennials." New Republic. https://newrepublic.com/article/136096/olympics-lost-millennials.

Darvin, L., R. Vooris, and T. Mahoney. 2020. "The playing experiences of esport participants: an analysis of treatment discrimination and hostility in esport environments." *Journal of Athlete Development and Experience*, 2, 1. doi:10.25035/jade.02.01.03

DiFrancisco-Donoghue, J. et al. 2019. "Managing the health of the esports athlete: an integrated health management model." *BMJ Open Sport & Exercise Medicine*, 5(1): 1~6. doi: 10.1136/bmjsem-2018-000467

Gangamma, M., P. Poonam, and M. Rajagopala. 2010. "A clinical study on 'Computer vision syndrome' and its management with Triphala eye drops and Saptamrita Lauha." *Ayu*, 31(2): 236~239. doi:10.4103/0974-8520.72407

Gdonteli, Krinanathi E. 2020. "E-sports in Olympic Games: A Global Trend and Prospects." *International Sports Law Review Pandektis*, 13(1~2): 50~60.

Hattenstone, S. 2017. "The rise of esports: are addiction and corruption the price of its success?" https://www.theguardian.com/sport/2017/jun/16/top-addiction-young-people-gaming-esports

Holmes. 2018. "IOC announces esports forum details." https://www.sportspromedia.com/

news/ioc-announces-esports-forum-details

IOC. 2021. "IOC Agenda 2020+5." https://olympics.com/ioc/news/ioc-executive-board-pro poses-olympic-agenda-2020-plu-5-as-the-strategic-roadmap-to-2025

Mackay. 2020. "IOC blow for GEF(no global esports association will be recognized by IOC)." https://www.insidethegames.biz/articles/1100130/ioc-warn-sports-of-joining-gef

Newzoo. 2019. *Global Esports Market Report*. Newzoo.

Pack, Simon M. and David P. Hedlund. 2020. "Inclusion of electronic sports in the Olympic Games for the right (or wrong) reasons." *International Journal of Sport Policy and Politics*, 12(3): 485~495, DOI: 10.1080/19406940.2020.1801796

Rettner, R. 2019. "Video Game Addiction Becomes Offical Mental Disorder in Controversial Decision by WHO." https://www.livescience.com/65580-video-game- addiction-mental-health-disorder.html

Thorpe, H. and B. Wheaton. 2011. "Generation X Games, action sports and the Olympic movement: understanding the cultural politics of incorporation." *Sociology*, 45(5): 830~847. doi:10.1080/16138171.2018.1559019

Todt, N. S., A. F. Pase, A. M. Scarton, L. H. Rolim, G. Z. Berlitz, and L. V. Baptista. 2020. "The eSports and Olympic Games: Perspectives of an ongoing debate (in Portuguese)." *Journal of Human Sport and Exercise*, 15(1proc): S94~S110. doi: https://doi.org/10.14 198/jhse.2020.15.Proc1.10

Wade, Stephen. 2018. "Bach: No Olympic future for esports until 'violence' removed." https:// apnews.com/article/indonesia-winter-olympics-violence-games-2020-tokyo-olympics-36 15bd17ebb8478ab534691080a9a32a

Xue, H., J. I. Newman, and J. Du. 2019. "Narratives, identity and community in esports." *Leisure Studies*, 38(6): 845~861. doi:10.1080/02614367.2019.1640778

스포츠의 디지털 확장과 이스포츠

이스포츠와 스포츠 사이에 정확한 경계와 구분이 있는가? 이 물음에 대한 학계의 논의는 여전히 진행 중이다. 이스포츠와 스포츠의 경계에 대한 논의는 주로 근대 스포츠의 개념을 기준으로 이스포츠가 스포츠의 자격요건을 얼마나 충실히 충족하는지에 대한 해석을 기반으로 한다. 이 장에서는 기존의 접근과 달리 이스포츠가 디지털 기술로 '확장된 스포츠'의 영역에 포함된다는 관점을 제시한다. 스포츠와 전자게임이 각자의 영역에서 진화해 서로 접점을 형성하게 되었고, 그 결과 이스포츠는 전통 스포츠의 디지털 확장 영역에 포함되면서 동시에 전자게임의 확장된 영역에도 포함되는 더블 멤버십 double membership, 즉 이중 소속구조가 형성된다는 논리이다.

1. 스포츠와 전자게임의 연결

전통 스포츠는 현실 세계의 신체 활동을 기반으로 형성되고 발전해 왔다. 이에 반해 이스포츠는 디지털 세계의 전자게임(PC게임 등)을 기반으로 발전했기 때문에 태생적으로 디지털 속성born-digital을 가지고 있다. 이처럼 스포츠와 이스포츠는 출발점부터 현실 세계와 디지털 세계로 구분되는 엄연히 다른 영역의 산물이지만 '스포츠'라는 공통분모를 가지고 있다. 전자게임에 스포츠적 요소를 가미해 '이스포츠'라는 영역이 탄생했고 전통 스포츠는 디지털 기술을 적용하며 발전해 서로 연결된 것으로 볼 수 있다. 이처럼 스포츠와 전자게임은 '스포츠화sportification'와 '디지털화digitalization' 과정을 거치면서 연결되었다.

1) 전자게임의 스포츠화sportification와 이스포츠

전자게임이 이스포츠로 진화한 데는 스포츠화 과정이 있다(Cunningham et al., 2018; Hao et al., 2020; Heere, 2018; Pluss et al., 2019). 스포츠화는 근대 스포츠의 유래와 발전을 연구하는 스포츠 역사학자들이 자주 사용하는 개념으로 비스포츠 활동이 제도화와 표준화를 통해 스포츠로 진화하는 과정을 의미한다.

Heere(2018)는 스포츠화에 크게 2가지 관점이 있다고 했는데, 첫 번째는 비스포츠 활동을 스포츠와 유사한 방식으로 조직화하고 통제하여 공정하고 즐겁고 안전한 대인 경쟁이 가능하도록 하는 일련의 과정으로 설명했다. 두 번째는 주요 고객들에게 더욱 매력적으로 다가가고 소구력을 높이기 위해 기존의 비스포츠 활동에 스포츠 요소를 가미하는 프로세스로 보았다. 유사하게 Collinet et al.(2013)은 스포츠화를 '페어플레이'를 핵심 가치로 유지하기 위해 기존의 비스포츠 활동을 변형하거나 혹은 전혀 새로운 활동을 고안해내고, 권위 있는 조직이 제정한 룰과 제도에 따라 통제하는 과정이라 했다. 마찬가지로 Lebreton(2010)은 스포츠화를 정당성을 부여받은 기관이 관련된 룰과 표준을 제정하여 다양한 신체 활동을 스포츠와 유사한 방식으로 통제하고 처리하는 과정이라 정의한 바 있다.

다양한 스포츠화의 개념을 관통하는 공통된 요소는 제도화institutionalization와 표준화standardization이다(Collinet et al., 2013). 이는 누구에게나 일정하게 적용되는 표준화된 룰과 규정의 제정, 구조화된 대진과 경기 체계, 그리고 이를 관장하고 집행할 수 있는 권위 있는 조직이 필요하다는 의미이다. 제도화와 표준화는 페어플레이, 즉 '공정한 경쟁'을 위한 최소한의 필요조건이다. 달리 생각하면 제도화와 표준화는 공정 경쟁의 기반이며, 공정한 경쟁이 담보되지 않는다면 그것은 스포츠일 수 없다는 것이다.

스포츠의 역사는 비스포츠 활동의 스포츠화 과정으로 이해할 수 있다. Collinet et al.(2013)에 의하면 스포츠화 과정은 18세기부터 꾸준히 진행되었다.

각국의 민속 운동이 스포츠로 발전한 데는 모두 제도화와 표준화로 대변되는 스포츠화 과정을 기쳤다. 일본의 유도가 근대 스포츠로 발전한 과정도, 한국의 민속 씨름이 스포츠로 발전한 과정도 모두 제도화와 표준화 과정을 거친 것이다.

2020년 도쿄올림픽에서는 스케이트보드, 서핑, 클라이밍이, 2024년 파리 올림픽에서는 브레이크 댄스가 올림픽 정식종목으로 채택되었다. 이와 같은 이른바 '어번 스포츠' 역시 비스포츠의 영역에서 출발해 스포츠화 과정을 거쳐 올림픽 정식종목에 이르게 된 것이다.

예컨대 브레이크 댄스는 1980년대 서구 사회의 힙합 문화로 출발했으나 점차 '배틀' 형식의 경쟁적 요소가 도입되었고, 공정한 경쟁을 담보할 수 있도록 크고 작은 조직이 설립되어 체계적인 관리와 통제를 하면서 스포츠화 과정을 거쳐 왔던 것이다(Collinet et al., 2013). 월드댄스스포츠연맹World Dance-Sport Federation: WDF은 브레이크 댄스를 관장하는 국제연맹으로 IOC로부터 인정받은 조직이다.

마찬가지로 이스포츠도 전자게임의 스포츠화 과정을 통해 이해할 수 있다. 전형적인 비스포츠 활동인 컴퓨터 게임 또는 비디오 게임이 스포츠화 과정을 거쳐 스포츠의 영역으로 진입한 것이 바로 이스포츠이다(Hao et al., 2013). 모든 이스포츠는 비디오 게임에 기반하고 있지만 모든 비디오 게임이 이스포츠가 아닌 이유는 혼자서 기계와 상대하는 놀이로서의 게임을 이스포츠로 보지 않기 때문이다. 단순히 혼자서 비디오 게임을 즐기는 것이 아니라 사람과 사람이 대결하는 경쟁 구도를 구축하고 전문 대회 주최사를 통해 정형화된 대회가 개최되며 모두가 따라야 하는 표준화된 룰이 적용되어야만 스포츠화가 이루어진 이스포츠로 볼 수 있는 것이다.

1999년 처음 개최된 전국 PC방 연합 리그인 KPGLKorea Professional Gamers League이 이스포츠의 초기 모델로 인정받는 이유이다. 당시 KPGL은 매월 한 차례씩 스타크래프트 대회를 개최했고 회원 PC방을 통해 누구든 대회에 참여할 수 있었다. 그리고 정해진 대회 규정에 따라 입상자들에게 소정의 상금을 수여했다.

Hao et al.(2020), Cunningham et al.(2018), Heere(2018) 등의 스포츠경영학자와 경제학자들은 이스포츠를 휴먼-컴퓨터 상호작용이 스포츠화된 형태 a sportification form of human-computer interaction로 이해한다. 한편 Goebeler et al.(2021)는 이스포츠를 '디지털 태생의 스포츠a born-digital sport'로 규정하고 디지털 수단을 통해 디지털 플랫폼을 매개로 경쟁을 펼치는 스포츠라고 했다. 같은 맥락에서 Heere(2018)는 스포츠 산업 현장이 이스포츠를 점차 포용하는 자세로 변화하고 있으며, 이에 발맞추어 학계에서도 이스포츠를 '스포츠화를 통해 스포츠가 된 비디오 게임'으로 인정하고 이와 관련된 긍정적인 측면과 부정적인 측면을 균형감 있게 연구해야 한다고 주장했다. 이처럼 다수의 학자는 이스포츠를 스포츠화된 전자게임으로 이해하고 있다.

2) 스포츠의 디지털화digitization of sports와 디지털 스포츠digital sports

스포츠의 디지털화는 스포츠 활동 및 관련 생태계에 디지털 기술을 적용해 물리적 세계에서 일어나는 스포츠 활동에 도움을 줄 뿐 아니라 스포츠 활동을 물리적 공간에서 디지털 공간으로 확장해 구현할 수 있게 하는 일련의 과정이다.

스포츠의 디지털 확장을 위해서는 디지털 기술 적용이 핵심 역할을 하게 된다. 디지털 기술로 '확장된 스포츠'의 영역에는 신체 활동을 기반으로 하는 전통 스포츠뿐 아니라 디지털 요소가 가미된, 즉 디지털 기기와 기술을 활용하는 스포츠를 뜻하는 '디지털 스포츠'가 포함된다.

스포츠의 디지털화를 가능하게 하는 핵심 디지털 기술은 3가지이다.

첫 번째는 '디지털 측정 기술'이다. 각종 웨어러블 디바이스의 발전은 개인 운동 참여자에게 심박수, 속도 등 운동과 관련된 다양한 신체 정보를 제공하고, 이러한 정보는 운동을 수행하는 순간 운동 참여자들이 실시간으로 활용할 수 있다. 예컨대 장거리 러너는 자신의 주행 속도와 페이스에 대한 객관적 정보를 웨어러블 디바이스를 통해 전달받으며 실시간으로 적용할 수 있다. 축구 경기 중 패스의 양과 질에 관한 실시간 분석 기술 역시 본질은 데이터 측정 기술이다. 개별 선수들에게 별도의 센서를 부착하지 않고도 움직임을 정확히 추적해 사전 프로그래밍된 항목(패스 유형, 패스 성공여부, 움직임 정도, 움직임 속도 등)의 빅데이터로 기록해 다양한 분석을 가능하게 하는 것이다. 이러한 데이터 측정 기술을 기반으로 수집된 빅데이터는 경기 전략과 훈련 방법 디자인에 효과적으로 활용될 수 있다. 이처럼 스포츠 빅데이터, 스포츠 애널리틱스 등으로 불리는 스포츠 분석의 기저에는 다양한 스포츠 활동 정보를 데이터로 기록하는 고도화된 디지털 측정 기술이 있다.

두 번째는 '디지털 플랫폼 기술'이다. 디지털 플랫폼은 다양한 니즈의 수요자와 공급자가 만나 서로에게 필요한 서비스와 정보를 교환하는 디지털 공간을 의미한다. 페이스북과 같은 사회관계망 플랫폼을 이용해 프로 스포츠 리그와 구단은 팬들과 소통하며 팬덤을 관리한다. 넷플릭스와 같은 OTT 플랫폼에 각종 운동 튜토리얼을 올려 전 세계에서 가장 뛰어난 강사의 강습을 받을 수도 있다. 물리적으로 떨어진 공간에 위치한 사람들이 디지털 가상공간에서 만나 함께 운동할 수 있는 것도 적절한 디지털 플랫폼을 개발하고 상용화할 수 있는 기술이 있기 때문에 가능하다.

　마지막으로 AR·VR, 호크아이, 슈퍼 슬로우 모션 등 '디지털 미디어 기술' 도 스포츠의 디지털화를 가속화하는 데 큰 역할을 한다. AR·VR 기술을 이용할 경우 특정 물리적 공간에 존재하지 않더라도 실제로 그곳에 있는 것과 같은 느낌인 이른바 '실재감sense of presence'을 극대화하여 참여 스포츠와 관람 스포츠 영역 모두에 디지털화를 가속화하고 있다. 호크아이와 슈퍼 슬로우 모션 카메라 기술은 심판 판정을 보조해 보다 공정한 경쟁이 이루어질 수 있게 한다. AR·VR 디스플레이와 상호작용을 하면서 실제로 운동을 수행하는 형태도 미디어 기술을 활용한 스포츠의 디지털화로 볼 수 있다. 최근 도입된 'KT 메타버스 운동회'의 경우도 메타버스라는 거창한 용어를 사용하고 있지만 본질은 상호작용하는 디지털 미디어 기술을 활용한 참여 스포츠의 한 유형이라 할 수 있다.

　이상 3가지 기술은 서로 독립적이지만 상호 보완적 관계로 융합하여 활용되는 경우가 대부분이다. 예를 들어 스크린 골프를 가능하게 하기 위해서는 정확한 디지털 측정 기술, AR·VR 기반의 디지털 미디어 디스플레이 기술, 그리고 서로 다른 공간에 있는 참가자가 함께 즐길 수 있는 디지털 플랫폼 기술이 모두 필요하다.

　앞서 설명한 디지털 측정 기술, 디지털 플랫폼 기술, 디지털 미디어 기술은 스포츠의 디지털화에 영향을 미치는 대표적인 기술이다. 하지만 이 3가지가 스포츠 디지털화를 견인하는 기술의 전부는 아니다. 스포츠에 활용될 수 있는 디지털 기술은 빠른 속도로 발전하고 있으며 현재 존재하지 않는 새로운 기술이 언제라도 시장에 도입될 수 있을 만큼 기술의 발전 속도가 빠르다.

　Goebeler et al.(2021)에 의하면 전통 스포츠에 디지털 기술이 적용되어 신체 활동과 디지털 기술이 결합한다는 것은 2가지 차원으로 이해할 수 있다. 첫 번째는 디지털 기술을 활용한 신체 활동 그 자체를 의미한다(Baskerville et al., 2020; Faulkner and Runde, 2013, 2019).

두 번째는 디지털 기술을 활용한 스포츠 참여자 간 상호작용이 발현되는 공간의 위치에 따라 이해할 수 있다. 스포츠 참여자 간 상호작용은 물리적 경기장physical arena 또는 디지털 경기장digital arena에서 발현될 수 있는데, 전자는 경기의 핵심적 스포츠 활동이 물리적 세계에서 이루어지는 경우를, 후자는 디지털 세계에서 발현되는 경우를 의미한다(Goebeler et al., 2021; Overby, 2008; Overby et al., 2010).

경기의 핵심적 스포츠 활동이란 경기에 참여하는 선수들 또는 참여자 간 승패를 겨루는 경쟁적 상호작용 활동을 의미한다(Overby, 2008; Overby et al., 2010; Goebeler et al., 2021). 경기 참여자들 간 경쟁적 상호작용 활동이 물리적 공간에서 벌어진다는 것은 물리적 경기장에서 스포츠 참여자 간 경쟁적 상호작용이 이루어진다는 것이다. 반대로 스포츠 활동의 투입이 물리적 세계에서 이루어진다 하더라도, 경기에 참여하는 선수들 간의 경쟁적 상호작용이 버추얼 공간에서 발현된다면 이는 디지털 경기장에서의 활동이 된다. 예컨대 NBA 2K라는 농구 비디오 게임에서 경기 참여자는 신체적 활동을 통해 키보드 또는 게임 컨트롤러를 조작하지만, 상대 선수와의 경쟁적 스포츠 활동은 버추얼 세계에서 디지털 스크린을 통해 발현되므로 디지털 경기장에서의 스포츠 활동이 되는 것이다.

디지털 스포츠에서 신체적 요소와 디지털 요소의 관계는 크게 4가지 유형으로 분류할 수 있다(Robey et al., 2003). 첫 번째는 신체 활동과 디지털 기술이 상호 의존적mutually interdependent인 상호 의존reciprocal 관계이다. 두 번째는 신체 활동을 디지털 기술이 강화해 주는 강화reinforce 관계이다. 세 번째는 하나의 요소가 다른 요소의 약점을 메꿔 주는 보완complementary 관계이고, 마지막은 신체적 요소와 디지털 요소가 결합해 개별 요소의 단순 합산보다 더 큰 효과를 내는 시너지synergy 관계이다.

종합적으로 디지털 스포츠 참여자는 물리적 세계에서 디지털 기술을 활용해 스포츠 활동을 수행하게 되며, 그 결과로 발현되는 스포츠 참여자 간 경쟁적 상호작용은 물리적 공간 또는 디지털 공간에서 발현된다. 또한 스포츠 활동에 이용할 수 있는 디지털 기술과 디바이스는 신체 활동과 상호 의존적·강화적·보완적·시너지 관계를 형성할 수 있다.

2. 스포츠의 디지털 확장과 이스포츠

스포츠의 디지털화와 전자게임의 스포츠화는 기존에 스포츠와 스포츠가 아닌 전자게임을 하나로 연결하면서 스포츠의 범위를 확장시켰다. 〈그림 14-1〉은 서로 출발점이 다른 전통 스포츠와 전자게임이 어떻게 확장되어 접점을 형성하는지 보여 준다.

〈그림 14-1〉의 왼쪽 끝에는 온전히 신체 활동으로만 이루어진 스포츠가 있고, 오른쪽 끝에는 전자게임이 위치한다. 스포츠와 전자게임은 각각 디지털화와 스포츠화 과정을 거쳐 확장해 연결된 것이다. 왼쪽의 스포츠가 디지털 기술을 적용해 디지털 강화 스포츠digitally enhanced sport, 디지털 반응 스

〈그림 14-1〉 스포츠와 전자게임의 확장

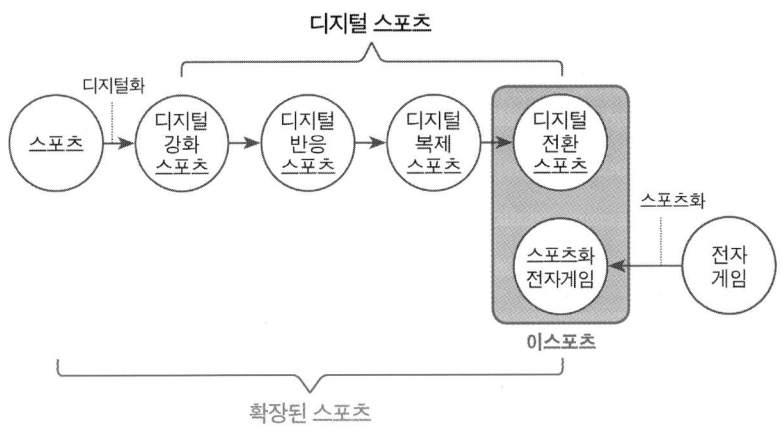

포츠digitally responsive sport, 디지털 복제 스포츠digitally replicated sport, 디지털 전환 스포츠digitally translated sport로 디지털 확장을 했고, 반대 방향에서는 전자게임이 스포츠화를 통해 스포츠화된 전자게임sportified eGame으로 확장되었다.

전술한 바와 같이 '스포츠화된 전자게임'이 바로 이스포츠가 되고, 후술한 바와 같이 디지털 전환 스포츠에 이스포츠가 포함되므로 〈그림 14-1〉은 스포츠의 디지털 확장과 전자게임의 스포츠화가 만나는 지점에 이스포츠가 위치하고 있음을 보여 준다.

〈표 14-1〉은 '확장된 스포츠'의 범주에 들어오는 디지털 스포츠의 유형을 설명한다. 각 유형은 스포츠 활동을 구현하기 위해 투입하는 활동과 스포츠 활동이 발현되는 산출 공간, 그리고 스포츠 활동에 활용되는 디지털 기술의 역할에 따라 상호 배타적인 4가지 유형으로 구분된다.

'디지털 강화 스포츠'는 스포츠 활동을 수행함에 있어서 다양한 디지털 기술의 지원을 받아 스포츠 활동의 퍼포먼스를 강화하는 활동을 의미한다. 투

〈표 14-1〉 확장된 스포츠의 구성

구분		투입 활동	산출 공간	디지털 기술의 역할	예
스포츠		스포츠 움직임	물리적 공간	없음	신체 스포츠
디지털 스포츠	디지털 강화 스포츠	스포츠 움직임	물리적 공간	스포츠 활동의 보조 및 강화	웨어러블 기기를 활용한 스포츠 활동, VAR 심판 판정, 버추얼 코칭 플랫폼
	디지털 반응 스포츠	스포츠 움직임	디지털 공간	스포츠 활동의 디지털 반응	스크린 골프, 스크린 축구, KT 리얼큐브
	디지털 복제 스포츠	스포츠 움직임	디지털 공간	스포츠 활동의 디지털 복제	버추얼 사이클(Zwift), 버추얼 레이싱, 버추얼 암벽등반
	디지털 전환 스포츠	조작 움직임	디지털 공간	조작 활동의 버추얼 스포츠 활동 전환	피파 온라인, NBA 2K, LoL, CS:CO, 펍지

입 활동은 스포츠 활동을 위한 신체적 움직임(⟨표 14-1⟩에서 '스포츠 움직임'으로 표현)이며, 스포츠 활동의 발현은 '물리적 공간'에서 이루어진다. 디지털 기술과 기기는 참여자가 수행하는 신체활동 기반의 스포츠 활동을 보조한다. 각종 디지털 기술 기반의 웨어러블 디바이스를 몸에 지닌 채 운동하고 다양한 신체 정보를 참고하며 운동 수행을 조정해 나가는 것이 디지털 강화 스포츠의 대표적 사례이다. 축구경기 심판이 비디오 보조 심판Vedio Assistant Referee: VAR 시스템을 이용해 판정하는 것도 디지털 기기를 활용해 현실 세계의 스포츠 활동을 보조하므로 디지털 강화 스포츠로 볼 수 있다. 디지털 강습과 실시간 코칭이 가능한 버추얼 홈트레이닝 플랫폼도 디지털 강화 스포츠에 해당한다. ⟨그림 14-2⟩는 디지털 강화 스포츠의 사례로 디지털 기기를 이용해 버추얼 강습을 받는 장면이다.

'디지털 반응 스포츠'는 물리적 공간에서 수행한 스포츠 활동에 디지털 기기가 반응해 스포츠 수행의 결과가 가상공간에서 발현되는 스포츠를 말한다. 스크린 골프는 물리적 공간에서의 골프 스윙에 디지털 기기가 반응해 가상공간에서 스윙의 결과가 발현되므로 디지털 반응 스포츠에 해당한다. 최근에는 스크린 골프와 유사하게 스크린 축구와 스크린 야구도 있다. 마찬가지로 현실 세계에서 축구공을 차거나 야구공을 치면 디지털 스크린에 스포츠 활동의 수행 결과가 나타난다. 최근 여러 초등학교에 보급되고 있는 메타버스 체육교실 서비스는 어린아이들이 디스플레이를 향해 공을 던지면 화면의 풍선이 터지는 방식 등으로 아이들의 신체활동 결과가 디지털 공간에서 반응해 발현된다. ⟨그림 14-3⟩은 디지털 반응 스포츠의 사례를 보여 준다.

'디지털 복제 스포츠'는 물리적 공간에서 신체 활동에 기반한 스포츠 활동이 디지털 기술과 상호 작용해 디지털 공간에 일대일로 복제되는 스포츠이다 (Goebeler et al., 2021). 예컨대, 사이클 머신, 로잉 머신 또는 러닝 머신을 타고 물리적 공간에서 운동을 하지만 디지털 플랫폼 기반의 버추얼 공간에서 참여자의 아바타가 혼자서 또는 타인과 함께 라이딩, 로잉, 러닝을 하는 것이 디

〈그림 14-2〉 디지털 강화 스포츠의 사례(버추얼 홈트레이닝)

〈그림 14-3〉 디지털 반응 스포츠의 사례(스크린 골프)

지털 복제 스포츠인 것이다. 디지털 복제 스포츠와 디지털 반응 스포츠의 차이는 현실 세계에서의 운동 수행이 디지털 공간에 일대일로 복제되는지 아니면 디지털 기기의 반응을 통해 운동수행 결과가 디지털 공간에 발현되는지에 따라 달라진다. 디지털 복제 스포츠는 물리적 세계에서 수행하는 스포츠 활동이 운동 수행자의 아바타를 통해 가상공간에 일대일로 복제되지만, 디지털 반응 스포츠에서는 현실 세계에서의 운동 수행에 디지털 기기가 반응해 운동 수행의 결과가 가상공간에서 보여지는 것이다. 〈그림 14-4〉는 디지털 복제 스포츠의 사례로 디지털 사이클링의 모습이다.

마지막으로 '디지털 전환 스포츠'는 물리적 공간에서 게임 컨트롤러를 조작하는 움직임이 디지털 공간에서 경쟁적 스포츠 활동으로 전환되어 구현되는 스포츠이다(Goebeler et al., 2021). 손의 미세한 움직임을 이용해 게임 컨트롤러 또는 키보드를 조작하는 모든 종류의 이스포츠가 여기에 해당한다. 디지털 전환 스포츠를 통해 전통 스포츠의 리그와 토너먼트는 디지털 영역으로 확장되어 디지털 버전의 스포츠 리그와 토너먼트를 만들고 있다. NBANational Basketball Association가 NBA 2K라는 비디오 게임 기반으로 디지털 농구 리그를 운영하는 것이 대표적인 사례이다. FIFA도 피파 온라인을 기반으로 디지털 세계에 축구 리그를 운영한다. NBA 2K와 피파 온라인 모두 오프라인 스포츠 시스템을 비디오 게임 형태로 확장한 것이다. 전통 스포츠에 기반하지 않은 LoLLeague of Legends과 같은 이스포츠 역시 물리적 공간에서의 게임 컨트롤러 조작이 버추얼 공간에서 참여자 간 경쟁적 스포츠 활동으로 구현되는 전형적인 디지털 전환 스포츠이다. 〈그림 14-5〉는 디지털 전환 스포츠의 사례로 선수들의 게임 조작 움직임이 디지털 화면으로 전환되어 선수들 사이의 경쟁적 상호작용으로 발현되는 LoL 경기의 모습이다.

〈그림 14-4〉 디지털 복제 스포츠의 사례(버추얼 라이딩)

〈그림 14-5〉 디지털 전환 스포츠의 사례(LoL 경기)

자료: ⓒ 라이엇 게임즈.

3. 디지털 스포츠와 이스포츠의 전망

이상 살펴본 바와 같이 이스포츠는 스포츠의 디지털 확장 영역과 전자게임의 스포츠화 영역에 모두 속하는 위치에 있다. 이스포츠는 스포츠를 가상 세계와 연결해 주는 관문이다. 이스포츠를 통해 물리적 공간에서의 활동이 가상공간으로 확장되어 구현되고, 이를 통해 인간 활동의 반경이 가상 세계로 무한 확장될 수 있다. 가상공간으로 확장된 활동이 이스포츠에만 제한되는 것은 아니다. 스포츠는 디지털 강화 스포츠, 디지털 반응 스포츠와 디지털 복제 스포츠를 통해 디지털 스포츠의 형태로 확장되어 구현되며(〈표 14-1〉 참고) 물리적 공간의 제약이 획기적으로 감소한다. 또한 이스포츠는 스포츠를 물리적 세계에서의 경제와는 별도의 가상 경제 시스템과 연결한다. 가상 재화의 교환은 인게임 아이템 구매 등 이스포츠에서는 이미 활성화되어 있다. 앞으로는 디지털 반응 스포츠와 디지털 복제 스포츠 등 다양한 디지털 스포츠의 영역에서도 게임요소를 가미한 가상 재화를 적용하며 가상 경제의 세계로 진입할 수 있다. 버추얼 사이클 대회에 참가하는 선수들이 라이딩 플랫폼 안에서 가상 재화를 거래할 수 있고, 디지털 기기를 착용하고 스포츠에 참여하면서 전자 포인트를 쌓아 가상 재화를 구매하는 것도 상상해 볼 수 있다. 스포츠의 디지털화와 전자게임의 스포츠화를 통해 이스포츠는 스포츠와 전자게임을 연결하고, 이를 통해 다양한 파생 산업과 부가가치가 창출될 것으로 기대된다.

참고문헌

Baskerville, R. L., M. D. Myers, and Y. Yoo. 2020. "Digital First: The Ontological Reversal and New Challenges for Information Systems Research." *MIS Quarterly*, 44(2): 509~523.

Collinet, Cecile, Matthieu Delalandre, Pierre-Olaf Schut, and Coralie Lessard. 2013. "Physical Practices and Sportification: Between Institutionalisation and Standardisation: The Example of Three Activities in France." *The International Journal of the History of Sport*, 30(9): 989~1007.

Cunnihgham, George B., Sheranne Fairley, Lesley Ferkins, Shannon Kervwin, Daniel Lock, Sally Shaw, and Pamela Wicker. 2018. "eSport: Construct Specifications and Implications for Sport Management." *Sport Management Review*, 21: 1~6.

Faulkner, P. and J. Runde. 2013. "Technology Objects, Social Positions and The Tranformational Model of Social Activity." *MIS Quarterly*, 37(3): 803~818.

_____. 2019. "Theorizing the Digital Object." *MIS Quarterly*, 43(4): 1279~1302.

Goebeler, Lucas, Willem Standaert, and Xiao Xiao. 2021. "Hybrid Sport Configurations: The Intertwining of the Physical and the Digital." Proceedings of the 54th Hawaii International Conference on System Sciences, pp.5841~5850.

Hao, Jujie, Qinghua Lv, Xiaosan Zhang, Qingquan Jiang, Songxian Liu, and Lin Ping. 2020. "Conquering Gender Stereotype Threat in 'Digit Sports': Effects of Gender Swapping on Female Players' Continuous Particiation Intention in Esports." Scientific Programming, pp.1~7.

Heere, Bob. 2018. "Embracing the Sportification of Society: Defining e-sports through a Polymorphic View on Sport." *Sport Management Review*, 21: 21~24.

Lebreton, Florian, Guillaume Routier, Stephane Heas, and Dominique Bodin. 2010. "Cultures urbaines et activités physiques et sportives: La 'sportification' du parkour et du street golf comme médiation culturelle." *Canadian Review of Sociology*, 47(3): 293~317.

Overby, E. 2008. "Process Virtualization Theory and the Impact of Information Technology." *Organization Science*, 19(2): 277~291.

Overby, E., S. A. Slaughter, and B. Konsynski. 2010. "Research Commentary: The Design, Use, and Consequences of Virtual Processes." *Information Systems Research*, 21(4): 700~710.

Pluss, M., K. J. M. Bennett, A. R. Novak, D. Panchuk, A. Coutts, and J. Fransen. 2019. "Esports: The Class of the 21st Century." *Frontiers in Psychology*, 10: 156.

Robey, D., K. S. Schwaig, and L. Jin. 2003. "Intertwining Material and Virtual Work." *Infor-*

mation and Organization, 13(2): 111~129.

그림 출처

그림 14-2 https://techcrunch.com/2020/02/26/tempo-weight-lifting-screen/

그림 14-3 https://company.golfzon.com/GFZ/Product/ScreenGolf.aspx

그림 14-4 https://www.bikeradar.com/advice/fitness-and-training/zwift-benefits-of-riding-on-the-limits/

약어 Abbreviation

ACE _ Airforce Challenges E-sports _ _ 공군 에이스 이스포츠 팀

ACE _ Association of China E-sports _ _ 중국이스포츠클럽연맹

ACU _ Average Concurrent User _ _ 평균 동시 접속자

AESF _ Asian Electronic Sports Federation _ 아시아이스포츠연맹

AfreecaTV _ Anybody can Freely broadcast TV _ _ 아프리카TV

AIOWF _ Association of International Olympic Winter Sports Federations _ _ 동계 올림픽종목위원회

AOS _ Aeon of Strife _ _ 영원한 전쟁

APA _ American Psychological Association _ _ 미국정신의학회

ASL _ AfreecaTV Starcraft League _ _ 아프리카TV 스타리그

ASOIF _ Association of Summer Olympic International Federations _ _ 하계올림 픽종목위원회

BEA _ British Esports Association _ _ 영국이스포츠협회

BIU _ Federal Association of Interactive Entertainment Software _ _ 독일연방인터 랙티브엔터테인먼트소프트웨어협회

BJ _ Broadcasting Jockey _ _ 비제이

CAGR _ Compound Annual Growth Rate _ _ 연평균 성장률

CCG _ Collectable Card Game _ _ 카드 수집 게임

CEG _ China E-sports Games _ _ 중국 이스포츠 게임

CESA _ Computer Entertainment Supplier's Association _ _ 일본컴퓨터엔터테인먼 트공급업체협회

316

CGS _ The Championship Gaming Series _ _ 챔피언십 게이밍 시리즈

CIF _ Creative Industries Federation _ _ 크리에이티브 산업 연맹

CL _ Challengers League _ _ 챌린저스 리그

COPPA _ Children's Online Privacy Protection Act _ _ 어린이 온라인 사생활 보호법

CPL _ Cyberathlete Professional League _ _ 사이버애슬릿 프로리그

CS:GO _ Counter-Strike:Global Offensive _ _ 카운터 스트라이크:글로벌 오펜시브

CSPPA _ Counter-Strike Professional Player's Association _ _ 카운터스트라이크프로선수협회

CVS _ Computer Vision Syndrome _ _ 컴퓨터 시각 증후군

DCMS _ Department for Digital, Culture, Media & Sport _ _ 영국 디지털·문화·미디어·스포츠부

DOSB _ Deutscher Olympischer Sportbund _ _ 독일올림픽스포츠연맹

EEF _ European Esports Federation _ _ 유럽이스포츠연맹

EFL _ English Football League _ _ 잉글리시 풋볼 리그

ELG _ Esports Liaison Group _ _ 이스포츠 리어잔 그룹

ELG _ Esports and Gaming Liaison Group _ _ 이스포츠·게이밍 리어잔 그룹

EPL _ English Premiere League _ _ 잉글리시 프리미어 리그

ESA _ Entertainment Software Association _ _ 미국엔터테인먼트소프트웨어협회

ESAC _ Entertainment Software Association of Canada _ _ 캐나다엔터테인먼트소프트웨어협회

ESBD _ eSport-Bund Deutschland _ _ 독일이스포츠연맹

ESIC _ eSports Integrity Commission _ _ 이스포츠청렴위원회

ESL _ Electronic Sports Leauge _ _ 이에스엘

EU _ European Union _ _ 유럽연합

FPS _ First-Person Shooting _ _ 1인칭 슈팅게임

GAISF _ Global Association of International Sports Federations _ _ 국제스포츠경기단체총연합회

GEEA _ Gen.G Elite Esports Academy _ _ 젠지 엘리트 이스포츠 아카데미

GEES _ Global Esports Executive Summit _ _ 세계이스포츠정상회의

GEF _ Global Esports Federation _ _ 글로벌이스포츠연맹

IBAF _ International Baseball Federation _ _ 국제야구연맹

IEM _ Intel Extreme Masters _ _ 인텔 익스트림 마스터즈

IeSF _ International eSports Federation _ _ 국제이스포츠연맹

IF _ International Federations _ _ 종목별 국제연맹

IGEA _ Interactive Games and Entertainment Association _ _ 호주·뉴질랜드 인터
랙티브게임·엔터테인먼트협회

IP _ Intellectual Property _ _ 지적 재산권

ISFE _ Interactive Software Federation of Europe _ _ 유럽인터랙티브소프트웨어연맹

JOGA _ Japan Online Game Association _ _ 일본온라인게임협회

KADA _ Korea Anti-Doping Agency _ _ 한국도핑방지위원회

KBL _ Korean Basketball League _ _ 한국프로농구

KBO _ Korea Baseball Organization _ _ 한국프로야구

KBSA _ Korea Baseball Softball Association _ _ 대한야구소프트볼협회

KeSPA _ Korea e-Sports Association _ _ 한국이스포츠협회

KFA _ Korea Football Association _ _ 대한축구협회

KOF _ King Of Fighters _ _ 킹 오브 파이터

KPGA _ Korea Pro Game Association _ _ 한국프로게이머협회

KPGL _ Korea Professional Gamers League _ _ 코리아 프로게이머 리그

KPL _ King Pro League Union _ _ 킹프로리그조합

KUSF _ Korea University Sport Federation _ _ 한국대학스포츠협의회

LCK _ League of Legends Champions Korea _ _ 리그오브레전드 챔피언스 코리아
(한국지역리그)

LCS _ League of Legends Championship Series _ _ 리그오브레전드 챔피언십 시리즈
(북미지역리그)

LEC _ League of Legends European Championship _ _ 리그오브레전드 유러피언 챔피언십(유럽지역리그)

LoL _ League of Legends _ _ 리그오브레전드

LPL _ League of Legends Pro League _ _ 리그오브레전드 프로리그(중국지역리그)

LTE _ Long Term Evolution _ _ 엘티이

MLG _ Major League Gaming _ _ 메이저리그 게이밍

MMORPG _ Massively Multiplayer Online Role-Playing Game _ _ 대규모 다중사용자 온라인 롤플레잉 게임

MOBA _ Multiplayer Online Battle Arenas _ _ 다중사용자 온라인 전투 아레나

MTG _ Magic The Gathering _ _ 매직 더 게더링

MTG _ Modern Times Group _ _ 모던타임스그룹

MUD _ Multi-User Dungeon _ _ 멀티 유저 던전

NACE _ National Association of Collegiate Epsorts _ _ 전미대학이스포츠협회

NALCSPA _ North American League of Legends Championship Player's Association _ _ 북미리그오브레전드챔피언십선수협회

NAO _ Network Administrative Organization _ _ 네트워크 행정 조직

NBA _ National Basketball Association _ _ 미국 프로농구 리그

NCAA _ National Collegiate Athletic Association _ _ 전미대학체육협회

NFL _ National Football Leauge _ _ 미국 미식축구 리그

NHL _ National Hockey League _ _ 북미 아이스하키 리그

NOC _ National Olympic Committee _ _ 국가올림픽위원회

OCA _ Olympic Council of Asia _ _ 아시아올림픽평의회

OGA _ Online Gamers Association _ _ 온라인게이머협회

OGN _ OnGameNet _ _ 온게임넷

OWL _ Overwatch League _ _ 오버워치 리그

PASPA _ The Professional and Amateur Sports Protection Act _ _ 프로 및 아마추어 스포츠 보호법

PCL _ PUBG China League _ _ 펍지 차이나 리그

PCS _ PUBG Continental Series _ _ 펍지 콘티넨탈 시리즈

PED _ Performance-enhancing Drug _ _ 경기력 향상 약물

PGC _ PUBG Global Championship _ _ 펍지 글로벌 챔피언십

PGI _ PUBG Global Invitational _ _ 펍지 글로벌 인비테이셔널

PGL _ Professional Gamers League _ _ 피지엘

PKO _ Pro-gamer Korea Open _ _ 프로게이머코리아오픈

PPL _ Product Placement _ _ 간접광고

PUBG _ Battlegrands _ _ 배틀그라운드

PVE _ Player Versus Environment _ _ 플레이어 vs. 환경

PVP _ Player Versus Player _ _ 플레이어 vs. 플레이어

RNG _ Royal Never Giveup _ _ 로열 네버 기브업

RTS _ Real Time Strategy _ _ 실시간 전략 게임

SRA _ Sport and Recreation Alliance _ _ 스포츠레크리에이션동맹

SSVG _ Sedentary Sports Video Game _ _ 스포츠 비디오 게임

TAFISA _ The Association For International Sport for All _ _ 세계생활체육연맹

TCG _ Trading Card Game _ _ 트레이딩 카드 게임

TEN _ Total Entertainment Network _ _ 토털엔터테인먼트네트워크

TPO _ Third Party Event Organizer _ _ 제3의 이벤트 주최자

UEFA _ Union of European Football Assoications _ _ 유럽축구연맹

UKIE _ Association of UK Interactive Entertainment _ _ 영국인터랙티브엔터테인먼
트협회

UKPCGC _ UK Professional Computer Gaming Championship _ _ 영국의 프로 컴
퓨터 게이밍 챔피언십

USeF _ United States Esports Federation _ _ 미국이스포츠협회

UV _ Unique Visitor _ _ 순방문자

VAR _ Video Assistant Referee _ _ 비디오 보조 심판

WADA _ World Anti-Doping Agency _ _ 세계반도핑기구

WBSC _ World Baseball Softball Confederation _ _ 국제야구소프트볼연맹

WCG _ World Cyber Games _ _ 월드사이버게임즈

WDF _ World Dance-Sport Federation _ _ 월드댄스스포츠연맹

WESA _ World eSports Association _ _ 세계이스포츠협회

WHO _ World Health Organization _ _ 세계보건기구

WSA _ Welsh Sports Association _ _ 웰시스포츠협회

WWE _ World Wrestling Entertainment _ _ 월드레슬링엔터테인먼트

지은이

김기한 Kim, Kihan

서울대학교 체육교육과 교수. 전공은 스포츠매니지먼트이다. 서울대학교 체육교육과에서 학사학위BA를 받고 곧바로 유학길에 올랐다. 석사학위MA는 University of Missouri-Columbia의 저널리즘 스쿨에서, 박사학위PhD는 The University of Texas at Austin의 광고·PR학과에서 받았다. 학부 체육교육 전공과 석·박사 미디어 전공을 융합해 스포츠미디어 연구자로 활발히 활동 중이다. 현재 (사)한국스포츠미디어학회 부회장 겸 사무총장, (사)한국스포츠산업경영학회 부회장, (사)한국체육학회 학술이사, (사)한국e스포츠협회 이사이자 국제학술지 *Journal of Global Sport Management*의 에디터Editor-in-Chief이다. 디지털 기술과 스포츠의 융합을 통한 미래 스포츠에 관심이 많다.

_ kihan@snu.ac.kr

이승애 Lee, Seungae

한양대학교 스포츠산업학부 스포츠매니지먼트학과 교수. 학사학위BS는 서울시립대학교 스포츠과학과에서, 석사학위MA는 University of Southern Mississippi의 방송&저널리즘학과에서, 박사학위PhD는 The University of Texas at Austin의 광고·PR학과에서 받았다. 이스포츠, 스포츠 마케팅, 스포츠 소비자 행동, 스포츠 디지털 미디어 분야에서 활발히 연구를 진행 중이며, 현재 한양대학교 스포츠매니지먼트학과장이자 이스포츠 역량강화 프로그램 단장을 맡고 있다.

_ seungaelee@hanyang.ac.kr

이민호 Yi, Minho

크래프톤 글로벌 이스포츠 총괄. 서울대학교 영어교육과 학부를 졸업했고, 서울대학교 글로벌스포츠매니지먼트GSM 석사과정을 수료했다. 문화방송MBC에서 스포츠 PD와 드라마 PD로 재직했으며, 라이엇 게임즈에서 이스포츠 방송 본부장을 맡아 롤파크 LCK 아레나 건설 및 자체 방송국 설립을 총괄했다. 스포츠와 드라마, 양극단의 경험을 바탕으로 리얼리티와 판타지 사이 그 어딘가의, 세상에 없던 새로운 이스포츠를 꿈꾼다.

_ myi@krafton.com

한울아카데미 2378

이스포츠 인사이트

ⓒ 김기한·이승애·이민호, 2022

지은이 | 김기한·이승애·이민호
펴낸이 | 김종수
펴낸곳 | 한울엠플러스(주)
편집 | 배소영

초판 1쇄 인쇄 | 2022년 7월 21일
초판 1쇄 발행 | 2022년 7월 28일

주소 | 10881 경기도 파주시 광인사길 153 한울시소빌딩 3층
전화 | 031-955-0655
팩스 | 031-955-0656
홈페이지 | www.hanulmplus.kr
등록 | 제406-2015-000143호

Printed in Korea.
ISBN 978-89-460-7378-4 93690 (양장)
       978-89-460-8186-4 93690 (무선)

* 책값은 겉표지에 표시되어 있습니다.
* 무선제본 책을 교재로 사용하시려면 본사로 연락해 주시기 바랍니다.

스포츠 커뮤니케이션 인사이트

- 한국소통학회 기획 ┃ 김기한·유상건 엮음 ┃ 강진호·김기한·김지훈·방신웅·봉미선·서재철·성호준·신동일·유상건·이명선·이준성·임남헌·장원석·편현웅 지음
- 2022년 3월 25일 발행 ┃ 신국판 ┃ 368면

디지털 시대의 스포츠와 커뮤니케이션 관계

이 책은 스포츠와 미디어, 커뮤니케이션, 저널리즘 그리고 다양한 사회문화 현상이 만나는 교차점에 대한 여러 학자들의 연구를 모은 국내 '최초의' 학문적 성과물이다. 스포츠 커뮤니케이션은 '풍부한 해석과 설명이 가능한' 매우 독특하면서도 흥미로운 연구 분야이지만 그동안 국내에서는 본격적으로 탐구되지 않았다. 따라서 산발적으로 진행되었던 연구들은 자연히 개별화·고립화·파편화되는 경향이 있었는데, 이 책이 이를 큰 맥락에서 하나로 묶어 정리하고 체계화함으로써 그 전기를 마련했다고 평가할 수 있다.

이 책은 커뮤니케이션, 사회적 기능, 콘텐츠 그리고 산업과 기술이라는 4개 파트로 구성되어 있다. 1부에는 스포츠 커뮤니케이션 연구에 대한 개괄적인 설명과 함께 디지털 시대의 스포츠와 커뮤니케이션 관계가 어떻게 변화할지, 그리고 스포츠의 미디어화에 대한 내용을 담았다. 2부에서는 스포츠의 공공성과 이를 확산하는 미디어의 역할과 기능, 스포츠 방송의 공정성과 보편적 시청권 문제, 그리고 언택트 시대의 스포츠를 통한 소통이라는 주제를 다룬다. 3부에서는 스캔들, 스포츠 위기, 젠더 등 흥미를 끌 만한 주제를 다룬다. 마지막 4부에서는 스포츠와 미디어를 산업과 기술이라는 관점에서 바라본다. 프로스포츠 산업은 미디어에 의해 어떤 영향을 받는지, 컴퓨터가 스포츠 저널리즘에 가져온 변화는 무엇인지, 스포츠 시청자들이 갖는 독특한 수요, 데이터 활용을 통한 프로스포츠의 발전 방향 등을 점검한다.

스포츠콘텐츠의 이해

- 김성길 지음
- 2012년 12월 18일 발행 | 신국판 | 400면

'각본 없는 드라마'는 어떻게 만들어지는가?
우리 시대의 문화권력, 스포츠콘텐츠의 모든 것!

그동안 미디어스포츠 분야에서는 미디어 자료에 대한 접근의 한계 때문에 스포츠사회학 분야 입문자들의 학문적 갈증이 좀처럼 해소되지 못했다. 또한 신문방송학에서 미디어스포츠 연구는 스포츠의 본질에 대한 피상적 접근과 스포츠에 대한 학문적 경시라는 관행으로 인해 연구 프레임조차 제대로 정립되지 못하고 있는 실정이었다. 이 책은 미디어스포츠의 본질적 영역인 스포츠콘텐츠를 특화시켜 연구의 제재로 삼으면서, 현장에 기반을 둔 균형 잡힌 이론적 접근을 시도한 '첫걸음'으로서 평가할 만하다.

제1부는 스포츠콘텐츠 본질론으로, 콘텐츠 원형으로서의 스포츠의 개념을 정리하고 미디어와 스포츠의 관계, 스포츠콘텐츠의 미디어 가치, 스포츠콘텐츠 속에 담겨 있는 기호학적 요소 등을 조망했다. 제2부는 스포츠콘텐츠 제작론으로, 스포츠콘텐츠의 제작사, 제작 특성, 제작 프로세스, 제작 포맷, 매뉴얼 등을 정리했으며 글로벌 콘텐츠인 올림픽과 월드컵, 세계육상선수권대회의 제작 사례, 스포츠콘텐츠의 또 다른 축인 스포츠캐스터의 역할 등을 통해 스포츠콘텐츠 제작 메커니즘을 살폈다. 제3부는 스포츠콘텐츠 비즈니스론으로, 스포츠 방송권을 개념적으로 정리하고 스포츠콘텐츠 유통시장의 구조, 글로벌 콘텐츠인 올림픽과 월드컵 콘텐츠 시장의 현황, 일본·영국·한국 콘텐츠 시장의 구조와 현황을 정리했으며, 사회적 자산으로서의 스포츠콘텐츠 시장 모델을 모색했다.

디지털 멀티미디어 시대의 방송과 스포츠

* 윤병건 지음
* 2005년 8월 30일 발행 ㅣ 신국판 ㅣ 436면

방송과 특별한 공생관계를 유지해 온 스포츠,
변화의 파도 앞에 서다

　방송과 스포츠의 관계에는 그 어느 때보다도 강한 변화의 파도가 몰려오고 있다. 바로 디지털 멀티미디어 시대의 급속한 물살이 밀려오는 것이다. 무한한 채널의 확대를 예고하는 방송의 디지털화, 새로운 미디어의 탄생, 그리고 방송과 통신의 한계를 구분짓기 힘든 방송통신의 융합 등으로 방송산업의 틀 자체가 밑바닥부터 흔들리고 있다.

　방송의 출범과 더불어 특별한 공생관계를 유지해 온 스포츠로서는 이러한 방송매체의 변화에 민감할 수밖에 없다. 그동안 기하급수적으로 인상되어 온 스포츠방송권의 가격은 더욱 상승 폭을 넓혀갈 것이다. 방송채널의 확대는 스포츠로서는 곧 수익의 확대를 의미한다. 시장이 넓어지면 당연히 상품 값은 올라가는 것이다. 스포츠의 콘텐츠로서의 가치는 더욱 상승할 것이다. 그러나 과도한 방송권의 인상과 광고시장의 변화, 시청자의 재편은 수익성을 악화시켜 스포츠 방송을 포기하는 현상을 보일 것이다.

　그러나 스포츠 가치의 상승에도 불구하고 아이러니는 계속 존재한다. 매체는 많아졌지만 오히려 비인기 스포츠는 더욱 갈 곳이 없다. 매체의 역설이다. 빈익빈 부익부의 빈곤이 방송과 스포츠 사이에서도 존재하는 것으로, 이것은 풀어야 할 숙제이다.

스포츠, 그 열광의 사회학

왜 스포츠는 우리를 매혹시키고 사로잡는가?

- 엘리스 캐시모어 지음 ｜ 정준영 옮김
- 2001년 3월 6일 발행 ｜ 크라운판 ｜ 512면

삶은 뻔하기에 사람들은 예측 불가능한 영역에 몰입한다

바로 그것이 스포츠다

이 책은 유럽의 역사나 상류사회, 기독교와 스포츠와의 상관관계 등을 다루면서 스포츠의 문명화 내지는 근대화 과정을 서술한다. 예를 들어 원래 노동계급이 즐기던 스포츠에 교회가 관심을 가지게 되면서 결국 스포츠가 지배계급에 고분고분한 노동자들을 양산하는 수단이 되었다는 분석은 설득력 있는 논리와 함께 읽는 재미를 전달한다.

또 저자는 스포츠가 자본과 미디어와 삼각동맹을 맺으며 상업화되는 과정을 국제올림픽위원회(IOC), 나이키, 조든, 우즈, 머독 등의 사례와 함께 설명한다. 아울러 스포츠를 통한 일상정치, 그리고 순응과 저항이라는 스포츠의 양면성을 적절하게 드러낸다.